Administrations publiques et droits administratifs

Logiques Juridiques

Fondée par Gérard Marcou
Dirigée par Thomas Perroud

Le droit n'est pas seulement un savoir, il est d'abord un ensemble de rapports et pratiques que l'on rencontre dans presque toutes les formes de sociétés. C'est pourquoi il a toujours donné lieu à la fois à une littérature de juristes professionnels, produisant le savoir juridique, et à une littérature sur le droit, produite par des philosophes, des sociologues ou des économistes notamment.

Parce que le domaine du droit s'étend sans cesse et rend de plus en plus souvent nécessaire le recours au savoir juridique spécialisé, même dans des matières où il n'avait jadis qu'une importance secondaire, les ouvrages juridiques à caractère professionnel ou pédagogique dominent l'édition, et ils tendent à réduire la recherche en droit à sa seule dimension positive. À l'inverse de cette tendance, la collection « Logiques juridiques » des éditions L'Harmattan est ouverte à toutes les approches du droit. Tout en publiant aussi des ouvrages à vocation professionnelle ou pédagogique, elle se fixe avant tout pour but de contribuer à la publication et à la diffusion des recherches en droit, ainsi qu'au dialogue scientifique sur le droit. Comme son nom l'indique, elle se veut plurielle.

Dernières parutions

Patience KINSHIE LENYE, *La discipline et l'application du canon 1399 du Code de droit canonique face aux cas de scandales dans l'Église*, 2026.
Barthélemy TAЎ-PAMART, *Les préjudices émotionnels autonomes, Étude comparée des droits français et anglais*, 2026.
Louis KARCENTY, *Le Conseil constitutionnel, juge de l'impôt, État des lieux de 15 ans*, 2025.
Solitris LYTRAS, *La notion de sanction dans l'univers répressif européen. De sa naissance à sa consécration*, 2025.
Carlo IANELLO, *L'État du pouvoir. Politique et droit dans l'ère de la post-liberté*, 2025.
Jean-Sébastien BODA, *La notion de bloc de constitutionnalité*, 2025.
Fabienne QUILLERÉ-MAJZOUB, Tarek MAJZOUB, *Égypte-eaux du Nil : je t'aime… moi non plus ! Les relations juridiques de l'Égypte au* vade-mecum *de notre héritage*, 2025.
Jean-Pierre BÉNARD, *Nos redoutables paranoïas de gouvernance, Un impensé lourd de conséquences*, 2025.
Myriam CARESSA et Christophe DOUBOVETZKY (dir.), *Langue(s) et droit(s). Enjeux et paradoxes en France*, 2025.

Francisco Velasco Caballero

Administrations publiques et droits administratifs

Traduit de l'espagnol
par Virginie Lanceron

Préface de Jean-Bernard Auby

L'Harmattan

Édition originale : *Administraciones públicas y derechos administrativos*,
Marcial Pons Ediciones Jurídicas y Sociales, 2020.

5-7, rue de l'École-Polytechnique - 75005 Paris

www.editions-harmattan.fr

ISBN : 978-2-336-58391-4
EAN : 9782336583914

Dépôt légal : mars 2026

SOMMAIRE

PRÉFACE

Jean-Bernard Auby

Professeur de droit public émérite de Sciences Po Paris

Le maître-mot de la position théorique que Francisco Velasco défend dans le présent ouvrage sur la comparaison des droits administratifs est : *diversité*. Tout en admettant que le droit administratif constitue une « *donnée empirique universelle* », il plaide que cette réalité commune prend des formes diverses, plus variées en tous les cas que nous n'avons l'habitude de le penser.

Sa position se nourrit de convictions que l'on peut partager en ce qui concerne des habitudes trop ancrées dans la pensée comparatiste. L'une d'entre elles est la polarisation persistante sur la distinction entre la *common law* et le droit administratif continental, dont il est pourtant bien avéré qu'elle est sans signification aujourd'hui, à supposer qu'elle n'en ait jamais possédé une réelle. Il faut lire, pour s'en persuader à nouveau, le plus récent livre de Paul Craig, dans lequel il démontre, avec toute l'autorité que possède sa plume, que des traces de droit administratif de type moderne se repèrent dans le droit anglais dès la Renaissance[1].

Une autre habitude regrettable que Francis Velasco épingle concerne l'européocentrisme quasi général des analyses de droit administratif comparé, qui, à de rares exceptions près[2] s'en tiendront à la comparaison des droits européens, parfois, il est vrai, élargie au droit des États-Unis. Cet enfermement est pourtant préjudiciable, comme le montrent quelques travaux consacrés à des droits administratifs non-européens[3].

Francesco Velasco ne croit à l'évidence pas davantage à l'existence d'un nombre réduit de modèles qui permettraient de structurer la comparaison internationale : contrairement, par exemple, à Michel Fromont qui décelait,

---

[1] Paul Craig, *English Administrative Law from 1550*, Oxford University Press, 2024.

[2] Particulièrement notable à cet égard est l'ouvrage de Roberto Scarciglia, *Diritto amministrativo comparato*, (G.Giappichelli Editore, 2020), qui couvre un nombre important de pays non-européens : mais il est vrai que ses axes de comparaison sont assez réduits.

[3] Par exemple : Alejandra Boto, *La reconfiguración del derecho administrativo. Un estudio comparado España-Argentina*, Ediar, 2024.

dans son classique *Droit administratif des États européens*[4], quatre modèles sur le continent européen : le « groupe français », le « groupe allemand », le « groupe mi-français, mi-allemand » et le « groupe britannique ».

La méthode de comparaison qu'il préconise fait donc appel à une pluralité de critères, qui tous sont des clefs de différenciation des droits administratifs. Ces éléments de classification sont présentés dans le chapitre 3 du livre. Ils sont au nombre de 12 et concernent :

- Le lien avec la Constitution
- La plus ou moins large application du droit commun dans la sphère administrative
- Le caractère plus ou moins décentralisé de l'administration
- Le degré d'indépendance de l'administration vis-à-vis du gouvernement
- L'étendue des prérogatives et privilèges détenus par l'administration
- La conception du principe de légalité
- Les sources du droit administratif
- La relation entre l'administration et ses employés
- La collaboration de personnes privées à la poursuite de l'intérêt général
- Les formes du contrôle juridictionnel de l'administration
- Le fondement, l'étendue et l'intensité du contrôle juridictionnel de l'administration
- L'ouverture de l'administration à l'environnement international ou supranational

Le spectre des critères est donc large. On pourrait ergoter en suggérant que certains items se recoupent à peu près nécessairement (les sources / le lien avec la Constitution / le principe de légalité, par exemple). Mais la comparaison très démultipliée que le schéma propose est dans l'ensemble très convaincante et l'on sent bien qu'en l'appliquant, on pourra aller au-delà de certaines convictions trop simples que nous avons sur la proximité entre certains droits administratifs, sur l'écart existant entre certains autres.

L'une des vertus indiscutables que possède la démarche de Francisco Velasco tient à ce qu'elle échappe à la tendance traditionnelle qu'ont les études de droit administratif comparé à placer en leur centre le contentieux. Naturellement, c'est bien dans celui-ci que le droit administratif prend racine historique : dans certains États allemands et en France, au XIXe siècle. Mais cette phase originelle est depuis longtemps dépassée, même si la matière du contentieux est encore le siège de dimensions stratégiques dans tout droit administratif : au moins ce qui a trait à l'effectivité de la soumission de l'administration au droit et ce qui concerne la conception et le traitement du

---

[4] Presses Universitaires de France, 2006.

pouvoir discrétionnaire. Cela donne la mesure de la place que l'on doit lui consentir aujourd'hui.

La démarche de Francisco Velasco le conduit en fait à déplacer l'intérêt de l'investigation comparative vers diverses questions autres que celle du contentieux. À cet égard, on note l'intéressant passage consacré (au chapitre 5) aux types d'activités administratives. L'analyse des fonctions administratives est à n'en pas douter l'un des domaines dans lesquels les conceptualisations sacrifient le plus aux imaginations nationales. Les Français sont attachés à leurs théories du service public et de la police, qui ne se retrouvent guère ailleurs — au moins pour ce qui est de la première. L'acte administratif est parfois au centre des principes organisateurs du droit administratif, parfois non (comme dans les droits administratifs de la *common law*). Le droit espagnol a proposé deux concepts bien intéressants, qu'évoque le livre : celui de *fomento*, qui désigne la fonction d'incitation, celui d'État garant[5], qui correspond bien à la posture actuelle de nos États, dans un contexte de crises diverses.

On voit qu'en réalité, l'auteur est conduit à ajouter à la grille de critères de base qu'il propose quelques autres portes d'entrée utiles dans les droits administratifs à comparer. Une autre encore, par exemple, a trait à leur structuration en une partie générale et des parties spéciales. Le jeu entre les unes et les autres se déploie différemment selon les droits considérés. À l'époque contemporaine, il est fréquent qu'au centre d'un droit administratif donné, on trouve une loi de procédure, qui en constitue le cœur général, et des lois spéciales[6]. À vrai dire, c'est à peu près ainsi qu'est organisé le droit espagnol.

Francisco Velasco n'a pas, on l'a compris, pour souci essentiel d'établir des typologies, sa démarche étant fondamentalement différentialiste. Il est pourtant conduit à mettre en évidence quelques clivages intéressants. Il plaide, par exemple (dans le chapitre 3), pour une distinction entre des droits administratifs « légitimateurs », qui s'efforcent d'équiper les administrations de moyens pour agir et de méthodes managériales et des droits administratifs « directifs » qui encadrent plus précisément les programmes et les actions des administrations.

Il indique, à juste titre, que les différents droits administratifs sont plus ou moins théorisés — et il affirme, sans doute à raison aussi, que lorsqu'ils le sont davantage, ils sont plus faciles à comparer. Il est bien vrai que certains

[5] Voir Jose Esteve Pardo, *Estado garante. Idea y realidad*, Marcial Pons, 2015.
[6] Giacinto della Cananea et Jean-Bernard Auby (dir.), *General Principles and Sector-Specific Rules in European Administrative Laws*, Oxford University Press, 2024.

systèmes de droit administratif ont connu un tel développement massif de leur droit concret, notamment jurisprudentiel, que l'analyse positiviste a tendu à occuper toute la place, au détriment de l'élaboration doctrinale : on peut penser que le droit français a éprouvé largement ce blocage depuis 1945. Naturellement, les droits administratifs de ce type ne prêtent en général bien le flanc à la comparaison que sur leurs développements concrets.

La perspective du livre n'est pas fortement historique. Dans cet ouvrage au moins, Francisco Velasco ne se préoccupe pas plus que cela de ce que, dans son projet « Coceal », Giacinto della Cananea qualifie de perspective « diachronique »[7]. Il livre pourtant (dans le chapitre 7) une intéressante réflexion sur la façon dont les différents droits administratifs sont embarqués dans des processus de réforme. On peut méditer son idée selon laquelle les lois de procédure successives peuvent placer des rigidités en face des processus d'innovation. On s'accordera facilement avec lui pour penser que les évolutions actuelles ne conduisent nullement vers une disparition de l'administration, si elles peuvent déplacer ses missions et des méthodes.

Très stimulant, nourri d'aperçus nationaux éclairants, servi par un sens aigu de la formule (qualité qui ressort bien dans l'excellente traduction de Virginie Lanceron), l'ouvrage de Fernando Velasco témoigne de la richesse contemporaine de la doctrine espagnole dans le domaine du droit administratif. Et en même temps de son évolution actuelle. Elle a connu un moment d'expansion intellectuelle remarquable avant et après la fin du franquisme autour, principalement, de l'école de la *Revista Española de Derecho Administrativo* (la « REDA ») et de son indiscutable leader Eduardo Garcia de Enterría. Un renouvellement se produit aujourd'hui, dans le mouvement duquel Francisco Velasco occupe une place importante : après avoir créé, il y a quelques années, la remarquable *Revista de Derecho Publico. Teoría y metodo*, et publié le présent livre en 2020, il a donné un très intéressant *Manual de derecho administrativo*, codirigé avec Mercé Darnaculleta Gardella, dont la deuxième édition est sortie en 2023. Des lectures précieuses pour ceux qui ont accès à la langue de Cervantès, à côté du présent livre, que L'Harmattan est heureux de proposer dans celle de Molière.

Jean-Bernard Auby
31 août 2025

---

[7] Giacinto della Cananea, *The Common Core of European Administrative Laws. Retrospective and Prospective*, Brill/Nijhoff, 2023.

NOTE PRÉALABLE

La colonne vertébrale de cette étude est la reconnaissance simultanée de phénomènes politico-juridiques universels (l'Administration et le droit administratif) et de leur diversité ; des phénomènes classables au moyen de catégories et d'échelles typologiques. Cependant, si cette reconnaissance constitue le fil conducteur de notre analyse, elle n'en est pas sa *genèse*. Expliquons-nous. Ce livre comprend plusieurs études qui ont été initiées de manière indépendante mais simultanée. Puis, progressivement, le binôme homogénéité-diversité a commencé à apparaître comme une idée systématique commune à toutes ces études initialement distinctes qui commencèrent ainsi à converger.

La tension entre homogénéité et diversité apparaît dès le premier chapitre, rédigé spécialement pour cet ouvrage. Il aborde, de manière directe, la diversité des Administrations publiques tant au regard de leurs différences *intrinsèques* que s'agissant de la pluralité des *perspectives* suivant lesquelles elles sont analysées, tels la science politique, le droit ou l'économie. Les chapitres qui suivent, également marqués par l'opposition entre homogénéité et diversité au moment de leur rédaction, ont déjà fait l'objet d'une publication. Certains de ces chapitres ont été largement révisés et complétés pour ce livre.

En effet, les chapitres II à V trouvent leur origine dans une étude, débutée en 2017, pour l'ouvrage *Fundamentos de Derecho Administrativo General* dirigé par José María RODRÍGUEZ DE SANTIAGO, Luis ARROYO JIMÉNEZ et Gabriel DOMÉNECH PASCUAL. Cette analyse avait pour objet d'offrir une explication objective de ce qu'est le droit administratif actuel. Cependant, durant son élaboration, une forte tendance comparative a émergé, que j'ai dû à un certain moment brider afin de ne pas rompre avec le projet collectif. Cela me conduisit à débuter, simultanément, une seconde version de la même analyse dans laquelle je pouvais laisser libre cours à une vision comparée. La structure de la première étude a en grande partie été conservée mais sa longueur a considérablement augmenté dans ce livre, précisément afin de refléter les divergences et les convergences des différents droits administratifs du monde. Durant sa seconde élaboration, l'étude sur le droit administratif contemporain s'est ordonnée autour de l'axe universalité *versus* diversité. Cet exposé propose, tout d'abord, une image universelle, ou tout du moins partagée par de nombreux pays, de ce phénomène que nous appelons de manière conventionnelle droit administratif. Une fois l'existence de cette réalité sociale et juridique (le droit administratif) acceptée, celle-ci est ensuite soumise au filtre de la diversité. En effet, bien qu'il n'existe pas d'objection à parler aujourd'hui du droit administratif comme d'une réalité universelle, la diversité qui le caractérise dans les différents pays importe beaucoup. Afin d'identifier cette pluralité, le chapitre III offre un catalogue d'indicateurs ou traits de diversité à partir desquels une typologie idéale de droits administratifs peut être élaborée. Par ailleurs, partant de la même tension entre universalité et diversité, un long chapitre (V) a été consacré à ce que nous dénommons les "idées ordonnatrices" du droit administratif, c'est-à-dire les idées de fond, plus ou moins élaborées, qui ont contribué à expliquer, à donner un certain ordre logique, à l'ensemble hétérogène de normes et de jugements qui constituent ce que nous qualifions communément de droit administratif.

Le chapitre VI, qui porte sur la méthodologie comparative, trouve son origine dans un cours dispensé dans le cadre du Master de recherche juridique de l'Université Autonome de Madrid, dont j'ai été le premier directeur. Lorsque j'ai entrepris de mettre par écrit mon intervention à ce séminaire, il m'est apparu qu'une étude écrite devait offrir une méthodologie claire et opérationnelle, au service du couple homogénéité-diversité, qui me semblait déjà s'imposer comme une clé de compréhension du droit administratif dans son ensemble. Cette proposition méthodologique, qui a fait l'objet d'une publication sous la forme d'un article dans la *Revista Española de Derecho Administrativo* (n° 200 2019, pp. 51-76), était déjà pensée comme une partie du présent ouvrage. J'ai cependant réalisé certaines corrections afin d'adapter sa rédaction à la systématique et au fil conducteur général de celui-ci.

Le chapitre VII est issu d'une étude sur les réformes administratives rédigée pour l'*Anuario de la Facultad de Derecho de la UAM* (n° 23, 2019, pp. 107-143). Bien que le projet du conseil de rédaction de l'*Annuaire* fût plutôt orienté vers la réforme de l'Administration publique espagnole, l'idée immanente d'universalité *versus* diversité est présente dès le début de l'étude. Celle-ci cherche dans la science de l'Administration de possibles axes universels de réforme de cette dernière, avant d'analyser dans quelle mesure les droits administratifs étatiques facilitent ou non concrètement une telle réforme. À cet égard, il a été observé que les catégories de la science de l'Administration sont manifestement plus universelles que les droits administratifs, beaucoup plus attachés aux singularités de chaque État. La version finale du chapitre, celle qui figure dans ce livre, élude en partie les contenus spécifiquement espagnols de l'étude initiale, étant donné que la prétention explicative ici n'est pas d'analyser la réforme juridique de l'Administration espagnole mais d'examiner dans quelle mesure les divers droits administratifs étatiques promeuvent ou entravent la réforme de leur Administration publique respective.

Tous les chapitres du livre sont caractérisés par une même structure rédactionnelle. Tous les paragraphes sont numérotés (afin de faciliter leurs renvois et une possible actualisation future). Ces paragraphes sont de deux types. Dans une police de taille normale figure un exposé que nous pouvons qualifier d'universel, qui ne fait pas référence à un droit administratif particulier, bien que nous donnions alors des exemples de certains droits. Dans une police de petite taille sont formulées des explications plus détaillées sur certaines particularités ou régulations pertinentes de plusieurs droits administratifs étatiques afin d'illustrer avec plus de précisions certains énoncés du texte principal.

J'ai achevé cet ouvrage durant l'état d'alerte déclaré par le Gouvernement espagnol (décret royal 463/2020 du 14 mars 2020) en réponse à la transmission croissante du coronavirus (COVID-19). La pandémie mondiale que nous avons vécue, bien qu'elle n'ait pas duré, restera dans la mémoire collective. Même si elle ne changera pas complètement notre compréhension de l'Administration et du droit administratif, elle activera certains vecteurs de changement qui n'agiront pas de manière identique dans tous les pays. Je ne pense pas que ce qui est décrit dans ce livre sera inutile dans le futur, cependant des corrections seront certainement nécessaires ; principalement parce que l'*image collective* qui a été élaborée durant les deux dernières décennies du XXe siècle commence à changer. La pandémie mondiale a de nouveau porté au premier plan l'Administration, aussi bien dans sa version d'intervention ou de police qu'au regard de son activité de prestation, de santé et d'assistance. L'image d'une Administration qui n'agit pas directement mais qui garantit l'existence de certains services privés d'intérêt général a été mise en question avec la crise sanitaire. Un droit administratif moins parlementaire et *davantage réglementaire* va être impulsé sachant que dans des situations d'urgence — que nous percevons comme étant de plus en plus fréquentes — le droit manque de capacité de direction et ne peut que déployer une fonction légitimant et/ou limitant l'activité administrative. De la même manière, se développera une nouvelle compréhension des procédés de l'action administrative. Si la transition de l'État monarchique à l'État démocratique s'est accompagnée d'une distinction élémentaire entre normes et actes administratifs ainsi que de l'élaboration de concepts permettant de répartir le pouvoir (entre le roi et le Parlement), la multiplication de décisions administratives urgentes, dans des situations de risque et de danger, va faire disparaître la distinction historique entre normes et décisions administratives qui ne veut déjà plus dire grand-chose de nos jours. Surtout, vont gagner en importance tant l'"action matérielle" de l'Administration, à laquelle nous devrons désormais dédier plus d'attention théorique, que certains procédés administratifs de direction *souple* des comportements, comme le *nudging* qui complète les décisions et les actions autoritaires. Enfin, la crise sanitaire a donné une impulsion à l'Administration *électronique* qui s'est révélée essentielle. Cela devrait changer la structure même de l'emploi public - qui devrait requérir de plus grandes compétences en matière technologique - ainsi que la structure formelle du travail, devenant plus flexible en termes d'horaires, de missions et d'engagements mais aussi plus focalisé sur les résultats que sur les processus. Cependant, les résistances corporatistes peuvent à ce sujet être très fortes. Il est aussi prévisible qu'une grande impulsion soit donnée à l'*agence* en tant que forme organisationnelle de l'Administration et comme structure techniquement préparée et fonctionnellement adaptée pour relever des défis urgents et complexes dans des laps de temps très brefs. Bien sûr, tout cela ne constitue rien de plus que des hypothèses d'évolutions possibles. Se réaliseront toutes, peu ou aucune mais surtout de manière distincte dans les différents pays. En tous les cas, dans les années à venir, nous discernerons de nouveaux éléments de diversité parmi les différents droits administratifs.

Par habitude, il me plaît que mes livres contiennent une préface d'un collègue. Je le vois comme un geste d'amitié mais également de reconnaissance envers le préfacier. Pour la première édition de cet ouvrage, compte tenu de son contenu, je l'ai demandée à mon collègue Matthias RUFFERT de l'Université Humboldt de Berlin. En plus d'être un excellent universitaire, Matthias a été à l'origine de nombreuses initiatives de droit comparé dont j'ai bénéficié. Pour la présente version française de ce livre, j'ai sollicité mon collègue Jean-Bernard AUBY pour la rédaction d'un prologue. Avec Jean-Bernard, je partage, depuis des années, non seulement une recherche sur les structures du droit administratif contemporain mais également sur l'élaboration d'un droit local.

NOTE SUR LA TRADUCTION EN FRANÇAIS

La première édition de ce livre a été publiée en Espagne, en 2020, par la maison d'édition Marcial Pons. À un moment donné, un exemplaire du livre est parvenu à Thomas PERROUD. Et pour une raison que j'ignore, il m'a proposé de le traduire en français. Virginie LANCERON s'est attelée à cette tâche et il me semble qu'elle est parvenue à un texte presque plus compréhensible en français qu'en espagnol. Je remercie Virginie pour son travail minutieux, qui a dû l'occuper des centaines d'heures. Puis, Thomas et moi-même avons ensuite révisé le texte traduit. Dans mon cas, les corrections étaient mineures. Ma connaissance du français n'est pas suffisante pour peaufiner des tournures de phrases ou des expressions que seul un locuteur natif peut maîtriser.

Le texte traduit n'est pas exactement celui de la première édition espagnole. Depuis la publication initiale, j'ai introduit de nouveaux contenus et corrigé certaines parties, en pensant à une deuxième édition de la version espagnole. C'est ce texte modifié, non encore publié en espagnol, qui a été traduit en français.

Bien que je n'aie pas procédé à une révision complète du droit positif et de la jurisprudence mentionnés dans l'ouvrage, car il s'agit en soi d'une tâche trop exigeante, j'ai corrigé certaines références au droit positif espagnol qui ont été modifiées de manière significative au cours des dernières années.

La traduction du livre a été une bonne occasion de retrouver, après plus de trente-cinq ans, mon intérêt pour le droit français. J'ai remarqué qu'en France aussi, une génération de professeurs émerge en entreprenant de reconstruire les fondements théoriques du droit administratif alors que, pendant de nombreuses années, une grande partie de la doctrine française avait accepté un rôle secondaire, au service de la jurisprudence du Conseil d'État. J'espère que la publication de cet ouvrage contribuera à la reformulation théorique du droit administratif en Europe.

Cette traduction a été rendue possible non seulement grâce à l'intérêt et au dévouement de Thomas PERROUD et de Virginie LANCERON mais également grâce à la contribution financière de la Communauté autonome de Madrid, à travers la Convention pluriannuelle signée avec l'Université autonome de Madrid sur le thème *Excelencia para el Profesorado Universitario* (Excellence pour le corps enseignant universitaire) dans le cadre du Ve PRICIT (Plan régional pour la recherche scientifique et l'innovation technologique).

AVANT-PROPOS

HOMOGÉNÉITÉ ET DIVERSITÉ

1. Ceux qui se consacrent à l'étude du droit administratif et de l'Administration tendent à transmettre l'idée que les deux phénomènes sont *universels* et nécessaires, quasi-naturels à la condition humaine. Il est ainsi fréquent que les discussions, aussi bien universitaires qu'empiriques, sur l'Administration et le droit administratif utilisent des données, des analyses ainsi que des explications issues de réalités et d'ordres administratifs nationaux très distincts parce que l'on part de l'hypothèse implicite selon laquelle nous sommes face à des phénomènes relativement *homogènes*, qui admettent des exceptions et des nuances conjoncturelles et locales mais qui sont, pour l'essentiel, universels. Il est habituel, par exemple, de partir du postulat que tout droit administratif suppose un lien étroit de l'Administration à la loi parlementaire ainsi que l'existence d'un contrôle judiciaire en conséquence de ce rattachement[8]. Les éléments du droit positif de chaque pays seraient de simples nuances ou évolutions transitoires singulières d'un phénomène en soi uniforme. À partir de là, et précisément en raison de cette idée implicite d'uniformité, il est relativement fréquent que l'on utilise des énoncés explicatifs provenant d'autres droits pour analyser un droit administratif étatique donné (*infra* § VI.27). On pense à la notion d'acte administratif, à la théorie du domaine public ou à celle de l'État garant qui, bien qu'il s'agisse de propositions théoriques nées au sein et pour un droit administratif étatique spécifique, ont des effets théoriques et heuristiques au-delà de leurs frontières à l'égard d'autres droits nationaux[9]. La même hypothèse implicite d'homogénéité est présente, de manière plus manifeste, en science de l'Administration. Ainsi, les études contemporaines sur le *New Public Management* (NPM) ou sur la gouvernance partent du postulat que l'Administration publique, en tant que phénomène universel, peut s'analyser à travers les mêmes questions et indicateurs[10]. D'où la question récurrente de recherche suivante : dans quelle mesure les différentes administrations étatiques répondent-elles aux modèles

---

[8] À ce propos, voir G. DELLA CANANEA (2016), *Due Process of Law beyond the State*, Oxford, Oxford University Press, p. 24.

[9] Pour plusieurs exemples de cette « transnationalité explicativa », voir M. BACIGALUPO SAGGESE et F. VELASCO CABALLERO (2003), « Wirkungen der deutschen Verwaltungsrechtslehre nach Aussen – Am Beispiel Spaniens », *Die Verwaltung*, vol. 3, pp. 333-359.

[10] Voir, par exemple, une analyse essentiellement universelle et extraordinairement séduisante de C. RAMIÓ (2017), *La Administración pública del futuro (Horizonte 2050). Instituciones, política, mercado y sociedad de la innovación*, Madrid, Tecnos, pp. 127 et ss.

administratifs propres au NPM ou à la gouvernance ? Il est d'avance accepté que le degré d'évolution de l'Administration publique peut être distinct dans les différents pays, cependant avec l'hypothèse que, dans chacun d'eux l'Administration est un phénomène social universel qui tend à évoluer dans le même sens bien qu'à des vitesses différentes. Toutefois, en est-il vraiment ainsi ? L'Administration et le droit administratif sont-ils des réalités homogènes ou sont-ils plus divers qu'uniformes ?

2. De nos jours, l'idée de *diversité* en tant que trait caractéristique des sociétés contemporaines se renforce[11]. Celle-ci a déjà commencé à conditionner la compréhension ainsi que l'analyse de l'Administration et du droit administratif. Or, dès le début de la *modernité*, que nous pouvons conventionnellement situer au XVIe siècle en Europe, nous avons compris et expliqué la réalité (aussi bien naturelle que sociale) suivant les postulats d'*homogénéité* et de *progrès*. Cependant, ce paradigme épistémologique, qui sans aucun doute perdure aujourd'hui et continue d'être prééminent, peut avoir atteint ses limites, à tout le moins s'agissant des phénomènes sociaux parmi lesquels figurent l'Administration et le droit administratif. Ce n'est pas qu'aujourd'hui les sociétés soient plus diverses ; la pluralité des groupes ethniques ou linguistiques, des nationalités ou des religions ne date pas d'aujourd'hui. Elle a toujours existé. La particularité de nos jours est, peut-être, que cette diversité sociale définit aujourd'hui avec plus d'intensité le "je", c'est-à-dire la conscience que chaque individu a de lui-même[12]. Si la modernité nous a apporté un modèle plus ou moins uniforme d'individu, en tant que réalité ou comme aspiration, les sociétés contemporaines annoncent une conception de l'individu moins uniforme, davantage défini par les divers groupes sociaux auxquels il appartient. Avant d'analyser l'importance contemporaine de la diversité, il convient auparavant de s'arrêter brièvement sur les raisons pour lesquelles nous partons de l'homogénéité.

3. L'idée même d'homogénéité des phénomènes sociaux — parmi eux l'État et le droit — doit beaucoup à la compréhension scientifique de la réalité. En effet, la *pensée scientifique* propre à la modernité, qui s'est progressivement développée à partir du XVIIe siècle, comprend deux idées aussi élémentaires que déterminantes pour le progrès de la connaissance : tous les phénomènes de la réalité répondent à des *règles ou lois* et, par conséquent, ils tendent à se reproduire ; toute la réalité se trouve dans un *processus de changement continu*[13] qui est identifiable, mesurable et susceptible d'explication suivant des règles et des théorèmes vérifiables. En outre, au début de la modernité, les élites éclairées cultivaient aussi bien la connaissance de la physique et des mathématiques que celle du droit et de la

---

[11] J. CHEVALLIER (2017), *L'État postmoderne*, 5e éd., Paris, LGDJ, p. 17.

[12] A. BLANCO, D. HORCAJO et F. SÁNCHEZ (2016), *Cognición social*, Madrid, Pearson, p. 130.

[13] H. ARENDT (1993), *La condición humana* (traduction en espagnol de l'original en anglais de 1958), Barcelone, Paidós, p. 335.

politique. Cela explique le fait qu'à l'instar de la recherche des lois de la nature pour expliquer le mouvement des astres, il était aussi proposé des *explications naturelles et homogènes de l'ordre social et politique* ; des explications qui allaient au-delà des syllogismes métaphysiques déterminés par la théologie. L'explication de l'État offerte par Hobbes à la fin du XVIIe siècle, bien qu'encore imprégnée de culture biblique, n'était pas d'ordre religieux, ni métaphysique. Il s'agit d'une explication "moderne" ou scientifique de l'État qui serait une expression élémentaire de la nature humaine ; la réponse à une nécessité de l'homme social[14]. L'État étant une nécessité, on y arrive progressivement à travers un processus de construction incessant, tout au long des siècles.

4. Le droit n'est pas étranger à la conception scientifique de la réalité. L'idée d'un *droit naturel ou rationnel*, essentiellement uniforme, répond directement au rationalisme propre à la modernité. Ce droit naturel s'exprime en grande partie dans le *ius commune* considéré comme une réponse intemporelle et universelle - et ainsi incontestablement rationnelle - aux besoins de toute organisation sociale. Le paradoxe du rationalisme juridique, propre à la modernité puis aux Lumières, est qu'il coexiste avec une augmentation notable de la diversité politique et normative, conséquence naturelle de la formation des États modernes et de l'affirmation du pouvoir royal, qui n'est pas toujours compatible avec les dogmes du *ius commune*. Ce paradoxe croissant est bien illustré par la distinction, qui nous vient de l'Ancien Régime, entre le droit "arbitraire" (nouvelles lois dictées par le roi) et le droit rationnel (*ius commune*)[15]. Il existe ici une tension et une opposition entre uniformité, celle que fournit le *ius commune* ou le *Gutes altes Recht*, et diversité (le droit de chaque État). La dualité de droits, droit rationnel ou naturel contre droit royal ou arbitraire, est une constante de la pensée juridique qui, en toute logique, connaît des versions différentes ainsi qu'une pertinence et une portée distinctes à chaque moment de l'histoire. Le droit rationnel, qui en termes généraux peut être rattaché au *ius commune*, a toujours été en *tension dialectique* avec les droits proprement étatiques, qu'ils émanent du roi ou des Parlements.

5. La tension ainsi héritée entre droit rationnel (essentiellement universel) et droit étatique (en principe local, propre à chaque pays) était présente au moment de la création du droit administratif contemporain. Depuis la fin du XVIIIe siècle, une conception rationnelle de l'Administration et du droit administratif, construite à partir de l'image

---

[14] T. HOBBES (2017), *Leviatán, o la materia, forma y poder de una república eclesiástica y civil*, 3e éd. (traduction en espagnol de l'original en anglais de 1651 par M. Sánchez Sarto), México, Fondo de Cultura Económica, pp. 110 et 144.

[15] J. DOMAT (1985), *Derecho público* (réédition de la traduction en espagnol de l'original en français de 1697 réalisée en 1778 par J. A. Trespalacios pour le Conte de Campomanes), Madrid, IEAL, p. 64.

idéale d'un État constitutionnel (dans lequel émerge le "pouvoir exécutif"), et une réalité juridique, caractérisée par de nombreux lois et règlements - royaux ou parlementaires - relatifs aux différents domaines de l'action administrative, ont coexisté dans divers pays du continent européen. Il en est résulté que, dans différents États et à diverses périodes historiques, nous avons utilisé une *idée rationnelle et abstraite* de l'Administration et du droit administratif qui n'est pas nécessairement cohérente avec la réalité normative. Il ne s'agit ainsi pas d'une idée rationnelle et abstraite élaborée par induction - sur la base de la réalité administrative de chaque pays à chaque époque -, mais plutôt par déduction, à partir des postulats politico-constitutionnels du libéralisme. Ainsi, une image rationnelle de l'Administration et du droit administratif, enracinée dans le *ius commune* et développée par le constitutionnalisme libéral, coexiste avec des réalités administratives territoriales nombreuses et très diverses.

6. Le développement des sciences sociales durant la seconde moitié du XIXe siècle s'est également accompagné d'une idée universelle d'Administration publique. Tout d'abord, la science de la police, alors qu'elle traitait de réalités administratives concrètes, formula des énoncés généraux ou généralisables. En outre, une compréhension naturaliste de l'Administration, alors considérée comme un organisme ou corps vivant à caractère social, favorisa sa compréhension comme réalité universelle[16]. Ainsi, en tant qu'organisme vivant, l'Administration aurait une nature commune et évolutive bien que susceptible d'accidents, de déformations ainsi que de pathologies locales ou conjoncturelles. L'irruption et l'expansion des sciences sociales ont implicitement présupposé la naturalité de certains phénomènes socio-politiques, tels que l'État ou l'Administration elle-même. Ces phénomènes sociaux, bien que liés à des groupes humains spécifiques, peuvent être analysés sur la base de paradigmes scientifiques communément acceptés[17].

Dans le cadre de ces paradigmes, les phénomènes sociaux sont susceptibles d'être systématisés ou typifiés. En particulier, la *méthodologie typologique*, qui au début du XXe siècle a donné beaucoup d'élan à la science politique contemporaine, reposait sur l'hypothèse implicite selon laquelle il existe des phénomènes sociaux tels que l'État et l'Administration qui, bien qu'essentiellement concrets et circonstanciels (historiques et

---

[16] L. VON STEIN (2016), *Tratado de teoría de la administración y derecho administrativo* (traduction en espagnol de l'original en allemand de 1870 par O. Guerrero), México, Fondo de Cultura Económica, p. 149. Critique de la conception « organiciste » des phénomènes sociaux dans M. WEBER (1964), *Economía y sociedad*, 2e éd. (traduction en espagnol de la 4e édition allemande), México, Fondo de Cultura Económica, p. 11.

[17] T. S. KUHN (2013), *La estructura de las revoluciones científicas*, 4e éd. (traduction en espagnol de l'original en anglais de 1962 par C. Solís Santos), México, Fondo de Cultura Económica, p. 129.

locaux), sont également communs et systématisables, pour leur meilleure compréhension, par le biais de types empiriques ou idéaux[18]. Ainsi, les typologies politiques, sociales ou juridiques, bien qu'elles soient de simples abstractions généralisantes de la réalité objective, montrent l'existence de certains phénomènes sociaux et politiques généraux qui, même s'ils ne peuvent être décrits comme vrais, parce qu'ils ne correspondent exactement à aucune réalité sociale concrète, sont susceptibles d'être considérés comme certains, plausibles et accessibles à l'entendement humain. En d'autres termes, même si les sciences sociales doivent renoncer à la formulation de lois universelles (alors que les sciences naturelles peuvent le faire), cela ne signifie pas qu'elles renoncent à l'idée que les phénomènes sociaux et politiques sont comparables et catégorisables donc, ce faisant, certains et universels.

7. À notre époque, bien que les conceptions naturalistes, organicistes et évolutionnistes de la réalité sociale aient reculé, en grande partie en raison de leur complicité intellectuelle avec les totalitarismes du milieu du XXe siècle, une certaine compréhension *naturelle* et évolutive de l'ordre politique (ainsi que de l'Administration) perdure. La fameuse annonce de la "fin de l'histoire" selon laquelle nous serions déjà parvenus à un ordre politique optimal (l'État libéral contemporain) véhicule implicitement une image homogène de l'État et de l'Administration. Cet ordre politique pour l'instant optimal (l'État libéral) reposerait sur une organisation publique étendue et forte (l'Administration), régie par le droit et responsable devant les citoyens. Il s'agit d'une conception univoque de l'État et de l'Administration dont l'existence concrète dans chaque pays peut être plus ou moins tardive, connaître des hauts et des bas ainsi que des périodes de recul, mais dont la supériorité ontologique et la prévisibilité historique ne sauraient être mises en doute[19].

8. Le processus de mondialisation semble avoir contribué à l'uniformisation de l'Administration et du droit administratif. Il ne fait aucun doute, bien sûr, que certains États imitent les configurations administratives d'autres États. De plus, les organisations internationales, telles que l'OCDE, la Banque mondiale ou l'Union européenne, promeuvent certains modèles d'Administration publique ; les plus favorables à l'idéologie libérale[20] et à la

---

[18] M. WEBER (2017), « La objetividad del conocimiento en la ciencia social y en la política social », 2e éd. [traduction en espagnol de l'original en allemand publié dans la revue *Archiv für Sozialwissenschaft und Sozialpolitik*, vol. 19 (1904)], Madrid, Alianza Editorial, pp. 140 et 155.

[19] F. FUKUYAMA (2016), *Orden y decadencia de la política* (traduction en espagnol de l'original en anglais de 2011 par Jorge Paredes), Barcelona, Deusto, p. 722.

[20] DELLA CANANEA (2016: 24).

décentralisation territoriale[21]. Si nous considérons, par exemple, les gouvernements locaux, nous pouvons observer une harmonisation mondiale importante basée sur l'idée politique d'autonomie locale[22]. Pour autant, et peut-être précisément en raison des contradictions et des coûts de la mondialisation, nous assistons également à une revendication croissante de diversité. L'idéal politique d'égalité qui a marqué le début du XIXe siècle, à l'origine d'un modèle universel d'État (et donc d'Administration publique), cède peu à peu la place à une complexité sociale et politique[23]. La "reconnaissance des identités collectives" occupe une place croissante dans l'idéologie politique contemporaine. Si, dès le début du XIXe siècle, le libéralisme a insisté sur le respect de l'identité *individuelle* (ce qui impliquait une certaine homogénéité et une concentration du pouvoir étatique afin d'assurer un égal respect de chaque individu), dans les sociétés contemporaines de multiples identités *collectives* exigent une reconnaissance de la part des États[24]. De plus, elles interrogent l'hypothétique vertu d'un modèle universel et homogène d'organisation étatique superposé aux identités collectives présentes dans chaque société. Cette approche cognitive ne change pas la réalité elle-même, qui est à mon avis de plus en plus uniforme, mais nous conduit à considérer la diversité sociale, existante et préexistante. Elle nous oblige à penser que chaque organisation politique - et, par conséquent, chaque Administration publique - est propre à chaque communauté ou État, qu'elle ressemble ou non aux autres Administrations. Elle nous conduit à *envisager davantage les différences* non comme des accidents ou des pathologies locales au regard de modèles administratifs optimaux et/ou universels mais comme des éléments élémentaires de chaque réalité administrative. Elle nous contraint à considérer que la diversité de chaque État, de chaque Administration et de chaque droit administratif, n'est pas une anecdote historique, locale et branlante, dans un processus historique naturel, universel et infaillible. Suivant cette nouvelle perspective épistémologique, la science politique et le droit administratif s'allient à la *méthodologie empirique* qui prend de plus en plus d'importance dans ces deux sciences. La méthodologie empirique souligne l'importance de chaque réalité particulière, qui est précisément ce que l'on prétend mesurer au moyen d'indicateurs et de paramètres quantitatifs. La méthodologie empirique ne présume pas l'uniformité d'un phénomène social ou juridique ;

---

[21] R. BAHL et R. BIRD (2018), « Fiscal decentralization », dans R. BAHL et R. BIRD, *Fiscal Decentralization and Local Finance in Developing Countries: Development from Below*, Cheltenham, Edward Elgar Publishing, 2028, pp. 3-35 (p. 18).

[22] F. VELASCO CABALLERO (2018), « Autonomía territorial desde una visión comparada », dans P. ROBLEDO SILVA, H. SANTAELLA QUINTERO et J. C. COVILLA MARTÍNEZ (dir.), *Derecho de las entidades territoriales*, Bogotá, Universidad Externado de Colombia, pp. 21-54, spéc. p. 25.

[23] CHEVALLIER (2017: 15).

[24] F. FUKUYAMA (2018), *Identity. Cotemporary Identity Politics and the Struggle for Recognition*, London, Profile Books, p. 57.

elle repose plutôt sur l'hypothèse de la diversité de chaque réalité analysée, qui peut ensuite être corroborée ou infirmée.

9. Partant ainsi du constat que l'idée de diversité a déjà commencé à redéfinir les paradigmes ainsi que la méthodologie des sciences sociales et juridiques, on pourrait penser qu'il est insensé de parler de l'Administration et du droit administratif comme de catégories universelles. Une telle approche serait aussi erronée que la négation de la diversité. Tout d'abord, parce que même si nous accordons aujourd'hui plus d'attention à la diversité, le fait est que nous le faisons dans un *cadre cognitif* prédéfini qui comporte des stéréotypes spécifiques sur l'Administration publique et le droit administratif. Cela signifie que nous ne pouvons comprendre la diversité réelle qu'en référence à ces stéréotypes[25]. En second lieu, l'accent mis sur la diversité n'expliquerait pas une réalité administrative qui, bien que nous l'appréciions aujourd'hui dans toutes ses déclinaisons étatiques ou locales, est objectivement *de plus en plus homogène*. Enfin, l'attention portée au divers à l'exclusion de l'universel entraverait le *progrès scientifique*, faute de catégories et de concepts communs permettant d'analyser chaque réalité administrative et chaque droit administratif. Ainsi, au regard de la difficile articulation entre unité et diversité, entendues en tant que perspectives d'analyse des Administrations et des droits administratifs, nous avons choisi ici de considérer l'Administration publique et le droit administratif comme des phénomènes politiques universels dans lesquels certaines caractéristiques élémentaires sont toujours présentes comme le fait que toute Administration publique est spécialisée à l'égard d'un organe ou d'une autorité politique (*infra* § I.1) ou que tout droit administratif repose sur un *lien étroit de l'Administration avec le droit* (*infra* § III.14). Néanmoins, même si nous pouvons parler de l'Administration et du droit administratif comme de catégories universelles sur la base de ces caractéristiques communes et élémentaires, la diversité empirique est également manifeste. Une telle diversité est ici appréhendée au moyen de *types* et d'échelles typologiques ou, autrement dit, de modèles théoriques d'Administration et de droit administratif (*infra* § III.3). À travers l'étude de ces types ou modèles, il est possible de déterminer une convergence ou, au contraire, une divergence des différents droits administratifs et Administrations qui existent effectivement.

[25] E. R. SMITH et G. R. SEMIN (2007), « Situated Social Cognition », *Current Directions in Psychological Science*, vol. 16, n° 3, pp. 132-135 ; BLANCO, HORCAJO et SÁNCHEZ (2016: 13).

CHAPITRE I

ADMINISTRATIONS PUBLIQUES : UN CONCEPT, DE NOMBREUSES CONFIGURATIONS

I. INTRODUCTION

1. Le présent et l'histoire présentent un large répertoire de phénomènes sociaux et politiques que l'on appelle depuis plusieurs siècles Administrations publiques. Il s'agit d'*organisations* de personnes et de ressources matérielles au service d'un pouvoir politique (*ruler*)[26]. Dans ces organisations, domine l'idée d'*application* ou de *spécialisation* de décisions extérieures, émanant d'un pouvoir public ou politique[27]. Sur la base de ces remarques élémentaires, nous pouvons désormais envisager l'Administration publique comme un concept universel.

2. Cette conception organisationnelle porte une image subjective de l'Administration (*infra* § II.9) et même, selon certaines approches académiques, sous-tend sa qualification en tant que personne *morale*[28]. Certes, l'idée de personnification appartient à la tradition politique occidentale ; cependant, une telle personnification a traditionnellement été projetée sur l'État afin de le qualifier d'"homme artificiel"[29]. La

---

[26] J. C. N. RAADSCHELDERS (1998), *Handbook of administrative history*, New Brunswick (N. J.), Transaction Publishers, p. 3.

[27] J. CAILLOSSE (2011), « Les principes généraux de "l'organisation administrative" », dans P. GONOD, F. MELLERAY et P. YOLKA, *Traité de droit administratif*, t. I, Paris, Dalloz, pp. 149-206, spéc. p. 156 ; K. W. CHOW, Z. XU et M. WEN (2019), « The Evolution of Chinese Administrative Studies: Where is he Field of Chinese Administrative Science Headed », *Journal of Chinese Political Science*, vol. 24, n° 3, pp. 145-159, spéc. p. 153 ; J. CHEVALLIER (2019), *Science administrative*, 6e éd., Paris, Presses Universitaires de France, pp. 48-49.

[28] À ce propos, voir E. GARCÍA DE ENTERRÍA (1992), « El concepto de personalidad jurídica en el Derecho público », *Revista de Administración Pública*, n° 129, pp. 195-197.

[29] L'expression est de T. HOBBES (2017), *Leviatán, o la materia, forma y poder de una república eclesiástica y civil*, 3e éd. (traduction en espagnol de l'original en anglais de 1651 par M. Sánchez Sarto), México, Fondo de Cultura Económica, p. 25. Voir aussi, parmi d'autres nombreux exemples : L. VON STEIN (1975), *Die Verwaltungslehre. Teil 3: Gesundheitswesen* (réédition de l'original de 1882), Aalen, Scientia Verlag, p. 9. Voir la distinction historique et théorique entre État comme personne et État comme « personne morale », dans A. GALLEGO ANABITARTE (1992), *Constitución y personalidad jurídica del Estado*, Madrid, Tecnos, pp. 19 et 24. Enfin, voir en défense de la personnification de l'État : N. M. LÓPEZ CALERA (1992), *Yo, el Estado*, Madrid, Trotta, p. 60. Pour un exposé critique sur la signification contemporaine de la personnification de l'Administration, voir F. LÓPEZ-JURADO (2020), « Los criterios doctrinales de clasificación de las organizaciones

personnification de l'Administration publique, bien qu'elle ait un lien avec la subjectivité du *fiscus* sous l'Ancien Régime européen, est une construction contemporaine, secondaire ou inconnue dans la plupart des pays et, lorsqu'elle est connue, d'une importance pratique limitée.

3. La conception organisationnelle et subjective de l'Administration a traditionnellement coexisté avec une autre conception (fonctionnelle) de celle-ci, à savoir l'Administration en tant que type défini de fonctions ou tâches publiques, non en tant qu'organisation ou sujet (*infra* § II.7). Suivant une perspective historique, si l'on considère l'Ancien Régime européen, il peut être possible de comprendre cette double conception de l'Administration, en tant qu'organisation et en tant que fonction étatique. D'une part, avec la formation de l'État moderne à partir du XVIe siècle, le nombre de fonctionnaires royaux a augmenté (pour les impôts, la sécurité des routes, les postes, etc.). Toutefois, même si ces fonctionnaires royaux existaient déjà sous l'Ancien Régime - ils donneront plus tard forme à l'idée de bureaucratie -, à la tête de ceux-ci se trouvaient les magistratures et les conseils royaux chargés de rendre la *justice*. En d'autres termes, l'activité des fonctionnaires royaux, bien qu'elle s'apparentât dans de nombreux cas à celle que l'Administration développera tout au long du XIXe siècle, n'avait pas de *dimension organisationnelle* propre. Les activités visant le bien-être général, telles que l'entretien des puits, la paix sur les routes ou la bienfaisance, étaient conduites par les mêmes magistratures et conseils que ceux qui, depuis le Moyen Âge, rendaient la justice au nom du roi. Ce faisant, bien que de nombreuses formes d'action "administrative" étaient identifiables sous l'Ancien Régime, de telles actions n'ont eu de pertinence organisationnelle que plus tard, lorsque ce qui a trait à l'administratif se scinda complètement de la justice en donnant naissance à de nouveaux conseils non-judiciaires et à des autorités, cependant soumis au roi et au droit. Le détachement des tâches administratives des magistratures juridictionnelles donne sens à une conception subjective ou organisationnelle de l'Administration, c'est-à-dire entendue comme un ensemble d'autorités, de moyens matériels et de fonctionnaires orientés vers la recherche du bien-être général (et non le rendu de la justice).

4. Au-delà de l'idée élémentaire d'Administration publique conçue en tant qu'organisation politique instrumentale, le fait est que pour diverses raisons, certaines d'ordre universitaire et d'autres de nature politique ou juridique, nous avons élaboré au cours des deux derniers siècles un concept plus *élaboré et complexe* d'Administration publique caractérisée par une forme singulière de légitimité (bureaucratique ou rationnelle)[30], une position formellement subordonnée au sein de l'État (vis-à-vis des Parlements, des Gouvernements et des juges), des formes d'organisation spécifiques (spécialisées et hiérarchisées) et même un type d'employés caractéristique (les fonctionnaires). Pratiquement, nous sommes parvenus à un concept

---

administrativas », *Revista de Derecho Público: Teoría y Método*, n° 1, pp. 101-146 (p. 132 § 56).

[30] P. ROSANVALLON (2010), *La legitimidad democrática. Imparcialidad, reflexividad y proximidad* (traduction en espagnol de l'original en français de 2008 par H. Cardoso), Barcelona, Paidós, p. 61.

prescriptif d'Administration ; c'est-à-dire à un concept qui non seulement explique de manière cohérente une réalité universelle mais qui fixe également des exigences ontologiques spécifiques permettant de déterminer si une institution ou une organisation mérite la dénomination d'Administration publique.

5. Dans cette étude, on part de l'existence effective de phénomènes organisationnels qui peuvent être expliqués à travers le concept d'Administration publique. Cependant, dans le même temps, l'accent est mis sur la *diversité* du phénomène administratif. Cette diversité a un double fondement. Le premier est *ontologique* : aussi précis et explicatif que soit le concept général d'Administration publique, il reste une abstraction énoncée de manière inductive sur la base de phénomènes administratifs nombreux et très différents à travers le monde. Pour cette raison, aussi fécond et utile que soit le concept d'Administration publique, il ne peut faire abstraction de la diversité empirique qui le sous-tend. Deuxièmement, la diversité du phénomène administratif résulte des différentes *perspectives épistémologiques* à partir desquelles il est analysé. En effet, il y a diversité dans l'Administration publique parce que nous l'analysons à partir de multiples perspectives : politique, sociologique, juridique, économique, etc.

6. Quant à la diversité de l'*objet administratif*, un regard dénué de préjugés sur la réalité nous permet de constater que derrière le terme d'Administration publique se cachent des réalités très diverses[31]. Il existe des organisations bureaucratiques pour l'application de la loi mais aussi des autorités dotées d'un pouvoir politique propre ou délégué. Il existe des organisations dirigées par des gouvernants directement élus par les citoyens. Il existe également des organisations administratives professionnelles ou politiquement neutres, des organisations entièrement hiérarchisées et d'autres qui combinent hiérarchie et répartition horizontale des responsabilités (compétences). Il existe des Administrations dans les États démocratiques mais aussi dans les États autoritaires. Il existe des Administrations qui se confondent avec l'État et d'autres qui n'occupent qu'un espace particulier de pouvoir au sein de l'État. Il existe des Administrations en interaction constante avec les individus et des Administrations spécialisées et détachées de la société. Enfin, il existe des Administrations qui génèrent un pourcentage élevé de PIB pour un pays donné et d'autres dont la contribution est beaucoup plus modeste.

7. La diversité propre à l'Administration publique ne découle pas seulement directement de la réalité ; elle résulte également des différentes *perspectives* à partir desquelles elle est observée et analysée. En tant que phénomène social réel, l'Administration publique peut être entendue et

[31] K. KÖNIG (2008), *Moderne öffentliche Verwaltung*, Berlin, Duncker und Humblot, p. 6 ; CHEVALLIER (2017: 9).

expliquée à travers de multiples *perspectives* et méthodologies épistémologiques : la sociologie, la science politique, la psychologie sociale et organisationnelle, l'économie, ou encore le droit. Chacune de ces approches véhicule une idée propre de l'Administration, plus ou moins compatible avec les autres. Par exemple, la sociologie concentre son analyse et sa conception de l'Administration sur sa dimension organisationnelle (elle est conçue en tant que *bureaucratie*). L'économie élabore son analyse de l'Administration à partir de l'idée de *secteur public* (en tant qu'acteur pertinent sur le marché). Quant au droit, il se focalise sur la nature plus ou moins *spécialisée* de l'Administration au regard de la loi et du Gouvernement.

8. Cette étude met l'accent sur la *diversité*. Elle vise à montrer que, derrière l'existence réelle d'un phénomène universel et relativement convergent, la diversité est très grande. Il existe, sans doute, une idée minimale, élémentaire et partagée de l'Administration (organisation publique instrumentale pour l'exécution des décisions politiques) ; pour autant, la diversité est le trait dominant. C'est ce que nous nous proposons de démontrer dans le présent chapitre. Nous commencerons par identifier les biais qui ont jusqu'à présent conduit à un concept homogène et normatif d'Administration (II), puis nous présenterons les contributions de différentes perspectives d'analyse qui proposent des conceptions diverses de l'Administration (III). Ensuite, nous passerons en revue, de manière non-exhaustive, les différents noms ou substantifs par lesquels il est rendu compte de la diversité ontologique et analytique de l'Administration (IV). Enfin, l'attention sera attirée sur le fait que la diversité du phénomène administratif implique également une certaine pluralité des sources de légitimité. Partant, il serait encore nécessaire de formuler une typologie complète des Administrations publiques. Toutefois, cette tâche est immense. La présente étude en reste à un stade bien antérieur, à savoir souligner la diversité, face à l'uniformité, sans pour autant pouvoir rendre compte avec précision de la portée de celle-ci.

II. LES BIAIS DE LA CONCEPTUALISATION DE L'ADMINISTRATION PUBLIQUE

1. Eurocentrisme

9. Le concept d'Administration publique s'est formé à partir d'une réalité empirique délimitée, non universelle. L'Administration publique a été qualifiée de type idéal d'organisation politique élaboré sur la base de certaines expériences étatiques spécifiques : celles nées en *Europe à partir*

du XVIIe siècle[32], avant d'être fortement remaniées au début du XIXe siècle. Ce type idéal d'Administration a constitué une référence conceptuelle pour d'autres réalités politiques ultérieures. C'est ainsi que l'on a appelé "Administration publique" certains phénomènes qui, dans différents pays, correspondaient à l'archétype idéal de l'Administration publique européenne formulé sur la base d'expériences étatiques spécifiques. Dans la construction conceptuelle de l'Administration ont ainsi été omises des organisations publiques professionnelles aussi sophistiquées que la bureaucratie en Chine à partir de la dynastie des Zhou orientaux (770-256 av. J.-C.)[33].

10. Néanmoins, le modèle occidental d'Administration publique, très lié au constitutionnalisme libéral occidental, ne décrit suffisamment ni les organisations publiques historiques autres qu'européennes, ni certaines réalités administratives contemporaines d'importance récente. Les administrations des pays d'*Asie de l'Est*, en particulier la Chine, se sont développées dans des environnements culturels singuliers, souvent *autoritaires*. L'influence indéniable du modèle administratif occidental (principalement des États-Unis, de la France, du Royaume-Uni et de l'Allemagne) s'est adaptée à ces contextes culturels et politiques[34]. Cela a donné naissance à des Administrations singulières qui ne ressemblent que de loin à celles du modèle libéral européen. Les singularités sont d'autant plus frappantes dans les pays (dont la Chine est encore un exemple paradigmatique) où l'Administration étatique cohabite avec une bureaucratie de parti - en Chine, celle du Parti communiste - qui non seulement adopte les décisions politiques élémentaires mais intervient également dans la gestion et la mise en œuvre précise de ces décisions. Les singularités de certaines Administrations émergentes sont parfois si notables qu'elles mettent en question le concept même d'Administration publique entendue comme une organisation autonome ou d'application des décisions politiques[35]. Cette nouvelle Administration publique assume également des pouvoirs politiques basiques et ne monopolise pas la tâche d'application ou d'exécution des décisions politiques[36].

---

[32] RAADSCHELDERS (1998: 3).

[33] F. FUKUYAMA (2016a), *Los orígenes del orden político* (traduction en espagnol de l'original en anglais de 2011 par J. Paredes), Barcelona, Deusto, p. 173.

[34] K. PAN-SUK (2019), « Developments of modern public administration in East Asia: similarities and dissimilarities among China, Japan and South Korea », dans A. MASSEY, *A Research Agenda for Public Administration*, Cheltenham, Edward Elgar Publishing, pp. 115-132.

[35] A. MASSEY (2019), « A research agenda for public administration and public sector management », dans *A Research Agenda for Public Administration*, *ibidem*, pp. 1-12, spéc. p. 2.

[36] A. NIETO (2002), *El pensamiento burocrático*, 2e éd., Granada, INAP, p. 124.

2. Prééminence de la perspective politico-constitutionnelle

11. Par ailleurs, dans le concept même d'Administration publique, une perspective analytique particulière est très présente : l'approche *politico-constitutionnelle*. Dans une large mesure, l'Administration publique a été conceptualisée dans le cadre de la pensée politique *libérale* et constitutionnelle de la fin du XVIIIe siècle et du début du XIXe siècle ; c'est-à-dire dans un contexte politico-constitutionnel caractérisé par la séparation des pouvoirs ainsi que l'existence d'une organisation publique chargée d'appliquer le droit et d'exécuter les mandats d'un gouvernement (monarchique ou non). Si, sous l'Ancien Régime, le concept clé était celui de *police* ou de *gouvernement*[37], le constitutionnalisme libéral a mis au premier plan l'Administration en tant que notion centrale. De plus, dans la pensée libérale, cette Administration n'est pas la vieille « *Administration of the Public business* »[38] de l'Ancien Régime qui décrivait - sans distinction - toutes les activités des fonctionnaires et des ministres représentant le souverain. À partir de la fin du XVIIIe siècle, la nouvelle conception de l'Administration publique désigne aussi bien une activité ou fonction de l'État (l'exécutif qui se distingue du législatif et du judiciaire) que l'ensemble des services et des fonctionnaires qui exercent cette activité. Tout ce processus de construction de l'Administration a un fondement clairement politico-constitutionnel. Ni la pensée économique, ni la pensée sociologique, ni la pensée organisationnelle, ni encore moins la pensée comportementale ne sont présentes dans cette substantivation conceptuelle de l'Administration. Le caractère constitutionnel de l'analyse de l'Administration (qui est désormais comprise comme une bureaucratie intégrée au pouvoir exécutif et, par conséquent, soumise à la loi parlementaire) va promouvoir une compréhension éminemment *légaliste* de l'organisation et de l'activité administratives selon laquelle ce qui est important est le respect des mandats, des procédures et des limites établis par la loi[39].

12. La prééminence de la perspective politico-constitutionnelle libérale a eu pour conséquence, entre autres, une *universalisation* et une *homogénéisation* de l'Administration. Dans l'ordre constitutionnel libéral, depuis le début du XIXe siècle, tout corps politique est soumis à la nation (et par là même au Parlement et au roi). Les corporations médiévales, déjà affaiblies à la fin de l'Ancien Régime européen, ont cédé la place à l'Administration publique en tant que *catégorie descriptive unique* de toutes les organisations et organes civils soumis à la loi parlementaire et au

---

[37] A. NIETO (1986), *Estudios Históricos sobre Administración y Derecho Administrativo*, Madrid, INAP, p. 77.
[38] L'expression est de HOBBES (2017: 88).
[39] RAADSCHELDERS (1998: 4).

Gouvernement (monarchique ou non, selon les pays et les époques). Cet archétype politico-constitutionnel d'Administration publique est devenu prédominant, tout au moins en Europe. Cependant, derrière un concept uniforme d'Administration publique, il existe une réalité plus complexe dans laquelle certaines anciennes entités sociales, bien que soumises aux nouveaux Parlements et Gouvernements constitutionnels, ne sont pas de simples "Administrations" entendues comme des organisations spécialisées. Parfois, ces entités, bien que soumises aux Gouvernements et Parlements nationaux, ont conservé leur autonomie originelle (et ne peuvent donc être simplement renvoyées à l'image d'une Administration exécutant la loi). D'autres fois, ces organes sociaux ou économiques, bien que qualifiés d'Administrations publiques et même inclus dans la catégorie unique "Administration de l'État", ont gardé de fortes singularités, ce qui permet de parler - comme dans le cas de l'Allemagne - d'Administration "indirecte" de l'État. Cette situation est surtout illustrée par les municipalités : la tendance continentale indéniable a été la réduction de leur pouvoir et leur insertion dans l'Administration étatique (un processus déjà très présent dans les derniers temps de l'Ancien Régime). Les intendants royaux français et les *corregidores* espagnols constituent un bon exemple de la limitation croissante de l'autonomie locale[40]. Toutefois, cette tendance n'est pas uniforme dans tous les pays et ne dissout pas ces entités dans une idée unique d'Administration publique.

13. Pour ce qui est des *communes* de l'Europe continentale libérale (influencée par le constitutionnalisme français), on constate que les collectivités locales ont été ramenées à la conception dominante d'Administration publique, ce malgré de très fortes singularités. Il est vrai que sur le continent européen, tout au long des XVIIe et XVIIIe siècles, les corporations municipales (locales mais évidemment aristocratiques) avaient progressivement perdu leur capacité d'auto-gouvernement. En parallèle, il s'est produit un accroissement du pouvoir monarchique sur le territoire. Cependant, les communes n'avaient pas encore perdu leur qualité de corporations politiques et leur importante autonomie. La construction constitutionnelle-libérale de l'État, dans sa bataille contre tous les types d'organes susceptibles de concurrencer la Nation, devait nécessairement traiter les corporations municipales comme des parties intégrantes de l'Administration publique[41]. Néanmoins, cette *administrativisation* des communes n'a été ni uniforme ni complète. Dans les premiers textes constitutionnels révolutionnaires français, a été affirmé le "*pouvoir municipal*" mais sans indiquer qu'il faisait partie de l'Administration de la Nation[42]. On peut dire la même chose

---

[40] E. GARCÍA DE ENTERRÍA (1960), « Turgot y los orígenes del municipalismo moderno », *Revista de Administración Pública*, n° 33, pp. 79-108, spéc. p. 91 ; NIETO (1986: 97). S'agissant des *Länder* allemands, voir M. BURGI (2010), *Kommunalrecht*, 3e éd., München, C. H. Beck, p. 19 § 3.

[41] Sur la Constitution de Cádiz (1812), voir J. VARELA SUANZES-CARPEGNA (2020), *Historia constitucional de España*, Madrid-Barcelona-Buenos Aires-Saô Paulo, p. 86.

[42] GARCÍA DE ENTERRÍA (1960: 105).

- dans un contexte politique autoritaire mais sous influence libérale - de la *Selbstverwaltung* allemande (*Städteordnung* du 19 novembre 1808). Avec le temps, lorsque l'Administration des États-nations s'est développée de manière exponentielle à partir du deuxième tiers du XIXe siècle, les communes ne pouvaient être que des Administrations, bien que cette administrativisation des collectivités locales n'ait pas été uniforme sur tout le continent. Il est certain que l'administrativisation du pouvoir local a été très poussée en France, au moins depuis la loi du 28 pluviôse an VIII[43], mais elle ne s'est pas manifestée avec autant d'intensité en Prusse. De ce fait, on parlera des communes en termes d'*auto-Administrations* (entités administratives autonomes bien qu'intégrées au sein du pouvoir exécutif étatique unique)[44] ou, à partir du XXe siècle, d'*Administrations indirectes* de l'État[45]. L'Administration locale ou municipale est sans conteste une Administration singulière, généralement dotée d'une autonomie et même, à certaines périodes, d'une légitimité démocratique (système censitaire). Pour cette raison, les communes sont encore appelées "corporations". Il ne fait aucun doute que les communes ont perdu leur statut de gouvernements territoriaux en devenant partie intégrante de l'Administration étatique. Mais elles n'étaient pas de simples pièces d'une organisation complètement hiérarchisée sous la direction d'un Gouvernement. L'idée d'autonomie est bien présente dans les notions d'*auto-Administration* ou d'*Administration indirecte*.

14. L'administrativisation des entités locales est plus délicate, pour différentes raisons, dans les pays de *tradition britannique*. Prenons comme référence le Royaume-Uni, les États-Unis et le Canada. Pour commencer par le Royaume-Uni, il est certain que le triomphe du parlementarisme libéral a conduit à ce que tout pouvoir ou autorité publique est soumis à la loi. Cela ne fait aucun doute. Mais, comme l'explique VON GNEIST pour l'Angleterre (corrigeant sur ce point le parlementarisme uniforme et hégémonique décrit par BLACKSTONE), l'assujettissement des pouvoirs locaux au Parlement anglais n'a pas dilué l'autonomie locale[46]. Outre les autorités administratives royales sur le territoire (*Sheriff*, *Coroner*), il subsistait des organes d'autonomie locale (*parishes* et environ deux cents *boroughs*)[47]. Ainsi, le *self-government* local a été maintenu tout au long du XIXe siècle en Angleterre mais peut-être pas avec la même importance que celle décrite en Allemagne par VON GNEIST. Cependant, il semble clair que les *local councils* n'ont pas été incorporés dans la catégorie unique d'Administration publique.

15. Pour différentes raisons politico-constitutionnelles, le *local government* nord-américain n'a pas non plus été englobé dans le concept d'Administration.

---

[43] CHEVALLIER (1985), *Histoire des institutions et des régimes politiques de la France de 1789 à nos jours*, 7e éd., Paris, Dalloz, p. 118.

[44] VON STEIN (1975: 13).

[45] Sur l'Allemagne, voir BURGI (2010: 11 § 5).

[46] VON GNEIST (1860), *Das heutige englische Verfassungs-und Verwaltungsrecht. Die heutige englische Kommunalverfassung und Kommunalverwaltung*, Berlin, Springer, p. 16.

[47] D. WILSON et Ch. GAME (2011), *Local Government in the United Kingdom*, 5e éd., Chippenham, Palgrave Macmillan, p. 57 ; J. A CHANDLER (2007), *Explaining local government. Local government in Britain since 1800*, Manchester, Manchester University Press, pp. 1-28.

L'importance originelle du principe démocratique aux États-Unis a conféré aux gouvernements locaux une force particulière (même s'ils ne sont pas directement garantis par la Constitution fédérale). En outre, le caractère clairement fédéral du pays exclut tout concept unitaire et global d'Administration publique. Les diverses formes d'organisation du pouvoir dans les différents États fondateurs ont rendu difficile l'émergence d'une idée uniforme d'Administration publique. Dans ce contexte, les gouvernements locaux ont conservé, jusqu'à aujourd'hui, leur propre entité politique. Ils ne relèvent pas de l'Administration publique mais sont des *gouvernements politiques* dotés d'une Administration propre.

16. Enfin, le Canada constitue également un bon exemple de pays dans lequel le gouvernement local ne relève pas d'une catégorie globale d'Administration publique. Les *municipalités* qui, dans ce pays, correspondent à toutes sortes d'entités locales, répondent à l'idée de "niveau de gouvernement", non à celle d'Administration publique. L'Administration municipale désigne l'activité bureaucratique gouvernée par les autorités politiques de chaque commune[48]. Bien que les pouvoirs des *local governments* résultent d'autorisations législatives expresses (*statutes*)[49], comme dans le cas des agences administratives fédérales ou provinciales, la culture politique différencie clairement les agences administratives et un "niveau de gouvernement".

3. Évolutionnisme

17. L'historiographie *évolutionniste* a également façonné la compréhension actuelle de l'Administration publique. Selon une tendance épistémologique répandue au XXe siècle, et assurément présente dans l'historiographie, le présent tend à être perçu comme une réalité tendanciellement homogène et, dans le même temps, comme le résultat évolutif de multiples phénomènes passés[50]. À proprement parler, cette perspective n'est pas seulement imputable aux théories évolutionnistes de la fin du XIXe siècle ; elle est liée au positivisme scientifique à l'origine même de la modernité. L'ère moderne, avec sa focalisation sur la nature et la physique, a apporté avec elle l'idée de *processus*[51] ; c'est-à-dire de chaînes successives d'événements, les uns précédant les autres, ces derniers étant donc des conséquences des premiers. La pensée évolutionniste postérieure, conçue pour la biologie mais rapidement

[48] A. SANCTON, *Canadian Local Government. An Urban Perspective*, 2e éd., Don Mills, Oxford University Press, p. 228.

[49] J. GARCEA et E. LESAGE, Jr. (2008), « Local Government Reforms in Canada », dans B. DOLLERY, J. GARCEA et E. LESAGE, Jr., *Local Government Reform. A Comparative Analysis of Advanced Anglo-American Countries*, Cheltenham, Edward Elgar, pp. 158-189, spéc. p. 180.

[50] Sur l'État, en général, voir J. CHEVALLIER (2017: 8).

[51] H. ARENDT (1993), *La condición humana* (traduction en espagnol de l'original en anglais de 1958), Barcelona, Paidós, pp. 252 et 292.

étendue aux sciences sociales, nous a transmis - sans rompre avec l'idée de processus - les concepts d'*adaptation* et de *sélection*[52].

18. L'image séquentielle de l'histoire sociale conduit, à des fins pédagogiques, à la définition de phases ou *stades* dans l'histoire de l'humanité qui constitue la manière à travers laquelle nous apprenons et pensons généralement le passé. Une telle approche se rencontre aussi dans l'explication historiographique des institutions politiques[53] parmi lesquelles figure l'Administration. Des *types historiques* d'Administration ont été définis tels que l'Administration patrimoniale et l'Administration bureaucratique décrites par WEBER[54]. Plus récemment, on a parlé d'Administration "traditionnelle" (bureaucratique), d'Administration managériale et de gouvernance[55]. L'histoire de l'Administration a également été présentée comme un processus d'adaptation continue au contexte ou à l'environnement conduisant à des adaptations meilleures ou pires, donc à une sélection naturelle. Selon cette conception, l'Administration publique contemporaine serait le point d'arrivée d'un long processus historique d'évolution et de sélection. L'évolutionnisme social est clairement présent dans ce récit de l'histoire administrative.

19. L'identification de stades ou d'étapes historiques ainsi que l'approche évolutionniste constituent des instruments utiles à la compréhension historique de l'Administration. Cependant, nous devons également être conscients des risques épistémologiques qu'ils comportent. En effet, ils véhiculent une image de *linéarité naturelle* de l'Administration (selon laquelle chaque étape historique est une conséquence naturelle et quasi-nécessaire de la précédente et de son contexte), une compréhension homogène des Administrations (qui s'expliqueraient toutes selon les mêmes étapes et schémas d'évolution), une *illusion de progrès* (puisque chaque Administration tendrait à être supérieure à la précédente) et la croyance également que l'Administration se caractérise davantage par le *changement* que par la continuité (bien qu'il nous semble, à chaque époque, que l'Administration est un phénomène plus figé que changeant)[56]. En réalité, tous ces écueils épistémologiques ne sont pas propres à la pensée évolutionniste (en l'espèce transposée à l'Administration) mais constituent des *biais cognitifs généraux* profondément ancrés dans l'esprit humain[57].

---

52 RAADSCHELDERS (1998: 64).

53 Pour une critique, voir FUKUYAMA (2016b: 700).

54 M. WEBER (1993: 174 et 180).

55 Par exemple, voir M. ARENILLA (2011), « Marco teórico actual de la Administración pública », dans M. ARENILLA (dir.), *Crisis y reforma de la Administración pública*, A Coruña, Netbiblo, pp. 1-138, spéc. p. 4.

56 RAADSCHELDERS (1998: 65).

57 S. SUTHERLAND (2015), *Irracionalidad: el enemigo interior*, 2e éd., Madrid, Alianza Editorial, p. 318.

20. Dans un effort visant à contenir l'évolutionnisme linéaire, les théories évolutionnistes contemporaines ont eu tendance à écarter l'idée de progrès continu et sélectif pour se concentrer davantage sur des *lignes phylogénétiques* ; c'est-à-dire relier des évolutions multiples, disparates et coexistant avec des ancêtres communs. Cette conception évolutionniste peut s'avérer utile pour une compréhension diachronique de l'Administration. Elle suppose que les Administrations publiques contemporaines sont multiples et très différentes les unes des autres, ce bien qu'il existe des "lignes phylogénétiques" entre elles[58]. Chacune évolue à sa manière de façon fortuite ou en s'adaptant à son environnement. Néanmoins, il existe un fil conducteur, de caractère politico-anthropologique, qui les rattache aux formes primaires de répartition du pouvoir dans les communautés politiques organisées. Ainsi, chaque Administration publique doit être comprise, avant tout, dans son *contexte social spécifique* ; par conséquent, en relation avec les structures politiques de chaque époque, l'économie de chaque société et les paradigmes épistémologiques de chaque temps et lieu. Ce positionnement de l'Administration au regard de son moment historique particulier relativise toute narration linéaire de l'histoire administrative. Elle oblige à reconnaître l'existence de phénomènes soudains, singuliers, authentiques et locaux qui ne peuvent être ramenés à une séquence rationnelle prévisible et universelle. Cela nous oblige à penser que l'Administration présente est le *reflet* de l'Administration passée mais qu'elle n'en est pas l'évolution linéaire et que l'Administration d'aujourd'hui n'est pas le résultat sélectif de multiples essais, réformes et adaptations du passé. Plus que le résultat d'un processus évolutif linéaire, l'Administration publique est simplement un concept qui permet d'appréhender une grande *diversité* de phénomènes organisationnels entre lesquels il existe un fil conducteur mais non une logique évolutive et sélective.

21. Une conception historico-évolutive a considéré que l'Administration, telle que nous l'entendons en Europe continentale, a été formée au Moyen-Âge et était déjà pleinement reconnaissable aux XVIIe et XVIIIe siècles, à la fin de l'Ancien Régime. Le processus de concentration du pouvoir royal, par opposition aux diverses corporations et pouvoirs seigneuriaux médiévaux, aurait conduit au dit "État administratif" dont la meilleure expression serait le *Polizeistaat* prussien. Selon cette approche, les révolutions libérales n'auraient pas modifié l'Administration existante en tant que telle mais celle-ci aurait simplement *évolué* et se serait *adaptée* afin de se soumettre à la loi parlementaire et s'éloigner définitivement de la fonction juridictionnelle. Selon cette conception, l'État administratif à partir du XVIe siècle, soucieux de rendre la *justice* (cela était la fonction du pouvoir politique dans le monde médiéval), était déjà fonctionnellement comparable à l'État contemporain, orienté aussi vers le bien-être des citoyens (et non uniquement le rendu de la justice). Nous pourrions ajouter le principe de légalité

---

[58] Cette notion a été formulée dans le domaine de la biologie évolutive, voir J. L. ARSUAGA (2019), *Vida, la gran historia*, Barcelona, Destino, p. 147.

parlementaire ainsi que les garanties individuelles qui se sont développées face au pouvoir et qui constitueront les contributions du constitutionnalisme libéral au XIXe siècle. Cependant, cette explication évolutionniste omet le fait que ce que nous appelons aujourd'hui Administration sous l'Ancien Régime se rapportait encore à la *justice*, même si aux XVIIIe et XIXe siècles elle avait aussi intégré l'idée de gouvernement et de recherche du bien-être des sujets. L'Administration de l'Ancien Régime se faisait encore par des "magistratures" et à travers des procédés judiciaires[59]. Ainsi, si l'on considère l'Ancien Régime en Espagne, on constate que nombre de procès intentés par des particuliers aboutissaient non pas à des "*providencias de particulares*" mais à des "*providencias por punto general*" (exprimant des décisions gouvernementales plutôt que de justice)[60]. De même, la prolifération des "*justicias privativas*" pour différentes questions touchant à l'action publique (routes, pâturages, puits, approvisionnements) dissimulait sous des formes de justice (*jurisdictio*) ce qui, quelque temps plus tard, au XIXe siècle, sera le Gouvernement ou l'Administration. On peut donc se demander s'il n'existait pas déjà, sous l'Ancien Régime européen, des Administrations publiques qui se sont ensuite adaptées dans le cadre du constitutionnalisme libéral à deux nouveautés institutionnelles fondamentales (les principes de légalité et de séparation entre justice et Administration). La justice médiévale a progressivement acquis des contours gouvernementaux-administratifs au cours de l'époque moderne sans pour autant donner naissance à une organisation que l'on pourrait qualifier d'Administration. Les tâches administratives se sont progressivement détachées de la *jurisdictio* royale jusqu'à ce que finalement - au XIXe siècle - ces fonctions administratives préexistantes (bien qu'ayant initialement des formes et une apparence judiciaires) finirent par être définitivement et de manière soudaine séparées de la justice royale, donnant ainsi naissance à l'Administration contemporaine. Ceci explique pourquoi - comme nous le verrons plus loin (*infra* § II.16) - une grande partie des techniques et procédés administratifs de l'Administration du XIXe siècle était déjà connue aux XVIIe et XVIIIe siècles. Toutefois, cette continuité ne peut occulter un changement majeur et non simplement évolutif : sous l'Ancien Régime, ces dispositifs et techniques "administratifs" étaient encore englobés dans le concept médiéval très large de *justice*[61].

22. L'intégration originelle de l'activité administrative dans la *jurisdictio* est restée latente en Angleterre pendant plus longtemps : jusqu'aux premières décennies

---

[59] L. MANNORI (2007), « Justicia y Administración entre antiguo y nuevo régimen », *Revista Jurídica de la Universidad Autónoma de Madrid*, n° 15, pp. 125-146, spéc. p. 131 (traduction en espagnol de l'original en italien de A. Agüero et J. Solla, dans R. ROMANELLI (1997), *Magistrati e potere nella storia europea*, Bologna, pp. 39-65).

[60] Ces expressions désignent deux types de décisions juridictionnelles que les juges du Conseil de Castille pouvaient prononcer. Les *providencias de particulares* sont des décisions juridictionnelles qui se limitent à trancher le cas qui est soumis au juge, tandis que les *providencias por punto general* – qui ressemblent à ce que l'on appelait sous l'Ancien Régime les arrêts de règlement – avaient une portée plus générale et servaient de modèle pour de futures décisions individuelles (ndt).

[61] L. MEDINA ALCOZ (2022), *Historia del Derecho administrativo español*, Madrid-Barcelona-Buenos Aires-Saô Paulo, Marcial Pons, p. 120.

du XIXe siècle, "*Administrative powers were exercised in judicial forms*"[62]. Ce constat s'explique peut-être par le fait que l'Angleterre est restée en marge des révolutions libérales du continent de la fin du XVIIIe siècle. L'activité actuelle d'*adjudication* de l'Administration britannique, qui correspond au fait de décider sur les droits et les devoirs des citoyens, renvoie à son passé judiciaire. Fait intéressant, la même idée d'*adjudication* administrative (décisions prises dans le cadre d'un litige) est présente au sein des agences administratives nord-américaines. Bien qu'il y ait eu aux États-Unis un changement constitutionnel, la singularisation institutionnelle de l'Administration n'a pas entièrement coupé le lien avec l'idée de gouvernement en tant que justice, si caractéristique de l'État britannique.

III. OUVERTURE ÉPISTÉMOLOGIQUE

23. S'il n'est pas difficile d'affirmer que les sociétés contemporaines disposent d'une Administration publique, la nature et la manière d'agir de celle-ci n'est pas une réalité objective qui se découvre à travers la recherche. Cela ne peut être exprimé dans un récit unique mais dépend dans une large mesure de la *perspective analytique* suivant laquelle telle Administration publique est analysée. Aujourd'hui, aussi bien la sociologie que la science politique, le droit, l'économie et la psychologie dirigent leur attention vers l'Administration. Logiquement, chaque approche scientifique met objectivement et méthodologiquement en évidence certains éléments de la réalité administrative observée. Dans cette mesure, chaque perspective scientifique façonne de manière singulière l'objet observé et analysé, en l'espèce l'Administration publique.

1. Science politique

24. La science politique concentre son attention sur l'Administration en tant que pouvoir. Les questions qui l'intéressent sont la légitimité de l'Administration, ses relations avec les élus et les partis, sa responsabilité (*accountability*) et son interaction avec la société. La science politique se sert souvent du concept de *pouvoir exécutif* pour se référer à l'Administration en mettant l'accent sur la répartition libérale du pouvoir et sans distinguer avec précision l'Administration et le Gouvernement dans chaque État (*infra* § I.36). Cette approche est centrée sur la compréhension de l'Administration en tant que pouvoir politique et ne distingue pas toujours avec précision l'Administration de l'État dans son ensemble et le *Gouvernement* (somme des pouvoirs publics dans un pays). Bien sûr, dans les autocraties, l'État et l'Administration tendent à s'identifier, se trouvant tous les deux sous la domination de l'autocrate, du dictateur ou du tyran. De

---

[62] E. C. S. WADE et A. W. BRADLEY (1993), *Constitutional and Administrative Law*, 11e éd., London-New York, Longman, p. 607.

plus, dans les sociétés contemporaines, où l'Administration accomplit des tâches très étendues, l'Administration se présente comme une synecdoque de l'État (ou *government*) : l'Administration incarne le pouvoir réel, effectif et quotidien alors que d'autres organes de l'État (Parlements et juges) agissent comme des limites à l'Administration. L'expression "État administratif" décrit bien cette réalité d'un État mené par l'Administration[63]. En somme, la perspective de la science politique nous offre une image large de l'Administration, sans limites précises au sein de l'État dans son ensemble ni même de ce que l'on appelle le pouvoir exécutif.

25. En outre, la science politique nous présente généralement une conception *occidentale et contemporaine* de l'Administration ; celle des démocraties libérales. D'autres phénomènes politiques qui, en principe, pourraient également être considérés comme de l'Administration sont relégués au second plan[64]. D'une part, mentionnons les grandes organisations de pouvoir de l'histoire antique : en Mésopotamie, en Égypte ou à Rome ; d'autre part, citons les Administrations contemporaines dans les États non-libéraux. Le cas le plus significatif à cet égard est celui de la Chine où l'Administration coexiste avec une autre structure de pouvoir importante - le Parti communiste - qui en partie chevauche, en partie se superpose et en partie complète l'Administration. Évidemment, tous ces autres phénomènes administratifs ne manquent pas d'être observés et analysés. Néanmoins, la prééminence de la science politique occidentale, depuis au moins WEBER, a conduit à ce que ces autres réalités administratives du monde (tant les réalités historiques que les réalités contemporaines non-libérales) soient analysées à l'aune du modèle politique libéral. De façon implicite, la science politique véhicule une idée d'Administration publique définie par une absence de légitimité démocratique directe (parce que cette légitimité se trouve dans les constitutions et les assemblées législatives) ainsi que par un lien existentiel avec la loi parlementaire et - ici avec plus de variations - le pouvoir judiciaire. Des Administrations autoritaires très efficaces (comme celle de Singapour) sont soit négligées, soit analysées comme des phénomènes extravagants difficilement rattachables à l'archétype politique d'Administration[65].

2. Droit public ou administratif

26. La théorie du droit public ou du droit administratif, à certaines époques indissociable de la science politique, comporte au moins trois

---

63 FUKUYAMA (2016b: 75).

64 Sur les pré-bureaucraties, voir NIETO (2002: 49).

65 À propos de Singapour, voir J. MICKLETHWAIT et A. WOOLDRIDGE (2015), *La cuarta revolución. La carrera global para reinventar el Estado* (traduction en espagnol de l'original en anglais de 2014 par J. M. Martí Font), p. 128.

éléments pertinents pour appréhender l'Administration publique. En premier lieu, elle conçoit et délimite l'Administration sur la base de sa réglementation contraignante ; autrement dit, au regard de mandats de devoir-être. Ce faisant, la science juridique n'explique pas vraiment comment ou ce qu'est l'Administration mais plutôt comment elle doit être et comment elle doit agir. Dans cette mesure, les concepts ou catégories juridico-administratifs sont à la fois explicatifs et prescriptifs : ils expliquent l'Administration non pas au regard de ce qu'elle est mais de ce qu'elle doit être, conformément à ce qui est prescrit par le droit. Cependant, suivant cette approche, le droit n'offre pas une compréhension complète de l'Administration et va requérir la sociologie ou la plus récente "science de l'Administration" pour combler le fossé entre le devoir être normatif de l'Administration et sa réalité.

27. En second lieu, c'est le propre de la science juridique que de porter des *jugements de valeur* sur la conformité de certaines formes d'action (dans notre cas de l'Administration) avec la règle existante[66]. En d'autres termes, la science juridique ne se limite pas à expliquer le devoir être de l'Administration mais juge inéluctablement la légalité ou la licéité de ses actions spécifiques en prenant le droit comme paramètre d'évaluation. Ainsi, compte tenu du fait que le droit administratif est fondamentalement un droit positif, la science juridique fait preuve d'une certaine indifférence à l'égard de la rationalité ou de la qualité de chaque Administration. Ces considérations sont laissées, parfois avec dédain et indifférence, à la science politique (où se trouvent les raisons du droit) ou à la science administrative. Cependant, une science juridico-publique détachée de la science politique et de la science administrative peut facilement donner lieu à des explications incomplètes (et, ce faisant, peu utiles à la compréhension même de l'Administration).

3. Psychologie

28. Les avancées scientifiques remarquables de la psychologie au cours des dernières décennies contribuent également à l'élargissement épistémologique de l'Administration publique ; cela de deux manières. D'une part, la *psychologie sociale* permet d'envisager l'Administration comme une construction mentale (pas tant une réalité sociale qu'une synthèse cognitive sélective de cette réalité sociale) qui conditionne la compréhension de nombreux phénomènes spécifiques, y compris l'activité administrative elle-même. D'autre part, la *psychologie comportementale*, et plus généralement l'ensemble des *behavioral sciences* (sciences

---

[66] WEBER (1993: 6).

comportementales), contribuent également à façonner l'image contemporaine de l'Administration.

29. La *psychologie sociale* n'offre pas en soi une approche spécifique de l'Administration publique ; elle *relativise* plutôt son caractère universel hypothétique. L'Administration étant une structure mentale, non une réalité externe, il peut en exister des conceptions très diverses en fonction des caractéristiques culturelles, économiques ou morales du groupe social dans lequel se situe chaque Administration publique particulière. Par ailleurs, la psychologie sociale considère que la perception de chaque fait ou action administrative spécifique dépendra de la compréhension ou de la cognition collective que l'on a de l'Administration au sein de chaque groupe social ; ce que la psychologie sociale dénomme "cognition socialement située"[67]. Ce conditionnement social de la compréhension de chaque individu est très important, car les structures cognitives sociales, bien qu'elles évoluent, sont essentiellement très stables. Dès lors, certains faits ou actions administratives spécifiques ne sont pas perçus et compris *per se* par les citoyens mais par le biais d'une structure mentale préalable, partagée et établie. Par exemple, la conception sociale de l'Administration dans un État économiquement peu développé, où l'image sociale de celle-ci est liée à la domination, à la contrainte et - très fréquemment - à la corruption n'est pas la même que la compréhension sociale de l'Administration dans une société économiquement riche avec des niveaux élevés d'égalité sociale, puisque dans ce cas l'image collective de l'Administration est liée au bien-être et au développement de la communauté. À partir de ces différentes conceptions sociales de l'Administration, un même acte ou une même action de cette dernière peut revêtir des significations très différentes : une interdiction de police peut être entendue comme une intervention autoritaire à l'encontre de la liberté lorsque prévaut une conception de l'Administration en tant qu'organisation de domination ou, au contraire, comme une réaction nécessaire, naturelle et légitime de l'Administration, typique dans un État-providence, précisément pour préserver le bon ordre social.

30. Les sciences comportementales se concentrent sur les *personnes physiques* en tant qu'acteurs de l'Administration suivant deux approches : ce sont des êtres humains qui agissent pour l'Administration[68] ; ce sont des êtres humains qui interagissent avec l'Administration à l'extérieur de celle-ci, qui bénéficient des services publics et reçoivent des ordres administratifs. Cette perspective comportementale s'accompagne, en premier lieu, d'un certain mépris envers la conception de l'Administration comme sujet de

---

[67] BLANCO, HORCAJO et SÁNCHEZ (2016: 20).

[68] L. ELDOR et I. HARPAZ (2019), « The Nature of Learning Climate in Public Administration: A Cross-Sectorial Examination of Its Relationship With Employee Job Involvement, Proactivity, and Creativity », *The American Review of Public Administration*, vol. 49, n° 4, pp. 425-440.

droit. En effet, au-delà des postulats de l'idéalisme philosophique qui ont tant contribué à la formation de l'idée d'Administration en tant que sujet, les sciences comportementales nous rappellent qu'à proprement parler, tout est comportement humain ; aussi bien ce qui a lieu à l'intérieur de l'Administration que l'activité humaine extérieure à celle-ci. Suivant cette approche comportementale de l'Administration, la direction, la motivation, l'information et la confiance ont de l'importance. Les *méthodologies expérimentales* développées antérieurement en psychologie comportementale gagnent également en importance. En effet, à travers elles, certains dogmes politiques traditionnels sur l'Administration sont analysés et sont vérifiés empiriquement (comme la plus grande légitimité des Administrations transparentes ou de celles dont les effectifs sont représentatifs de la diversité sociale)[69]. Par ailleurs, les méthodologies expérimentales permettent d'introduire le *calcul de probabilités* dans la prise de décision administrative. De cette manière, la décision administrative n'est plus seulement l'application d'une norme à un cas spécifique ou la prévision logique qu'une décision produira les résultats escomptés. Le calcul de probabilités renseigne sur les décisions qui sont couronnées de succès (suivies systématiquement) et sur celles qui ne le sont pas. Une telle approche permet d'améliorer le processus de prise de décisions administratives[70].

4. Science de l'Administration

31. Ce que l'on appelle *science de l'Administration*, qui est relativement récente, a mis l'accent sur l'Administration en tant qu'organisation instrumentale de moyens au service de certains objectifs. Plus qu'une méthodologie scientifique, la science de l'Administration est une perspective d'analyse qui fait le lien entre diverses disciplines et méthodologies académiques (droit administratif, économie politique, finances publiques, sociologie, organisation des entreprises, psychologie sociale)[71]. S'il est évident que l'approche strictement administrativiste n'est pas indépendante de la science politique, les objets qui retiennent son attention sont plus nombreux et diversifiés. Ce n'est pas seulement le statut de l'Administration en tant que pouvoir politique, sa légitimité ou sa responsabilité démocratique qui importent ; son organisation interne, sa capacité, ses modes de gestion ainsi que son efficacité économique sont

---

[69] S. GRIMMELIKHUIJSEN, S. JILKE, A. L. OLSEN et L. TUMMERS (2016), « Behavioral Public Administration: Combining Insights from Public Administration and Psychology », *Public Administration Review*, vol. 77, n° 1, pp. 45-56, spéc. p. 50.
[70] SUTHERLAND (2015: 363).
[71] SCHMIDT-AßMANN (2018: 839), MASSEY (2019: 3).

également importants aux yeux de cette discipline[72] qui utilise des outils analytiques issus de l'économie, de la gestion des entreprises et de la psychologie des organisations. Il s'agit d'une approche plurielle mettant l'accent sur la composante *organisationnelle* de l'Administration. Cette compréhension éminemment instrumentale et organisationnelle de l'Administration, qui vise à établir une certaine distance avec la politique et la science politique, n'est pas exempte de critiques, précisément parce qu'elle occulte ou sous-évalue la valeur sociale de l'Administration et sa position centrale dans l'interaction (politique) entre l'État et la société[73].

5. Économie

32. La science économique, qui a connu une évolution importante ces dernières années, a offert plusieurs éléments de compréhension de l'État. D'une part, l'économie politique et les finances publiques se sont concentrées sur les ressources de l'Administration : ses biens, ses recettes et ses dépenses. Suivant cette perspective, une acception *élargie, flexible et fonctionnelle* de l'Administration publique, identifiée par la propriété ou la gestion de biens publics, s'est développée. Cette conception fonctionnelle de l'Administration est notamment visible à travers l'utilisation croissante de l'expression "secteur public" (qui inclut des organismes et organisations très divers ne répondant pas au concept traditionnel d'Administration publique) et la consolidation du néologisme "pouvoir adjudicateur" qui, au sein de l'Union européenne, identifie les sujets publics ou privés passant des contrats de services employant des fonds publics.

33. En outre, en vertu du paradigme de l'efficacité économique, la conception *organisationnelle et managériale* de l'Administration est devenue de plus en plus importante au-delà de sa conception juridique traditionnelle en tant qu'autorité ou puissance publique *ad extra* qui détermine les situations juridiques des citoyens. La perspective managériale est très présente dans la théorie *agent-principal* qui, dans sa version contemporaine, provient de l'économie d'entreprise (bien que ses racines historiques se trouvent dans le *ius commune* et la théorie politique libérale). Selon ce schéma conceptuel, l'Administration est un agent au service d'un principal (un Parlement ou un Gouvernement). On insiste donc alors sur une conception *instrumentale* de l'Administration tout en y insérant implicitement certains éléments propres à toute entité : la capacité opérationnelle et compétitive, l'autonomie interne et la responsabilité quant aux résultats de gestion.

---

[72] Voir notamment M. T. HANEY et J. M. HANSEN, « Building the Chicago School », *American Political Science Review*, vol. 100, n° 4, pp. 589-596.

[73] ARENILLA (2011: 2 et 19).

34. Plus récemment, la science économique, dans le cadre de sa réorientation en tant que science comportementale (*behavioral economics*), a insisté sur la nature décisionnelle de l'Administration et, par conséquent, sur la manière dont ses décisions sont élaborées (*public choice*)[74]. Dans cette optique, si la pensée juridique traditionnellement prédominante avait offert une image exécutante ou instrumentale de l'Administration, l'économie (et en particulier son orientation comportementale) redéfinit une Administration proprement décisionnaire (gestionnaire, discrétionnaire).

IV. LES NOMS DE L'ADMINISTRATION

35. Pour désigner l'Administration, on utilise souvent d'autres noms qui s'en rapprochent sans pour autant en être strictement des synonymes. Ces "autres" qualificatifs de l'Administration ne sont pas de simples dénominations ; ils expriment des concepts qui véhiculent des symboles existant dans chaque société. Examinons à présent certaines de ces appellations ainsi que le caractère ou la dimension de l'Administration que chacune d'elles souligne.

36. Commençons par l'expression "pouvoir exécutif" qui est encore relativement fréquemment utilisée aujourd'hui pour faire référence à l'Administration publique. Le pouvoir exécutif est une expression fondamentalement *politique* et, par conséquent, ne comporte pas naturellement d'éléments sociologiques, organisationnels ou économiques qui sont présents dans le concept d'Administration publique. Le concept de pouvoir exécutif est antérieur au constitutionnalisme libéral. Comme le rapporte HOBBES, à l'époque de l'Ancien Régime, il existait des « *Officers of Judicature and Execution*»[75]. Ici, l'« *execution of the Laws* » constituait un pouvoir du souverain distinct du pouvoir de légiférer, de juger ou de commander l'armée[76]. C'est précisément parce que le constitutionnalisme libéral confia le pouvoir de légiférer à l'assemblée et le pouvoir de juger aux juges que l'activité exécutive se singularisa. Dans la pensée politique des Lumières et le premier constitutionnalisme, le pouvoir exécutif a été utilisé pour marquer une distance entre le pouvoir politique suprême (celui qui fait les lois) et son exécutant. Toutefois, ce pouvoir exécutif, qui est logiquement lié à l'émergence des assemblées parlementaires et à la réduction progressive du pouvoir royal, a connu des configurations très différentes. Parfois, une conception fonctionnelle du pouvoir exécutif a prévalu, se situant dans

---

[74] Voir C. SUNSTEIN (2014), *(más) Simple. El futuro del Gobierno* (traduction en espagnol de l'original en anglais de 2013 par G. Frutos y J. Frutos), Madrid-Barcelona-Buenos Aires-São Paulo, Marcial Pons, pp. 77, 106, 116.

[75] HOBBES (2017: 1).

[76] *Ibidem* (2017: 66).

l'Administration[77] et ne se confondant ni avec le Gouvernement ni avec le chef de l'État (*Staatsoberhaupt*) ou le monarque. Dans d'autres cas, le pouvoir exécutif *s'est subjectivisé* en perdant son identité et sa cohérence fonctionnelle. C'est le cas de l'"*Executive power*" de la Constitution américaine (art. II) qui, ne se limitant pas au concept d'Administration, à la fois "exécute les lois" et remplit d'autres fonctions étatiques qui ne sont pas, à proprement parler, exécutives. Cette dernière configuration est celle qui prévaut dans le constitutionnalisme contemporain. Bien qu'il soit encore possible de continuer à parler de pouvoir exécutif de manière littérale afin, ce faisant, d'insister sur la position centrale des Parlements dans les systèmes constitutionnels contemporains[78], en réalité le pouvoir exécutif du constitutionnalisme libéral *ne décrit pas exactement l'Administration contemporaine*. D'une part, tant sur le plan politique que juridique, l'Administration est aujourd'hui nettement différenciée du Gouvernement, ce qui oblige à l'inclure dans une catégorie unique (le pouvoir exécutif). D'autre part, l'Administration ne peut aujourd'hui être vue comme une organisation simplement "exécutive", c'est-à-dire instrumentale ou applicative des lois. En revanche - et c'est en cela que l'influence de la sociologie a été déterminante - l'Administration est aujourd'hui comprise comme une organisation *qui façonne* la réalité sociale, ce qui n'est pas entièrement saisi par l'idée de pouvoir "exécutif".

37. Le terme *bureaucratie*, généralement utilisé de manière péjorative, désigne originellement l'ensemble des agents, fonctionnaires ou *employés publics* qui accomplissent des tâches propres à l'Administration. Le vocable bureaucratie est fréquemment employé comme synecdoque de l'Administration publique, précisément pour souligner l'existence d'un groupe humain (voire d'une classe sociale) dans une position de pouvoir par rapport aux citoyens ou aux administrés. Le sens dépréciatif qui accompagne généralement la bureaucratie provient de la pensée politique libérale, contemporaine de la formation de l'Administration moderne elle-même[79]. Suivant la perspective politique libérale, les contrôles, les limitations et les taxes de l'Administration à l'égard des activités des particuliers (propriétaires) constituent des maux qui ne sont cependant pas toujours évitables. Ces maux se subjectivisent avec le terme bureaucratie qui fait alors référence à l'ensemble des employés publics mettant en œuvre ces contrôles, limites et taxes. Historiquement comme aujourd'hui, le terme bureaucratie met l'accent sur une conception *sociologique et politique* de l'Administration qui comporte une triple dimension. Elle est entendue en tant que structure *corporatiste* (voire une élite sociale) qui défend ses

---

[77] L. VON STEIN (1975), *Die Verwaltungslehre*, Teil 1, Abt. 1 (réimpression de l'original publié en 1869), Aalen, Scientia Verlag, p. 13.
[78] H. MAURER (1999), *Staatsrecht*, München, Beck, p. 614.
[79] NIETO (2002: 28 et 49).

propres intérêts face à l'évolution sociale et aux changements politiques ; en tant qu'organisation caractérisée par son *mode d'action*, c'est-à-dire appliquant des normes de manière procéduralisée, répétitive, objectivée, politiquement neutre et étrangère aux considérations d'efficacité[80] ; en tant qu'organisation fermée, complètement séparée de la société ou des individus sur lesquels elle agit. Sur la base de ces observations, la bureaucratie a même été conçue comme un *type historique* d'Administration qui n'a pas encore incorporé les idées d'efficacité, de résultats, d'innovation, de collaboration avec la société et de flexibilité.

38. En Allemagne, le terme *Verwaltungsträger* est souvent utilisé pour désigner l'Administration publique. Il s'agit d'une expression difficile à traduire. Textuellement, elle signifie "titulaire ou porteur d'Administration". Ainsi est désignée chaque organisation administrative dotée d'une *capacité juridique propre* et, par conséquent, se distinguant d'autres organes administratifs également dotés d'une capacité juridique[81]. La capacité juridique est ici entendue comme l'aptitude d'une organisation à être *titulaire de droits et de devoirs* en vertu du droit administratif. Bien que la même idée pourrait être exprimée par l'expression "personne morale de droit public", un tel emploi remettrait en question ou interférerait avec le dogme de l'unicité de la personnalité juridique de l'État profondément ancré dans le droit public allemand. Ainsi, sans entrer dans l'épineux débat sur l'État conçu en tant que personne morale unique, à travers le terme *Verwaltungsträger* est affirmée la capacité juridique distincte d'une organisation administrative spécifique, ce qui permet d'éviter de préciser si chaque "titulaire d'Administration" est une personne morale distincte. D'autre part, avec ce terme neutre, on peut également faire référence à des organisations privées non-administratives (*Beliehene Unternehmen*) qui, sans que leur statut de personne morale privée soit en cause, exercent certaines fonctions publiques ou administratives en vertu d'un mandat et d'une autorisation de la loi[82]. Ces entités, que l'on peut difficilement qualifier d'administrations publiques, peuvent aisément être dénommées "détenteurs d'Administration". Il est indéniable qu'en dépit de l'apparente neutralité du terme *Verwaltungsträger*, une *certaine indifférence* est véhiculée quant au caractère public ou privé des organisations exerçant des fonctions administratives puisque ce qui importe ici n'est pas tant le sujet ou l'organisation en question que le type de tâche (administrative) accomplie. De mon point de vue, les "organismes notifiés" auxquels le

---

[80] ARENILLA (2011: 24).

[81] MAURER (1999: 521, § 2).

[82] Voir : M. BURGI (2022), « Privatisierung », dans D. EHLERS et H. PÜNDER (dir.), *Allgemeines Verwaltungsrechts*, 16e éd., C.F. Müller, pp. 421-441 ; P. TSCHANNEN, M. MÜLLER, M. KERN (2022), *Allgemeines Verwaltungsrechts*, 5e éd., Bern, Stämpfi Verlag, p. 90 § 249.

droit européen fait très souvent référence, et par lesquels on désigne les organisations de toute nature (publiques ou privées) qui, dans chaque État membre, sont chargées de l'exécution de certaines tâches publiques, correspondent à cette idée d'apparente neutralité que le terme *Verwaltungsträger* porte déjà.

39. Aux États-Unis, et dans une moindre mesure au Royaume-Uni, on parle d'*agences* en tant que synonymes d'Administrations. Plutôt qu'un *type* d'Administration (l'Administration de "mission" par opposition à l'Administration "générale")[83], aux États-Unis on peut parler de l'Administration comme désignant l'ensemble des agences publiques. Ainsi, au sein du genre "agences", on distingue de nombreuses espèces : des agences de régulation aux agences simplement exécutives[84]. Cette vaste typologie d'agences couvre tout l'éventail possible des fonctions d'une Administration publique : de la réglementation à l'exécution, de l'arbitrage à des fonctions "juridictionnelles". Cependant, l'emploi du terme agence pour se référer à l'Administration n'est pas neutre. Il transpose au concept d'Administration l'existence d'une relation de *direction et contrôle* - aujourd'hui centrale dans les sciences de l'entreprise - entre un "principal" et un "agent". Ce schéma conceptuel porte implicitement l'idée que l'Administration est *spécialisée* dans son contenu tout comme chaque agence est spécialisée et contingente pour une mission spécifique et aussi longtemps que cette tâche est considérée comme nécessaire par le "principal" (le Congrès ou la Présidence).

40. L'expression *secteur public*, également utilisée pour se référer à l'Administration, est un apport terminologique issu de l'économie et des finances publiques[85] qui aujourd'hui désigne l'Administration « dans un sens large »[86]. Il décrit, dans leur ensemble, toutes les entités et organisations publiques dont l'action est économiquement pertinente. Il s'agit donc d'un concept pleinement *pragmatique et fonctionnel.* Cette expression a deux implications sémantiques : elle réduit l'importance des types organisationnels d'Administration et relativise la portée des formes privées d'organisation administrative.

41. En premier lieu, l'expression "secteur public" *dilue l'importance des procédés juridiques* par lesquels l'État agit économiquement. L'utilisation stratégique de procédés juridiques privés de la part des

---

[83] R. BAÑÓN et E. CARRILLO (1997), *La legitimidad de la Administración pública*, Madrid, Alianza, p. 68.

[84] Par exemple, voir P. J. COOPER (2007), *Public Law and Public Administration*, 4e éd., Belmont, Thomson Wadsworht, p. 9.

[85] Voir : M. SÁNCHEZ MORÓN (2018), *Las Administraciones españolas*, Madrid, Tecnos, p. 12 ; J. GARCÍA-ANDRADE (2019), « El sector público como referente actual del Derecho administrativo », *Revista de Administración Pública*, n° 209, pp. 175-208, spéc. p. 180.

[86] J. A. OLMEDA GÓMEZ (1999), *Ciencia de la Administración*, vol. I, Madrid, UNED, p. 133.

Administrations publiques, phénomène très répandu en Europe durant la seconde moitié du XXe siècle, a conduit à ce nouveau macro-concept - celui de secteur public - utilisé pour désigner l'ensemble des organisations autonomes qui, sans être formellement des Administrations publiques, agissent sous leur dépendance, direction ou financement. À strictement parler, l'expression "secteur public" est superflue si l'on utilise un concept large d'Administration publique englobant l'ensemble des possibles procédés d'organisation, y compris privés. Toutefois, c'est précisément parce que l'Administration publique est actuellement une catégorie juridiquement limitée que le secteur public revêt une importance sémantique afin d'inclure les organisations au service de finalités publiques dont les modes d'action sont strictement administratifs mais qui ne sont pas formellement des Administrations publiques.

42. En second lieu, l'expression "secteur public" exprime l'idée que ces entités autonomes privées (sociétés de capitaux ou fondations), *ne sont pas véritablement des sujets privés*. Une telle approche met au premier plan une compréhension non-juridique mais organisationnelle et sociologique de l'Administration. Cette perspective épistémologique se passe des qualifications formelles (propres à la perspective juridique) et simplifie la réalité économique autour de deux types de sujets : les sujets publics et les sujets privés. Elle porte l'idée qu'un sujet privé n'est pas celui qui a une certaine forme juridique, société ou fondation, mais celui qui agit ontologiquement comme une personne privée : pour l'intérêt particulier de certains sujets (propriétaires, actionnaires) et au service d'intérêts particuliers (bien qu'ils puissent coïncider en partie avec des intérêts généraux).

V. DES ADMINISTRATIONS EN QUÊTE DE LÉGITIMITÉ

43. La légitimité de l'Administration est en substance quelque chose de très élémentaire : la *raison* pour laquelle les citoyens, organisés en communauté politique, acceptent l'existence même et le pouvoir de l'Administration[87]. Dans les pays occidentaux, il est aujourd'hui incontestable que la *démocratie* est la source de la légitimité de l'État et, par conséquent, de l'Administration publique[88]. Si à la fin de l'Ancien Régime - et pendant une grande partie du XIXe siècle - l'Administration était un prolongement du pouvoir royal - donc le principe monarchique qui

[87] Voir : WEBER (1993: 170) ; BAÑÓN et CARRILLO (1997: 52) ; I. MOLINA (2001), *Conceptos fundamentales de ciencia política,* Madrid, Alianza Editorial, p. 68.

[88] À ce sujet, voir H. H. TRUTTE (2006), « Die demokratische Legitimation der Verwaltung », dans W. HOFFMANN-RIEM, E. SCHMIDT-AßMANN et A. VOSSKUHLE (dir.), *Grundlagen des Verwaltungsrechts*, München, C. H. Beck, pp. 307 et ss.

fondait ce dernier légitimait également son Administration -, les révolutions libérales et les constitutions qui en découlèrent ont érigé le principe démocratique en source unique de *légitimité* du pouvoir public. En ce qui concerne l'Administration, la légitimité démocratique a pris la forme du principe de légalité : si la souveraineté nationale réside dans l'Assemblée parlementaire, l'Administration est légitime dans la mesure où elle se soumet entièrement à la loi.

44. Cette affirmation rudimentaire, typique d'une conception éminemment politico-juridique de l'Administration, a perduré jusqu'à nos jours mais montre des signes évidents d'*insuffisance* ou d'épuisement. La légitimation de l'Administration par le biais de sa soumission au droit ("domination rationnelle" en termes wébériens) peut convenir au type idéal d'Administration de police ou d'intervention, caractéristique de l'État libéral et de la démocratie du début du XXe siècle[89] ; cependant, elle a montré des carences explicatives lorsqu'avec l'État-providence, la conception du pouvoir en tant que "domination" a disparu et que s'est développé le type idéal d'Administration égalitaire ou redistributive, justifiée par les défaillances du marché et téléologiquement orientée vers le bien-être des citoyens. Dans ce nouveau cadre, l'Administration est également légitimée par sa *fonction* d'instrument approprié de l'État social[90]. Le droit ne perd certes pas sa fonction de légitimation de l'Administration mais il n'est plus la seule source de légitimité rationnelle. Ainsi, à notre époque, l'Administration s'ouvre à de nouvelles formes de légitimité, certaines complémentaires et d'autres alternatives à la légitimité démocratique. On parle ainsi, en premier lieu, d'*output legitimacy*, c'est-à-dire une légitimité de l'Administration basée sur ses résultats, le degré d'accomplissement des tâches qui la caractérisent[91] et la satisfaction des citoyens qui bénéficient des services publics[92]. On parle aussi de transparence et de participation des citoyens comme de formes complémentaires de légitimité administrative[93]. En outre, ce que l'on appelle "bonne administration", une catégorie qui décrit certains *procédés qualifiés* d'action de l'Administration, agit également aujourd'hui comme une source de légitimité. Toutes ces expressions émergentes de légitimité ne se conçoivent généralement pas

---

89 BAÑÓN et CARRILLO (1997: 52).

90 L. PAREJO (1991), *Crisis y renovación en el Derecho público*, Madrid, CEC, p. 13.

91 ROSANVALLON (2010: 30).

92 R.T ALBRECHT (2021), « Nutzerorientierung als Bestandteil der Public Sector Innovation in den Programmen der rhein-pfälzischen Landesregierung », *Verwaltungsreform-Innovation-Implementation: Strategien erfolgreichen Verwaltungsmodernisierung in Vergleich*, Speyer Arbeitshefte, n° 251, pp. 1-42.

93 Pour une critique de la recherche de nouveaux facteurs « démocratiques » de légitimité de l'Administration, voir A. BENZ (2018), « Zur Legitimation administrative Entscheidungen », dans M. W. BAUER et E. GRANDE (dir.), *Perspektiven der Verwaltungswissenschaft*, Baden-Baden, Nomos, pp. 73-100, spéc. p. 75.

comme des alternatives à la légitimité démocratique, fondée sur le lien au droit. Il s'agit plutôt de sources de légitimité *complémentaires*[94] dans les situations où le droit ne détermine de manière suffisante ni l'organisation ni le fonctionnement de l'Administration publique.

45. Dans la présente étude, l'accent est mis sur la *diversité* du phénomène administratif au regard des différentes configurations historiques et actuelles de l'Administration publique ainsi que sur les perspectives distinctes d'analyse et d'explication de celle-ci. Cette idée de diversité entraîne d'importantes conséquences sur les sources de légitimité de l'Administration. On pourrait affirmer que si le principe de légalité établit un standard de base et minimal de légitimité pour toutes les sortes d'Administration, chaque type ou forme d'Administration publique dispose de sources de légitimité *plus ou moins complémentaires*. Ainsi, par exemple, l'Administration locale bénéficie souvent d'une double légitimité démocratique : celle qui découle du principe de légalité (la soumission des municipalités au droit parlementaire) et le fait que le conseil ou l'assemblée municipale - et même le maire dans certains pays - sont des organes directement élus par les habitants. Dans cette mesure, l'Administration locale n'a pas besoin de sources de légitimité complémentaires. En revanche, il existe des Administrations publiques, telles que les agences indépendantes de l'Union européenne, dont le fonctionnement est rarement régulé par le droit. Pour cette raison, afin de compléter leur faible légitimité démocratique, elles sont très transparentes ou participatives. En somme, il existe autant de niveaux de légitimité que de types ou formes d'Administration publique.

46. La complémentarité des sources de légitimité est clairement visible dans les "agences indépendantes européennes" telles que l'Agence de coopération des régulateurs de l'énergie (ACER), l'Autorité bancaire européenne (ABE), l'Autorité européenne des assurances et des pensions (AEAPP), ou encore l'Autorité européenne des marchés financiers (AEMF). À la lumière de la doctrine *Meroni*[95], très limitative concernant la possibilité pour les institutions européennes de déléguer des compétences à des agences non directement créées par les traités fondateurs, on peut affirmer que toutes ces agences européennes indépendantes, bien que formellement légales (parce qu'elles sont créées et régulées par des règlements européens) disposent, dès l'origine, d'une *faible légitimité*, précisément parce qu'elles correspondent à un pouvoir très limité, comme l'est le pouvoir de délégation du Parlement et du Conseil envers des entités distinctes de la Commission. Toutefois, une faible légitimité initiale ne signifie pas en soi une invalidité. La conception institutionnelle ou fonctionnelle de ces agences, dans la

[94] Voir : ARENILLA (2011: 27) ; L. PAREJO (1996), *Eficacia y Administración*, Madrid, BOE, pp. 103 et 109.

[95] Affaire C-9/56 *Meroni v. High Authority* [1957-1958] ECR 133. Voir à ce sujet M. CHAMON (2011), « EU Agencies between Meroni and Romano or the devil and the deep blue sea », *Common Market Law Review*, vol. 48, n° 4, pp. 1055-1075, spéc. p. 1069.

mesure où elle renforce leur transparence (à travers la publicité de leurs programmes de travail ou des procès-verbaux de leurs sessions internes), la participation sociale à leur fonctionnement, ou simplement leur efficacité, complètent et accroissent leur faible légitimité originelle[96].

[96] Voir : E. VOS (2000), « Reforming the European Commission: What Role to Play for EU Agencies? », *Common Market Law Review*, vol. 37, n° 5, pp. 1113 et ss., spéc. p. 1123 ; E. CHITI (2012), « European Agencies' Rulemaking: Powers, Procedures and Assessment », *European Law Journal*, vol. 19, n° 1, pp. 93 et ss., spéc. p. 107.

CHAPITRE II

UNIVERSALITÉ ET DIVERSITÉ DU DROIT ADMINISTRATIF

I. LE DROIT ADMINISTRATIF EN TANT QUE DONNÉE EMPIRIQUE UNIVERSELLE

1. Si, comme nous le constatons depuis le début de cette étude, l'Administration publique est un phénomène pluriel, il est logique que les droits administratifs soient, eux aussi, *divers*. Il sera ainsi proposé plus avant une typologie de la diversité juridico-administrative. Toutefois, avant d'approfondir la question de la diversité, il est nécessaire d'examiner ce que les différents droits administratifs ont en *commun* ; c'est-à-dire ce qui est *universel* dans le concept même de droit administratif.

2. Partons d'un constat empirique élémentaire : il existe des droits administratifs partout dans le monde. Le poncif des États développés sans droit administratif (dont le Royaume-Uni serait un bon exemple, ainsi que l'affirmait DICEY en 1885) n'est aujourd'hui qu'un mythe et ne correspond à aucune réalité[97]. De nos jours, le droit administratif existe même en Extrême-Orient bien qu'il s'agisse là-bas d'un phénomène récent : soit comme la conséquence directe d'un processus de démocratisation (par exemple, en Corée du Sud et au Japon), soit comme le résultat d'une internationalisation de l'économie (par exemple, en Chine)[98]. Des organisations comme l'OCDE, attentives au lien entre le développement économique et les garanties des individus vis-à-vis de l'Administration, ont fortement promu les droits administratifs à travers le monde[99]. Par ailleurs, on parle actuellement d'un "droit administratif global" qui régirait les organisations internationales ainsi que les Administrations nationales lorsqu'elles agissent dans le cadre d'une coopération internationale[100].

---

[97] Voir : A. BRADLEY et K. EWING (1993), *Constitutional and Administrative Law*, 11e éd., London-New York, Longman, p. 606 ; J.-B. AUBY (2010), « Le Droit administratif en Europe, 20 ans après », *European Review of Public Law/Revue européenne de droit public*, vol. 22, n° 1, pp. 19-63, spéc. p. 24 ; S. CASSESE (2014), *Derecho administrativo: historia y futuro*, Sevilla, INAP-Global Law Press (traduction en espagnol de l'original en italien de 2010), pp. 60 et 140 ; U. KISCHEL (2015), *Rechtsvergleichung*, München, C. H. Beck, p. 345 ; P. CRAIG (2016), *Administrative Law*, 8e éd., London, Sweet and Maxwell, p. 4.

[98] J. OHNESORGE (2006), « Chinese Administrative Law in the Northeast Asian Mirror », *Transnational Law and Contemporary Problems*, vol. 16, pp. 103-166, spéc. p. 149.

[99] DELLA CANANEA (2016: 24).

[100] Pour une conception extensive du « droit administratif global », par exemple, voir K. REILING (2019), « Schwerpunkt: Responsible Maritime Governance – Regulation of Seaports

3. La négation du droit administratif, propre aux pays anglo-saxons, a toujours eu un certain sens politico-constitutionnel. En *Angleterre*, l'absence de constitution moderne et écrite a renforcé le *ius commune* à tel point qu'au cours du XIXe siècle, il occupa une place importante parmi les autres constitutions, écrites, du continent. Il était considéré que le *ius commune*, parce qu'il s'appliquait également au monarque, limitait suffisamment le pouvoir royal. Il remplissait ainsi la fonction propre d'une constitution. Par ailleurs, dans la mesure où le droit administratif est né comme un droit exceptionnel ou spécial par rapport à la *common law*, il est compréhensible qu'une réaction politico-constitutionnelle - comme celle que DICEY proposa - eut lieu, niant l'existence même du droit administratif, précisément en raison de son effet dérogatoire au regard de la *common law*. Reposant sur des arguments en partie différents mais liés à ceux qui viennent d'être exposés, il existe actuellement aux États-Unis un courant doctrinal radical qui nie la constitutionnalité même du droit administratif, quel que soit son contenu. Cette doctrine, qui bénéficie d'une certaine acceptation dans les milieux républicains et libertaires, se fonde sur le fait que la Constitution réserve le pouvoir législatif au Congrès et le pouvoir d'appliquer le droit aux juges et aux tribunaux. Dès lors, il n'y aurait pas de marge constitutionnelle quant à l'activité normative des agences administratives, pas même s'agissant de l'édiction par celles-ci de décisions d'application de la loi (qui pourraient être qualifiées d'actes administratifs sur le continent européen)[101]. Dans ce contexte, seule subsisterait la simple activité de gestion de l'Administration qui, en tant que telle, devrait être régie par le droit général (le droit privé).

4. Partant du constat empirique qu'aujourd'hui le droit administratif est un phénomène universel, deux questions seront abordées : d'une part, l'*utilité* hypothétique d'une recherche sur l'essence de ce droit administratif dont il est question dans tant de pays et d'organisations diverses ; d'autre part, une interrogation sur le fait de savoir quel serait, le cas échéant, l'*essence* ou l'élément qui définirait un tel droit administratif.

5. Commençons par le premier point, l'*utilité de définir* le droit administratif. À notre époque, les changements sociaux et technologiques sont rapides et profonds. Les certitudes sont éphémères. Les efforts pédagogiques reposent ainsi sur l'innovation et la capacité d'adaptation[102], loin de la phénoménologie ou recherche sur "les choses elles-mêmes" qui

---

Through International Administrative Law? », *Zeistschrift für Europäisches Umwelt – und Planungsrecht*, vol. 17, n° 4, pp. 452-461.

[101] P. HAMBURGER (2014), *Is Administrative Law Unlawful?*, Chicago-London, The University of Chicago Press, p. 7.

[102] L. PAREJO ALFONSO (2016a), *Estado y Derecho en proceso de cambios*, Valencia, Tirant lo Blanch, p. 167.

nous a tant occupés par le passé[103]. Dès lors, toute question ontologique sur le droit administratif paraît étrange, voire anachronique. Cependant, nous verrons qu'il n'en est rien. Certes, le droit administratif est un *fait social* ; il est donc changeant et relatif. De plus, l'analyse du droit administratif se fait logiquement au regard des structures, des *paradigmes scientifiques et culturels* immanents à chaque moment historique (structuralisme)[104] ainsi que des *valeurs* importantes dans chaque société[105]. Mais aucune de ces prémisses épistémologiques n'empêche une approche ontologique du droit administratif. Ici, elle se fait au moyen d'une double méthodologie : *conceptuelle et typologique*. En d'autres termes, nous pouvons conceptualiser le droit administratif à partir d'un seul trait ou élément caractéristique qui le singularise à l'égard du reste de la matière juridique[106]. Cela dit, à un second niveau d'analyse, il convient d'intégrer une méthodologie typologique. En tant que fait social, le droit administratif de chaque époque et de chaque lieu comporte des éléments divers. Le catalogue des diversités (sources de production normative, prérogatives, formes de contrôle juridictionnel, formes organisationnelles, contrôles juridictionnels singuliers, etc.) est limité. Cependant, la *combinaison* de ces diversités dans chaque pays et à chaque époque est multiple. C'est pourquoi on peut parler de droits administratifs distincts ou de *types historico-empiriques* divers[107] de droit administratif (*infra* § III.3).

II. CONCEPTUALISATION DU DROIT ADMINISTRATIF

6. Depuis la fin du XVIIIe siècle, et surtout tout au long des XIXe et XXe siècles, les tentatives de définition du droit administratif ont été nombreuses ; tout du moins sur le continent européen. De manière synthétique, les différentes définitions peuvent être qualifiées de subjectives ou objectives (matérielles)[108]. Les explications *subjectives* ont attiré l'attention sur

---

[103] H. G. GADAMER (2003), *Elogio de la teoría* (traduction en espagnol de l'original en allemand de 1983), Barcelona, RBA, pp. 33 et ss.

[104] A. RUIZ MIGUEL (2003), « La dogmática jurídica, ¿ciencia o técnica? », dans *Estudios jurídicos en homenaje al profesor Luis DÍEZ-PICAZO*, Cizur Menor, Thomson-Civitas, pp. 5649 et ss., spéc. p. 5651.

[105] M. WEBER (2017), *La objetividad del conocimiento en la ciencia social y en la política social* (traduction en espagnol de l'original en allemand publié dans la revue *Archiv für Sozialwissenschaft und Sozialpolitik*, vol. 19 (1904)), 2e éd., Madrid, Alianza Editorial, pp. 85, 107, 115.

[106] S. DÍEZ SASTRE (2015), « La formación de conceptos dogmáticos en el Derecho público », *Revista Jurídica de la Universidad Autónoma de Madrid*, n° 31, pp. 105-133, spéc. pp. 110 et 125.

[107] Dans le sens propre aux sciences sociales, voir K. LARENZ (1991), *Methodenlehre der Rechtswissenschaft*, 6e éd., Berlin, Springer-Verlag, p. 462.

[108] Voir à ce sujet, parmi d'autres : C. GARCÍA OVIEDO (1957), *Derecho administrativo,* vol. I, 6e éd., p. 3 ; J. L. VILLAR PALASÍ (1968), *Derecho administrativo. Introducción y teoría de*

l'Administration publique en tant qu'organisation, institution ou personne directement destinataire de l'ordre administratif[109]. Les théories *objectives* se sont concentrées sur la possible existence d'une fonction administrative caractéristique, qui serait, à proprement parler, ce qui est régulé par le droit administratif[110].

1. Le droit de la fonction administrative

7. Les théories *objectives* ont connu, en général, des succès transitoires, conjoncturels et rares[111] ; pour autant, elles n'ont pas complètement disparu[112]. Au début du XIXe siècle, elles étaient davantage liées à l'analyse politique de la *fonction exécutive* (*supra* § I 24) qu'à la réalité institutionnelle de l'État contemporain. D'une part, la caractérisation de la fonction administrative à partir de la référence à l'autorité (*puissance publique, hoheitliche Verwaltung*)[113] n'a pas survécu à son époque originelle en raison de son incapacité à expliquer les multiples activités administratives de l'État social et prestataire de services ; un cadre dans lequel les traits d'autorité, de pouvoir ou de puissance sont secondaires. D'autre part, la

las normas, Madrid, Universidad de Madrid, p. 41. Pour l'Allemagne, voir : D. EHLERS (1991), « Verwaltung und Verwaltungsrecht im demokratischen und sozialen Rechtsstaat », dans P. BADURA *et al.*, *Allgemeines Verwaltungsrecht*, Berlin, De Gruyter, p. 2 ; H. MAURER (2002), *Allgemeines Verwaltungsrecht*, 14e éd., Heidelberg, C. F. Müller, p. 2.

[109] Voir à ce sujet, parmi d'autres : VILLAR PALASÍ (1968: 65) ; E. GARCÍA DE ENTERRÍA et T. R. FERNÁNDEZ RODRÍGUEZ (2011), *Curso de Derecho administrativo*, 15e éd., Madrid, Civitas, p. 48 ; L. PAREJO ALFONSO (2016b), *Lecciones de Derecho administrativo*, 8e éd., Valencia, Tirant lo Blanch, p. 24 ; E. CASETTA (2014), *Manuale di Diritto Amministrativo*, 17e éd., Milano, Giuffrè, p. 8.

[110] Historiquement, voir : O. MAYER (1924), *Deutsches Verwaltungsrecht*, I, 3e éd. (réimp. 2004), Berlin, Duncker und Humblot, p. 7 ; W. JELLINEK (1931), *Verwaltungsrecht*, Berlin, Springer, p. 6. Sur l'Espagne, voir : J. GASCÓN Y MARÍN (1941), *Tratado de Derecho Administrativo*, 7e éd., t. I, p. 57 ; F. GARRIDO FALLA (1952), « Sobre el Derecho administrativo y sus ideas cardinales », *Revista de Administración Pública*, n° 7, pp. 11-50 ; plus récemment (2010) *Tratado de Derecho Administrativo*, 15e éd., vol. I, pp. 46-54.

[111] Voir : J. A. SANTAMARÍA PASTOR (1991), *Fundamentos de Derecho administrativo*, Madrid, CEURA, p. 38 ; EHLERS (1991: 2) ; MAURER (2002: 2).

[112] Ainsi, s'agissant du Brésil, voir M. JUSTEN FIHLO (2010), *Curso de Direito Administrativo*, 5e éd., São Paulo, Saraiva, p. 3. Sur la Colombie, voir J. O. SANTOFIMIO GAMBOA (2017), *Compendio de Derecho administrativo*, Bogotá, Universidad Externado de Colombia, p. 133. Du point de vue de la science de l'Administration, voir A. BENZ, « Zur Legitimation administrative Entscheidungen », dans M. W. BAUER et E. GRANDE (dir.), *Perspektiven der Verwaltungswissenschaft*, Baden-Baden, Nomos, 2018, pp. 73-100, spéc. p. 97.

[113] M. HAURIOU (1933), *Précis de droit administratif et de droit public*, 12e éd., Paris, Dalloz, p. 64. Plus récemment, voir R. CHAPUS (2001), *Droit administratif général*, vol. I, 15e éd., Paris, Montchrestien, p. 1.

référence centrale au *service public*[114] ou à l'*intérêt général*[115] n'a pas subsisté[116] en raison de son caractère globalisant et imprécis. En définitive, on n'est guère allé plus loin que l'ancienne identification *négative* de l'activité administrative, proposée à la fin du XIXe siècle en conformité avec les postulats idéaux du constitutionnalisme libéral (*Subtraktionsmethode*)[117] : l'Administration en tant qu'activité de l'État distincte de l'activité législative et judiciaire.

8. En dépit de ces difficultés conceptuelles, les théories objectives ont été d'une certaine utilité pour justifier l'application du droit administratif à l'organisation et à la gestion interne des *organes constitutionnels* de l'État (tels que, dans le cas de l'Espagne, les chambres parlementaires, le Tribunal constitutionnel, la Cour des comptes ou le Conseil général du pouvoir judiciaire). Ces organes, bien qu'ils ne fassent pas partie de l'Administration publique (au sens subjectif), exercent des activités administratives typiques (attribution de contrats, sélection du personnel, imposition de sanctions disciplinaires, etc.) indispensables à leur fonctionnement. Nous reviendrons plus loin sur cet élargissement de l'application du droit administratif (*infra* § II.34). Par ailleurs, la diffusion actuelle du droit administratif dans les *organisations internationales* et supranationales qui, comme l'Union européenne, peuvent difficilement être considérées comme des Administrations publiques, donne une nouvelle signification à la possible existence d'une fonction ou d'une activité typiquement et proprement administrative parfois exercée par des Administrations publiques et d'autres fois par d'autres types d'organisations ou de personnes morales[118]. En l'espèce, l'existence historique d'une conception objective de l'Administration et du droit administratif n'est pas dénuée de pertinence. En effet, elle a contribué à la consolidation *typologique* du droit administratif en tant que droit propre à l'Administration. De plus, elle a apporté des éléments caractéristiques à une image socialement acceptée de l'Administration en tant qu'organisation étatique complexe qui exerce une activité typique.

---

[114] L. DUGUIT (1915), *Las transformaciones del Derecho público* (traduction en espagnol de l'original en français), Madrid, Francisco Beltrán, pp. 85-86 ; G. JÈZE (1930), *Principes généraux du droit administratif*, 3e éd., Paris, Dalloz, p. 1.

[115] GARCÍA OVIEDO (1957: 49).

[116] Voir cependant : D. TRUCHET (2010), *Droit administratif*, 3e éd., Paris, PUF, p. 70 ; J.-F. LACHAUME (2011), « Définition du droit administratif », dans P. GONOD, F. MELLERAY et P. YOLKA, *Traité de droit administratif*, t. I, Paris, Dalloz, pp. 101-148, spéc. p. 130.

[117] MAYER (1924: 7) ; JELLINEK (1931: 6).

[118] Sur l'application des normes « administratives » de contrôle économique, transparence et protection des données pour le fonctionnement interne (« administratif ») de la Cour de justice de l'Union européenne, voir N. VOGIATZIS (2022), « The Administrative Functions of the Court of Justice of the European Union », *European Law Review*, n° 2, pp. 222-246. S'agissant du fonctionnement interne (« administratif ») du Conseil de l'Europe, voir G. BOGGERO (2017), *Constitutional Principles of Local Self-Government in Europe*, Brill, p. 56.

2. Le droit de l'organisation administrative

9. Les difficultés explicatives propres aux théories objectives, découlant de leur incapacité à dépasser les contextes historiques spécifiques des États, ont laissé le champ libre à une compréhension *subjective ou organique* du droit administratif. Cette approche est étroitement liée au développement de la *science de l'Administration* qui se concentre davantage sur l'existence réelle d'une organisation administrative que sur les fonctions qu'elle remplit (*supra* § I 31).

10. La conception subjective ou organisationnelle du droit administratif peut aboutir à des énoncés universels dans la mesure où elle se fonde sur une *réalité empirique, elle aussi universelle* : l'existence d'une Administration publique dans tous les États développés et, bien entendu, dans tous ceux qui se déclarent "États de droit". Ainsi, nous pouvons affirmer aujourd'hui, comme une convention minimale et essentiellement universelle, que le droit administratif est le *droit propre* à l'Administration publique. Cette affirmation est difficilement contestable et peut être confirmée dans de nombreux droits nationaux[119]. Il s'agit d'un *droit spécial* au regard du droit commun. Parler du droit administratif comme d'un droit propre à l'Administration publique exprime une idée élémentaire et bien connue de la culture juridique générale : une grande partie des disciplines juridiques, à un moment ou à un autre de l'histoire, se sont constituées à partir d'un *élément subjectif.* C'est historiquement le cas du droit canonique (en tant que droit des catholiques) ou du droit commercial (en tant que droit des entrepreneurs). Comme nous l'avons relevé, le droit administratif, en tant que catégorie académique, a été construit à partir d'une image *subjective, organique ou institutionnelle* de l'Administration publique.

11. Ce que nous qualifions aujourd'hui de droit propre à l'Administration publique est le point d'aboutissement d'un *triple processus historique* : *a)* l'insertion de l'Administration dans le "pouvoir exécutif", défini dans les constitutions libérales européennes par opposition aux pouvoirs législatif et judiciaire ; *b)* la singularisation de l'Administration par rapport au Gouvernement au sein du pouvoir exécutif ; *c)* la soumission de l'Administration à des règles contraignantes différentes de celles qui s'appliquent aux sujets ordinaires (ce que nous appelons aujourd'hui, généralement, le droit privé). Sur la base de ces données, on peut affirmer que le droit administratif a émergé dans un contexte géographique et temporel spécifique : l'Europe de la fin du XVIIIe siècle. Étant entendu

---

[119] Voir : MAURER (2002: 2) ; D. EHLERS (2016), « Verwaltung und Verwaltungsrecht im demokratischen und sozialen Rechtsstaaten », dans D. EHLERS et H. PÜNDER (dir.), *Allgemeines Verwaltungsrecht*, 14e éd., Berlin, De Gruyter, pp. 7-255, spéc. p. 138 ; CHAPUS (2001: 25) ; CASSESE (2014: 21) ; A. C. AMAN, Jr. et W. T. MAYTON (1993), *Administrative Law*, Saint Paul, West, p. 1.

qu'une fois formée, cette réalité juridique que nous appelons le droit administratif a connu une expansion mondiale qui l'a conduite à s'établir dans des cadres juridico-politiques dont les caractéristiques historiques originelles ne sont plus identifiables.

12. En effet, l'Administration publique, suivant son acception contemporaine (à distinguer du "gouvernement des royaumes" de l'Ancien Régime) est le résultat de l'émergence historique du *pouvoir exécutif* en tant que forme de limitation du pouvoir royal (la Couronne). Ainsi, le droit administratif est expressément désigné comme le droit du pouvoir exécutif[120]. Dans le modèle constitutionnel qui s'est répandu en Europe après la Révolution française (1789), l'Administration se distingue par sa dépendance à l'égard de la Couronne, par sa subordination plus ou moins forte aux chambres parlementaires émergentes (qui ont alors fait leur le pouvoir d'édicter des lois) et par sa différenciation (qui n'est pas nécessairement une soumission) à l'égard du pouvoir judiciaire[121]. Cependant, l'Administration se singularisera au sein du pouvoir exécutif : elle se distinguera en tant qu'organisation au service du Gouvernement (entendu comme la tête du pouvoir exécutif)[122] indirectement liée au roi[123]. Cette Administration publique émergente sera l'objet de ce qui sera progressivement dénommé le droit administratif[124]. Ainsi, à la fin du XVIIIe siècle et au début du XIXe siècle, il existait deux phénomènes historico-empiriques reconnaissables : l'Administration publique et le droit administratif.

13. Bien que l'Administration publique contemporaine soit née en lien avec le concept politique de "pouvoir exécutif", cela ne signifie pas que son existence et

[120] V. SANTAMARÍA DE PAREDES (1885), *Curso de Derecho administrativo según sus principios generales y la legislación actual de España*, 1re éd., Madrid, Establecimiento Tipográfico de Ricardo Fé, pp. 7-9.

[121] Parmi de nombreuses références, mentionnons : F. GARRIDO FALLA (1952: 11-50) ; E. GARCÍA DE ENTERRÍA (1981), *Revolución Francesa y Administración contemporánea*, 2e éd., Madrid, Taurus, p. 33. Plus récemment, voir : E. LINDE PANIAGUA (2009), *Fundamentos de Derecho administrativo*, Madrid, Colex, p. 42 ; E. GARCÍA DE ENTERRÍA et I. BORRAJO INIESTA (2013), « Estado, Administración y Derecho administrativo en España », dans A. VON BOGDANDY et O. MIR PUIGPELAT, *El Derecho administrativo en el espacio jurídico europeo*, Valencia, Tirant lo Blanch, pp. 127-194, spéc. p. 131 ; SANTAMARÍA PASTOR (2013: 341). En termes comprartifs et généraux, voir S. ROSE-ACKERMANN (2010), « Comparative Administrative Law: an Introduction », dans S. ROSE-ACKERMANN et P. L. LINDSETH, *Comparative Administrative Law*, Cheltenham, Edward Elgar Publishing, p. 3. Sur l'Italie, par exemple, voir : M. SEVERO GIANNINI (1989), *Premisas sociológicas, jurídicas e históricas del Derecho administrativo*, Madrid, pp. 10-11 ; CASETTA (2014: 12).

[122] J. L. MESTRE (1985), *Introduction historique au droit administratif français*, Paris, PUF, p. 166.

[123] En Espagne, à propos de la Constitution de 1869, voir VARELA (2020 : 297).

[124] P. GONOD (2015), « Über den Rechtsexport des deutschen Verwaltungsrechts aus französischer Sicht », *Die Verwaltung*, vol. 48, n° 3, pp. 337-364, spéc. p. 342.

son développement ont toujours été le pendant exécutif d'une assemblée législative. Dès les débuts de l'État contemporain, après les premières révolutions de la fin du XVIIIe siècle, l'Administration a existé et s'est développée de manière significative, y compris durant les périodes autocratiques. Ce fut le cas de l'Administration française à l'époque du Directoire, du Consulat et de l'Empire. L'organisation juridique de cette Administration, qui n'agissait pas au service d'un Parlement, comme celle qui résulta de la loi du 28 pluviôse an VIII, maintiendra l'image "exécutive" de l'Administration en tant qu'organisation efficace pour la mise en œuvre des décisions gouvernementales centralisées - mais non parlementaires - sur l'ensemble du territoire de l'État[125]. De ce fait, l'idée de "caractère exécutoire", inhérente à l'Administration depuis le début du XIXe siècle, a tout autant trait à l'idée de *soumission* (à une assemblée parlementaire) qu'à celle de *respect effectif* des mandats politiques (pas nécessairement parlementaires).

14. Bien entendu, en tant que phénomène historique, le droit administratif ne s'est pas enraciné de manière identique et en même temps dans les différents États. Seront nécessaires une *constitutionnalisation* progressive de l'État (avec une séparation institutionnelle du pouvoir exécutif et de l'Administration)[126], une augmentation *quantitative* des tâches de ce même État[127] et le *choix politique* d'ordonner les tâches croissantes de l'Administration selon des règles spéciales différentes de celles du droit commun qui expriment en principe la position autoritaire ou de suprématie de l'Administration précédemment élaborée par la science de la police des Lumières. Dans le cas de l'Espagne, ce droit administratif n'a pas été une réalité effective - qualitative et quantitative - avant les années 1830[128]. Dans de nombreux États allemands - principalement la Prusse - cette date peut être repoussée jusqu'à 1850[129] (le droit administratif au sens propre est alors très élémentaire, comparé au droit commun). On peut affirmer que dans l'ensemble de l'Europe, les trois dernières décennies du XIXe siècle ont été décisives dans la formation de la réalité empirique que nous connaissons aujourd'hui sous le nom de droit administratif[130] ; une réalité qui sera retardée au Royaume-Uni jusqu'à la deuxième décennie du XXe siècle[131]. Au-delà de l'Europe fondatrice, aux États-Unis, bien que l'article II de la Constitution fédérale parle d'"*executive power*", ce n'est qu'avec la multiplication et le développement des agences gouvernementales durant la "*Progressive Era*" (à partir de 1890) et le "*New Deal*" (à partir de 1929)

---

125 J. CHEVALLIER (1985: 121).
126 CASSESE (2014: 141).
127 GARCÍA DE ENTERRÍA (1981: 43).
128 SANTAMARÍA PASTOR (2013: 347).
129 STOLLEIS (1992: 261).
130 M. FROMONT (2010), « Typen staatlichen Verwaltungsrechts in Europa », dans A. VON BOGDANDY, S. CASSESE et P. M. HUBER, *Handbuch Ius Publicum Europaeum*, vol. III, Heidelberg, C. F. Müller, pp. 551-575, spéc. p. 551.
131 BRADLEY et EWING (1993: 609).

qu'un droit administratif identifiable a commencé à se constituer[132]. En Extrême-Orient, même si l'on trouve historiquement des organisations bureaucratiques que l'on peut appeler de manière générique "Administrations publiques"[133], le phénomène du droit administratif est contemporain : il s'est développé après la Seconde Guerre mondiale, sous l'influence du modèle nord-américain[134].

15. Dans le cas de l'*Espagne*, le constitutionnalisme qui émergea en 1812 (Constitution de Cadix) ne s'est pas directement accompagné d'une Administration publique ou d'un droit administratif. À proprement parler, plutôt que d'occuper le terrain d'un pouvoir législatif naissant, les *Cortes* générales et extraordinaires ont investi tout le pouvoir royal laissé vacant par l'invasion napoléonienne. Il n'est donc pas possible de parler alors d'un "pouvoir exécutif", ni d'une organisation hiérarchique que l'on pourrait qualifier d'Administration. Le territoire de la Nation était encore habituellement régi par diverses corporations (municipales, ecclésiastiques, universitaires, professionnelles). Les "autorités" et "employés" publics agissaient davantage comme des juges que comme des fonctionnaires administratifs et étaient toujours individuellement responsables de leurs actes. Le principe de légalité, entendu comme la soumission de l'Administration à la loi parlementaire, n'était pas non plus respecté. Au contraire, les *Cortes* occupaient tout l'espace du pouvoir royal et, de ce fait, gouvernaient. Elles traitaient régulièrement d'affaires "de particuliers" en élaborant des règles générales à partir de cas singuliers. En d'autres termes, plus qu'un pouvoir législatif, les *Cortes* agissaient toujours comme des juges chargés de faire respecter *le ius commune*[135]. Ce n'est qu'à partir de la troisième décennie du XIXe siècle, lorsque la construction de l'État national débuta, qu'une Administration et un droit administratif qui n'existaient pas au début du constitutionnalisme libéral commencèrent à se former.

16. Dès lors, depuis la toute fin du XVIIIe siècle, nous disposons d'un concept empirico-constitutionnel d'Administration publique. C'est cette image subjective d'Administration publique, singularisée au sein de l'État dans son ensemble (plus précisément dans le pouvoir exécutif), qui définit le droit administratif comme le droit spécifique ou caractéristique de l'Administration publique. L'hypothèse de cette conception subjective, organique ou institutionnelle du droit administratif n'occulte cependant pas le fait que les règles de ce droit émergent viennent de plus loin ; elles n'ont pas surgi *ex nihilo*[136]. En Europe, l'acquis juridique de l'Ancien Régime contenait déjà de nombreuses règles adressées aux officiers publics (selon l'expression de l'époque) sur des questions propres à leur temps : greniers,

---

132 R. L. RUBIN (1986), « Federal regulation in historical perspective », *Stanford Law Review*, vol. 38, pp. 1189 et ss. ; AMAN, Jr. et MAYTON (1993: 2).

133 FUKUYAMA (2016a: 178).

134 OHNESORGE (2006: 114).

135 M. LORENTE (2010), *La Nación las Españas. Representación y territorio en el constitucionalismo gaditano*, Madrid, Ediciones UAM, p. 40.

136 MUÑOZ MACHADO (2004: 25).

chemins, gouvernement politique et économique des villages, forêts, etc.[137]. L'ensemble de ces règles a donné corps à un riche droit public, une catégorie qui était donc connue sous l'Ancien Régime[138]. Bien entendu, ces règles ont pris tout leur sens dans le contexte politico-juridique spécifique de l'Ancien Régime (*princeps legibus solutus est*), sans un pouvoir proprement qualifiable d'"exécutif" ni une structure organisationnelle clairement définissable comme une Administration publique (la patrimonialisation privée des charges publiques à travers leur vente est, sur ce point, un fait politique caractéristique)[139]. Toutefois, il est également vrai que ce que l'on connaîtra plus tard sous le nom d'Administration publique sera une recréation qualitative (configuration constitutionnelle du pouvoir exécutif soumis au droit) et quantitative (développement considérable des tâches étatiques) des États absolutistes plutôt que l'émergence d'un phénomène totalement nouveau. En effet, à la fin de l'Ancien Régime, il existait déjà plusieurs agents et conseils de la Monarchie qui agissaient conformément à des règles ayant donné forme à des "techniques" administratives qui sont devenues ensuite caractéristiques du droit administratif naissant[140].

17. Depuis leur création au XVIe siècle, les États occidentaux modernes ont été soumis au droit d'une manière ou d'une autre. Bien sûr, il ne s'agissait pas du type de sujétion tel que nous l'entendons aujourd'hui. Cependant, l'idée de droit, en tant que limite et fondement du pouvoir, n'était pas étrangère au pouvoir royal (absolu) des États modernes. Ce droit pouvait être le *ius commune*, qui reconnaissait le pouvoir de prérogative ou

---

[137] À propos de l'Espagne, pour une description complète de la typologie des actions administratives, voir P. ESCOLANO DE ARRIETA (1796), *Práctica del Consejo Real en el despacho de los negocios consultivos, instructivos y contenciosos: con distinción de los que pertenecen al Consejo Pleno, o a cada Sala en particular: y las formas de las cédulas, provisiones, y certificaciones respectivas*, Madrid (oeuvre posthume).

[138] J. DOMAT (1985), *Derecho público* (réédition de la première version en espagnol de 1778, traduite de l'original en français de 1697 par J. A. Trespalacios pour le Conte de Campomanes), Madrid, IEAL, pp. 85 et 86 ; R. L. DE DOU Y DE BASSOLS (1975), *Instituciones del Derecho público general de España con noticia del particular de Cataluña*, t. I (réédition de l'original de 1800, Barcelona, 1975), Madrid.

[139] FUKUYAMA (2016b: 515).

[140] Déjà à l'époque, voir : A. OLIVÁN (1954), *De la Administración Pública con relación a España* (réimpression de l'édition de 1843), Madrid, Instituto de Estudios Políticos, pp. 27 et ss. ; M. COLMEIRO (1995), *Derecho administrativo español* (réimpression de l'orginal de 1850), Santiago de Compostela, Xunta de Galicia, pp. 28-31. Plus récemment, voir : GASCÓN (1941: 13) ; VILLAR PALASÍ (1968: 97) ; A. GALLEGO ANABITARTE (1971a), *Gubernativo y Contencioso*, Madrid, IEA, p. 71 ; NIETO (1986: 77) ; MUÑOZ MACHADO (2004: 47). Sur la France, voir : J.-L. MESTRE (1985: 117) ; J.-L. MESTRE (2011), « L'histoire du droit administratif », dans P. GONOD, F. MELLERAY et P. YOLKA, *Traité de droit administratif*, t. I, Paris, Dalloz, pp. 3-58, spéc. p. 6 ; E. PICARD (2009), « The Public-Private Divide in French Law Trough the History and Destiny of French Administrative Law », dans M. RUFFERT, *The Public-Private Law Divide: Potential for Transformation*, London, British Institute of International and Comparative Law, pp. 17-84, spéc. p. 28. Au sujet des *Länder* allemands, s'agissant du droit de police à la fin de l'Ancien régime, voir STOLLEIS (1992: 243).

le pouvoir exorbitant de la Couronne, ou le droit créé par le roi lui-même, seul ou par l'intermédiaire de ses conseils. La manière dont chaque pays a fait évoluer l'absolutisme monarchique vers une forme d'État constitutionnel et parlementaire, avec une limitation plus ou moins forte du pouvoir royal, a donné une forme différenciée à chaque droit administratif. Ainsi, dans le cas du Royaume-Uni, la limitation précoce (et modérée) du pouvoir royal à travers la *Glorious Revolution* (1688) donna naissance à une double source de légitimation juridique du pouvoir royal : le *ius commune* médiéval, qui reconnaissait des pouvoirs ordinaires et extraordinaires à la Couronne (*prerogatives*), et les lois du Parlement[141]. De cette manière, des prérogatives propres à la culture juridique médiévale ancrée dans le *ius commune*, telle la "propriété éminente" (une sorte de proto-pouvoir d'expropriation), sont devenues partie intégrante du droit administratif des pays sous influence juridique britannique. En Europe continentale, où l'État constitutionnel-parlementaire s'est formé plus tardivement, au début du XIXe siècle, le droit parlementaire a pris une place plus importante en tant que fondement du pouvoir royal (et de son Administration), notamment en ce qui concerne les droits de liberté et de propriété des citoyens. Ainsi, les prérogatives administratives dans les pays continentaux ne trouveront généralement plus leur fondement immédiat dans le *ius commune* mais dans le droit parlementaire. Ce dernier reconnaîtra, avec plus ou moins de limites, les anciens pouvoirs spéciaux ou prérogatives de la Couronne. Toutefois, le fondement de ce pouvoir ne sera plus le *ius commune* mais la loi. Finalement, il est possible que les prérogatives administratives (que nous appelons souvent aussi pouvoirs administratifs) ne diffèrent pas en substance, quelle que soit leur source immédiate (*common law* ou droit parlementaire). Cependant, l'existence d'une double (*common law* et droit parlementaire) ou d'une seule (droit parlementaire) source de pouvoirs spéciaux, prérogatives ou pouvoirs de l'Administration est intéressante à remarquer.

18. Le degré de préexistence et de développement historique de l'Administration est déterminant quant à son organisation ultérieure dans l'État constitutionnel de droit. Les États disposant d'une *Administration moderne préexistante* (professionnelle, relativement autonome par rapport au pouvoir politique, formée sur la base de critères de mérite et de compétence), comme ce fut le cas en Prusse, puis dans l'Allemagne unifiée, superposeront les principes de légalité et de responsabilité à cette Administration préexistante[142]. Ils ne créeront pas une Administration proprement nouvelle mais profiteront de l'efficacité d'une Administration professionnelle

---

[141] J. ALDER (2009: 172).

[142] J. PLEBUCH et S PIELHOFF, (2022), « Verwaltungsstaat als Demokratieideal – Administrative State als Demokratiegefahr? », *Der Staat*, n° 61, pp. 167-203, spéc. pp. 168 et 181.

antérieure afin de tirer le meilleur parti des nouveaux mandats du droit parlementaire[143]. Dans cette mesure, la ligne de continuité institutionnelle entre l'Administration des Lumières (à la fin du XVIIIe siècle) et l'Administration des États constitutionnels naissants est perceptible. L'Administration qui surgit avec *la création de l'État constitutionnel lui-même*, comme dans le cas des États-Unis, est très différente ; elle naît en relation avec la politique, les partis. Elle n'est donc à l'origine ni professionnelle ni autonome mais partisane.

19. De manière universelle, nous pouvons nous référer à l'idée de droit administratif en tant que *droit propre* à l'Administration publique comprise comme une organisation spécifique des États caractérisés par une séparation des pouvoirs qui agit conformément à des règles préétablies et contraignantes. Bien entendu, suivant une perspective globale, ce que nous appelons Administration publique (et même ce que nous appelons droit) recouvre des réalités étatiques *diverses*. Ainsi, le modèle européen continental d'Administrations territoriales multiples, fortement soumises à la loi et au gouvernement politique et organisées en interne par le biais d'organes fonctionnellement spécialisés, ne correspond pas au modèle britannique traditionnel, aujourd'hui très affaibli, d'une Administration unique (l'Administration locale) ni au modèle dual d'Administrations par départements et d'agences propre aux États-Unis ni, encore moins, au modèle d'une Administration associée à la bureaucratie d'un parti unique (comme c'est le cas en Chine). De plus, la plupart des pays d'Europe continentale partage une conception *large* du droit administratif qui inclut une régulation matérielle (et pas seulement procédurale) de l'activité administrative dans différents secteurs. En revanche, dans d'autres parties du monde, il existe une conception plus modeste du droit administratif qui se limite alors à la régulation organisationnelle et procédurale de l'Administration[144] : « *in the United States, administrative law is not about the substance of what agencies do. Instead, it is about the structures and processes by which agencies operate* »[145]. Cette acception étroite, qui s'est diffusée dans la sphère d'influence nord-américaine[146], est au fondement de l'actuel droit administratif global[147].

---

143 FUKUYAMA (2016b: 108).

144 CASSESE (2014: 104).

145 AMAR, Jr. et MAYTON (1993: 3). Voir aussi : N. D. GRUNDSTEIN (2010), « Administrative Law and the Behavioral and Management Sciences », dans M. AFZAL WANI et S. K. VERMA, *Legal Research and Methodology*, 2e éd., Ernakulam, Indian Law Institute Publisher, pp. 349-564, spéc. p. 550 ; R. J. PIERCE (2012), *Administrative Law*, New York, Foundation Press, p. 1.

146 Au sujet du Japon, de Taïwan, de la Corée du Sud et de la Chine, voir OHNESORGE (2006).

147 J. B. KELLY (2017), « A basis for Governing: Legitimacy, Accountability and the Value of Uniform Principles for Global Administrative Law », disponible sur : https://ssrn.com/abstract=2894692.

20. Enfin, on peut dire aujourd'hui que si l'idée même de droit administratif est née en relation avec celle d'État de droit[148], à travers le monde il y a eu et il existe encore des droits administratifs dans des pays qui ne peuvent être qualifiés d'*États de droit*, même s'ils disposent d'une Administration publique institutionnalisée qui agit conformément à des règles juridiques ; soit parce que ces règles manquent de légitimité, soit parce qu'elles sont facilement contournées, soit parce que leur respect est difficilement exigible. La Chine en est un exemple actuel[149], l'Allemagne nazie[150] ou encore l'Espagne franquiste (du moins celle de l'après-guerre et jusqu'à la fin des années 1950) sont des exemples historiques de cas de droits administratifs sans État de droit.

21. La conception du droit administratif en tant que droit spécifique ou spécial de l'Administration publique, bien qu'accessible et susceptible d'être validée scientifiquement, présente toutefois certaines *lacunes* explicatives. Tout d'abord, elle montre certaines limites au regard des phénomènes contemporains divers d'exercice de fonctions publiques ou de gestion de services publics par des *personnes privées*[151]. En outre, l'affirmation du droit administratif comme le droit propre à l'Administration est un énoncé nécessairement *imprécis*, car elle met en relation deux réalités (l'Administration publique et le droit administratif) changeantes et en interaction permanente.

22. En effet, d'une part, l'*Administration publique* n'est pas une réalité stable ; elle évolue au rythme des sociétés et des États dans lesquels elle s'insère. Ainsi, par exemple, la plus ou moins grande densité périphérique d'une Administration correspond à la structure démographique et territoriale réelle de chaque pays. Par ailleurs, une société vieillissante donne lieu à une Administration publique plus axée sur des prestations de services. En outre, lorsque les ressources publiques sont rares, l'Administration tend à recourir à de multiples formes de collaboration avec des personnes privées. Les changements touchant l'Administration, qui peuvent être vérifiés par des méthodes empiriques, *conditionnent* le droit administratif à chaque époque et à chaque endroit. Les pays dont l'identité nationale est multiple produisent des règles de compétence nombreuses et précises. Les Administrations pauvres en ressources financières donnent lieu à des lois très protectrices des

---

[148] STOLLEIS (1992: 229).

[149] OHNESORGE (2006: 146) ; KISCHEL (2015: 784 § 126) ; W. CHEN (2018), « Twins of Opposites: Why China Will Not Follow Taiwan's Model of Rule of Law Transition Towards Democracy », *American Journal of Comparative Law*, vol. 3, pp. 481-535.

[150] M. STOLLEIS (1985), *Geschichte des öffentlichen Rechts In Deutschland*, t. 4, München, C. H. Beck, p. 719 ; H. J. WOLFF, O. BACHOF et R. STOBER (1994), *Verwaltungsrecht I*, München, C. H. Beck, p. 91, § 105.

[151] G. FERNÁNDEZ FARRERES (2016), *Sistema de Derecho administrativo*, t. II, 3e éd., Madrid, Iustel, p. 85.

concessionnaires administratifs et à des formes sophistiquées de collaboration public-privé. Enfin, l'irruption de la technologie dans le fonctionnement quotidien de l'Administration a fini par se refléter dans des lois et des règlements qui régulent notamment les devoirs relatifs à la relation électronique entre les usagers et l'Administration.

23. D'autre part, le *droit administratif évolue également* et à travers ses changements façonne historiquement chaque Administration publique. Ainsi, chaque réalité administrative engendre un droit administratif spécifique et chaque droit administratif forme un modèle d'Administration singulier. Le droit administratif, expression de choix politiques, culturels et idéologiques, modèle des Administrations plus ou moins interventionnistes, plus ou moins transparentes, plus ou moins contrôlables. En bref, le droit administratif est le droit propre à l'Administration publique. Cependant, le binôme droit-Administration est variable : le droit administratif répond à un type historico-empirique d'Administration spécifique et chaque Administration est historiquement façonnée par un droit administratif particulier.

24. Un exemple manifeste de cette relation à double sens entre l'Administration et le droit administratif est le "droit de l'innovation". Les changements technologiques contemporains majeurs (et les changements sociaux qui en découlent) influencent le droit administratif contemporain. À son tour, le droit administratif influe sur l'innovation technologique et sociale. Une distinction est donc faite entre les droits (administratifs) selon qu'ils *impulsent*, *imposent* ou *freinent* les changements (au sein de la société et de l'Administration)[152].

25. Les droits administratifs qui, d'une manière ou d'une autre, remontent à la naissance de l'État contemporain à la fin du XVIIIe siècle *ont évolué* de différentes manières. Ces évolutions diverses ont été influencées par une variété de facteurs. Plusieurs sont spécifiques à chaque pays et à chaque histoire ; d'autres sont très généraux, voire universels, comme certaines idées de justice, des réalités économiques transnationales ou des idées politiques globales. Il est, en effet, manifeste que chaque droit administratif évolue différemment suivant son contexte national ou étatique particulier. Chaque droit administratif développe des règles, des techniques et des formes adaptées à son environnement politique et social. Dans le cadre de ce processus général, des droits administratifs ont évolué plus tôt ou mieux que d'autres. Certains produisent de *meilleurs résultats* sociaux, économiques ou moraux. Dans cette mesure, des droits administratifs, ou des structures particulières de ceux-ci, sont devenus une référence pour

---

[152] W. HOFFMANN-RIEM (2018), « Innovation im Recht », dans B. BLÄTTEL-MINK, I. SCHULZ-SCHAEFFER et A. WINDELER (dir.), *Handbuch der Innovationsforschung. Sozialwissenschaftliche Perspektiven*, Wiesbaden, Springer, pp. 1-22, spéc. p. 6.

d'autres États. Ils se sont développés au détriment d'autres systèmes, institutions ou règles locaux qui sont ainsi devenus obsolètes et ont fini par être remplacés. En Europe et en Amérique, nous pouvons mentionner, par exemple, la judiciarisation des différents conseils gouvernementaux (Conseil d'État, *Consiglio de Stato*, *Consejo Real*) qui avaient à l'origine pour fonction de contrôler la légalité de l'action administrative. La logique politique de l'État de droit a poussé progressivement les juges - et non l'Administration elle-même - à assurer le respect du droit. L'idée de plein contrôle de l'Administration par les juges ne s'est pas imposée de manière simultanée dans les pays européens. Elle est devenue un *modèle de référence* pour les États de droit qui, dans leur majorité, ont fini par l'incorporer dans leur système juridique.

26. Cette description évolutionniste des droits administratifs peut sembler s'inspirer du *darwinisme social et juridique* très répandu en Occident dans la seconde moitié du XIXe siècle[153] et aujourd'hui en déclin[154] (*supra* § I.17). Cependant, le mécanicisme naturaliste sous-tendu par la pensée évolutionniste n'est pas vraiment transposable à la réalité changeante des droits administratifs. L'évolution historique de chaque droit répond effectivement à de nombreux éléments circonstanciels sociaux, politiques et économiques mais également à des idées du droit qui sont considérées comme immanentes, transcendantes et contraignantes, même pour les Constitutions. En outre, l'évolution de chaque droit ne découle pas uniquement de chaque contexte social. Les droits administratifs se transforment aussi en imitant d'autres droits voisins et expérimentés. Tel est l'enseignement du droit comparé (*infra* § VI.17). Toutefois, ce qui peut être considéré comme acceptable dans la pensée évolutionniste est la sélection historique des techniques et des institutions juridico-administratives : celles qui offrent les meilleurs résultats (en termes économiques, axiologiques ou sociaux) finissent par être généralisées.

27. L'idée d'évolution et de sélection, admissible pour une compréhension diachronique du droit administratif, ne conduit pas nécessairement à la convergence des droits administratifs qui existent à travers le monde. Il y a plusieurs raisons à cela. Tout d'abord, parce que s'il est vrai que certaines techniques normatives transcendent leur droit d'origine et sont importées dans d'autres droits administratifs, la manière dont cette importation s'opère n'est pas fortuite dans la mesure où elle répond aux singularités propres au système juridique dans lequel elle est mise en œuvre. Ainsi, comme on l'expliquera plus loin (*infra* § VI.28), la

---

153 M. HAWKINS (1997), *Social Darwinism in European and American Thought: 1860-1945*, Cambridge, Cambridge University Press.

154 Mauro ZAMBONI (2018), *Teoría evolutiva y positivismo jurídico: un matrimonio posible* (traduction en espagnol de l'original de 2010 par Carlos Bernal), Bogotá, Universidad Externado de Colombia, p. 42.

"garantie institutionnelle d'autonomie locale" originaire de l'Allemagne, qui a été formellement transposée en droit espagnol, est fortement conditionnée par la structure même du droit récepteur caractérisé par l'absence de tradition juridique d'autonomie locale (ce qui rend difficile l'identification du contenu protégé par la "garantie institutionnelle") et l'existence d'une compétence législative de l'État sur le régime local (dans un pays fédéral comme l'Allemagne, sans législation fédérale sur le régime local, cette question est directement traitée par la Constitution fédérale et son interprétation revient ainsi au Tribunal constitutionnel fédéral). Par ailleurs, bien que certaines techniques et normes juridico-administratives se répandent dans le monde, chaque État ou organisation internationale continue de produire de nouvelles règles pour des situations ou des problèmes nouveaux. Cette évolution spontanée de chaque droit produit des *divergences* transitoires au regard des autres droits.

III. RELATIVITÉ DU DROIT ADMINISTRATIF

28. Il a été souligné que le droit administratif est le droit propre à l'Administration publique. Cette affirmation, qui a une vocation universelle, est recevable mais sa capacité explicative est relative si l'on tient compte d'au moins trois réalités juridiques complémentaires. La première est que, dans une plus ou moins grande mesure selon les pays, l'Administration publique est également soumise au droit commun (ce que nous appelons aujourd'hui généralement le droit privé). La deuxième est que le droit administratif contemporain *s'étend* au-delà de sa sphère d'origine (l'Administration publique) pour se déployer à l'égard des personnes privées et des organisations internationales. La troisième réalité est que le droit administratif devient de plus en plus une simple partie de *systèmes juridiques sectoriels* complexes (tels que les droits des télécommunications, de la construction ou de la consommation) qui utilisent toutes sortes de techniques de régulation (administratives, privées, pénales).

1. Coexistence avec le droit commun

29. Le droit administratif est le droit propre à l'Administration publique mais il n'est pas l'*unique* droit applicable à celle-ci. L'Administration est également régie par le droit privé (droit civil, droit commercial, droit du travail). De ce fait, de nombreux droits nationaux parlent de droit de l'Administration (*Recht der Verwaltung*) par opposition au droit administratif au sens strict (entendu comme le droit spécifique ou spécial à l'Administration publique). Deux raisons expliquent ce phénomène.

30. Premièrement, l'émergence historique du droit administratif s'est faite au détriment du droit commun (plus tard qualifié de droit privé). Le droit administratif s'est historiquement formé en se singularisant du droit civil auquel il a apporté des modulations ou innovations[155]. Néanmoins, dans certains pays, le droit applicable à l'Administration ne s'est pas singularisé et le droit civil ou droit commun est resté en vigueur. Dans chaque État et à chaque moment de l'histoire, le droit administratif s'est plus ou moins développé par rapport au droit civil. Il en est résulté différents *types* de droit administratif. Ainsi, les droit anglais, nord-américain ou allemand sont caractérisés par une présence nettement plus importante du droit civil ou droit commun (privé) que le droit espagnol qui, à cet égard, est beaucoup plus proche du droit administratif français ou italien. Le résultat final est l'existence d'un double ordre juridique pour l'Administration : le droit commun et son propre droit (le droit administratif). Le plus haut degré de développement du droit administratif est atteint - c'est le cas en Espagne - lorsque le droit administratif évince complètement la validité éventuelle du droit privé. Il est alors même considéré qu'en cas d'insuffisance des règles administratives, il est nécessaire de procéder à l'"auto-intégration" du droit administratif, c'est-à-dire à la création de règles dans le processus d'application à partir des principes et des normes déjà existants dans l'ensemble du droit administratif[156]. Dès lors, le droit privé ne s'appliquerait à l'Administration publique qu'en cas de renvoi ou de mention exprès par des règles administratives. C'est le cas, par exemple, en Espagne du régime des biens publics. Ces derniers sont régis par le droit privé comme l'indique expressément l'article 7.4 de la loi 33/2003 du 3 novembre 2003 sur le patrimoine des Administrations publiques (LPAP).

31. L'application du droit privé à l'Administration est un *choix politique* contemporain. Il s'agit d'une manifestation du phénomène qui a pu être qualifié de "fuite vers le droit privé"[157]. Parfois, les règles administratives permettent ou imposent que l'Administration soit régie par le droit privé. C'est le cas lorsqu'elles autorisent l'existence de relations relevant du droit du travail au sein de l'Administration[158] ou lorsque des

---

[155] Voir plus particulièrement K. KORMANN (1962), *System der rechtsgeschäftlichen Staatsakte*, Berlin (réimpression de l'original de 1910), pp. 19 et ss. Voir aussi : S. MARTÍN-RETORTILLO BAQUER (1996), *El Derecho civil en la génesis del Derecho administrativo y de sus instituciones*, 2e éd., Madrid, Civitas, pp. 25 et ss. ; F. VELASCO CABALLERO (1996), *Las cláusulas accesorias del acto administrativo*, Madrid, Tecnos, p. 45.

[156] M. CLAVERO ARÉVALO (1952), « La doctrina de los principios generales del derecho y las lagunas del ordenamiento administrativo », *Revista de Administración Pública*, n° 7, pp. 51-104, spéc. p. 63.

[157] Depuis F. FLEINER (1928), *Institutionen des Deutschen Verwaltungsrechts*, Tübingen, Mohr, p. 326.

[158] Voir différentes études nationales dans J.-P. DUNAND, P. MAHON et S. PERRENOUD (dir.) (2016), *Le droit de la relation de travail à la croisée des chemins : Convergences et divergences entre le droit privé du travail et le droit de la fonction publique. Droit suisse et*

règles administratives autorisent la création de sociétés commerciales et de fondations qui sont gérées par des entités publiques (en Espagne, par exemple, mentionnons l'article 45.1 de la loi 50/2002 du 26 décembre 2002 sur les fondations). Dans ces cas, le choix en faveur du droit privé repose sur la conviction contemporaine largement répandue que ce dernier est plus efficace que le droit administratif[159]. Cette affirmation est toutefois plus idéologique qu'empirique. Elle part de l'hypothèse selon laquelle le droit privé est rationnel et tend à être optimal : il vise à maximiser les utilités des biens et des services existant dans chaque société. Cependant, même si l'on considère que cette affirmation est correcte, en réalité elle ne serait valide que par rapport aux sujets pour lesquels elle est formulée (les particuliers). Il est donc plus que douteux que le droit privé, lorsqu'il régule la conduite des sujets publics, présente l'efficacité optimale que l'on présuppose à l'égard des particuliers. De plus, l'autorégulation des intérêts habituellement prévue par les règles de droit privé favorise souvent des résultats déviants (corruption) lorsqu'elle est appliquée à l'Administration.

32. Dans chacune de ses déclinaisons, le droit privé, lorsqu'il est appliqué aux Administrations publiques, connaît toutefois de fortes corrections. De telles adaptations finissent par former un droit privé très singulier en raison du sujet auquel il s'adresse. Pour décrire cette singularisation, on a parlé de droit privé de l'Administration[160], de *Verwaltungsprivatrecht*, ou encore de *Derecho privado de la Administración* (ou *Derecho administrativo privado*)[161]. Les modalités de formation de ce droit privé particulier sont diverses. D'une part, ce sont parfois les lois elles-mêmes qui singularisent les règles communes afin de les adapter aux particularités des Administrations publiques. Il s'agit traditionnellement de règles relatives au droit patrimonial (comme le § 928 II du *Bürgerliches Gesetzbuch* - Code civil en Allemagne) ou au droit des successions (art. 913 et 956 du Code civil espagnol). Plus récemment, on peut aussi mentionner les règles spéciales votées en Espagne en matière de procédures de réglementation du travail dans l'Administration publique (*Disposición adicional 20ª de la Ley del Estatuto de los Trabajadores* - Disposition additionnelle 20 de la loi sur le statut des travailleurs). Toutefois, le plus souvent, c'est la jurisprudence qui module, adapte ou corrige le droit privé en tant que condition nécessaire à son application à

---

droit comparé, Zürich, Schulthess. Voir en particulier dans cet ouvrage l'étude d'E. MALARET (2016), « Dualismes, convergences et divergences dans l'ordre juridique espagnol des relations de travail », pp. 349-378, spéc. p. 367.

159 Critique de P. MERCADO PACHECO (1994), *El análisis económico del Derecho. Una reconstrucción teórica*, Madrid, Centro de Estudios Constitucionales, p. 51.

160 A. de LAUBADÈRE, J.-C. VENEZIA et Y. GAUDEMET (1999), *Traité de droit administratif*, 15e éd., t. I, Paris, LGDJ, p. 20 ; CHAPUS (2001: 1).

161 S. GONZÁLEZ-VARAS IBAÑEZ (1996), *Derecho administrativo privado*, Madrid, Montecorvo.

l'Administration[162]. Cela a parfois été le cas en vue d'imposer le respect des droits fondamentaux à des sociétés commerciales agissant au nom de l'Administration[163]. Ce phénomène est visible tant dans les pays de *common law* que ceux de *droit administratif.*

33. La jurisprudence de la Cour suprême du Canada relative au droit commun des contrats appliqué à l'Administration est ainsi révélatrice de l'adaptation juridictionnelle de la *common law* lorsqu'elle est appliquée à des entités publiques. La Cour suprême considère que même lorsqu'il agit en tant que sujet économique - notamment en tant que pouvoir adjudicateur - un organe public doit traiter tous les soumissionnaires de la même manière. De plus, dans l'exercice de ses attributions contractuelles, il est soumis aux finalités et aux objectifs des règles administratives applicables. Plus généralement, les organes administratifs « *cannot act in pursuit of their own private interests, but must exercise their contractual power in the public interest* »[164]. La jurisprudence canadienne aboutit à des résultats similaires en ce qui concerne l'activité des hôpitaux publics et des universités. Bien que cette activité soit autonome pour chaque établissement et soit régie par le droit privé ou commun, les "lois et valeurs publiques" s'appliquent également dans la mesure où l'hôpital comme l'université "exécute un programme gouvernemental spécifique". Dans ce cas, les droits fondamentaux, notamment l'interdiction de toute discrimination, s'appliquent pleinement[165].

2. Expansion

34. Le droit administratif, bien qu'initialement destiné à régir l'Administration publique, a montré son utilité pratique pour réguler l'activité "administrative", "de gestion" ou "interne" de l'État dans son ensemble : des organes constitutionnels, des autres organes étatiques indépendants de l'Administration ainsi que des organes judiciaires dans l'exercice de fonctions qui ne sont pas à proprement parler juridictionnelles (*Gerichtsverwaltung*)[166]. Parfois, ces organes constitutionnels ou étatiques disposent d'un pouvoir d'organisation propre (*Selbstorganisationsrecht*)[167], ce qui donne lieu à des règles "administratives" spécifiques (par exemple, pour le Tribunal constitutionnel espagnol : art. 2.2 de la loi organique sur le Tribunal constitutionnel du 3 octobre 1979 ; pour le Tribunal constitutionnel fédéral allemand : § 1.2 BVerfGG - loi relative à la Cour constitutionnelle

---

162 MALARET (2016: 369).

163 En Espagne, voir la décision du Tribunal constitutionnel STC 35/1983, FJ 3 relative à l'affaire TVE, S. A. ; en Allemagne, voir la décision du Tribunal fédéral civil, Chambre III du 5 avril 1984 [BGHZ 91, 84, 96] relative à l'entreprise publique d'approvisionnement en eau.

164 *Shell Canada Products Ltd v. Vancouver city* [1994] 1 S.C.R. 231 [Shell].

165 *Eldrige v. British Columbia* [1997] 3 S.C.R. 624 [625].

166 F. O. KOPP et W. R. SCHENKE (2012), *Verwaltungsgerichtsordnung Kommentar*, 18e éd., München, C. H. Beck, p. 92, § 1.

167 M. KÜHNREICH (1997), *Das Selbstorganisationsrecht des Deutschen Bundestages unter besonderer Berücksichtigung des Hauptstadtbeschlusses*, Berlin, Duncker & Humblot, p. 54.

fédérale)[168] mais inspirées ou simplement transférées du droit administratif général. Dans d'autres cas, les lois prévoient directement l'application du droit administratif général à la gestion ordinaire et interne (gestion patrimoniale et budgétaire, gestion du personnel et des contrats) de ces organes constitutionnels ou étatiques. Cette extension du droit administratif, modeste dans sa réalité mais importante dans sa signification, a fait l'objet d'un débat universitaire et jurisprudentiel. Il a ainsi été proposé un critère *fonctionnel* se rapportant à l'identité du droit administratif, ce qui permettait de justifier sans difficulté son application aux activités matériellement administratives de n'importe quel organe de l'État. Il a également été envisagé l'existence d'"organes administratifs" ou de "micro-administrations publiques" dans chacun des organes constitutionnels de l'État qui seraient logiquement soumis au droit administratif[169]. Sans ôter de valeur explicative à ces propositions, il est certain que nous sommes ici en présence d'une expansion objective et purement utilitaire du droit administratif qui dépasse sa propre sphère (l'Administration) et s'étend à l'activité d'organisation interne de l'État considéré dans son ensemble[170].

35. Une autre manifestation de cet élargissement est le fait que le droit administratif s'applique également à des organisations publiques externes (*non-étatiques*) qui peuvent difficilement être qualifiées d'"Administrations publiques". Ainsi, bien que dans l'Union européenne on parle de "droit administratif européen", la réalité est que ce droit régit le fonctionnement d'organes difficilement compatibles avec l'archétype historique d'Administration publique[171]. L'organisation institutionnelle de l'Union européenne diffère fondamentalement de l'organisation d'un État. La Commission européenne n'est pas l'Administration de l'Union européenne, pas plus que le Conseil des ministres n'est son Gouvernement. À proprement parler, il n'existe pas d'organisation au sein de l'Union européenne qui corresponde à l'archétype historique d'Administration publique tel qu'il résulte du constitutionnalisme libéral. Des phénomènes aussi singuliers que l'"Union administrative européenne", au sein de laquelle des organes publics communautaires et nationaux de nature différente agissent au sein d'un réseau coopératif et coordonné[172], peuvent difficilement être qualifiés d'"Administrations publiques". Pourtant, le droit qui les régit est

[168] K. SCHLAICH et S. KORIOTH (2015), *Das Bundesverfassungsgericht*, 10e éd., München, C. H. Beck, p. 17.

[169] J. L. MARTÍNEZ LÓPEZ-MUÑIZ (1986), *Introducción al Derecho administrativo*, Madrid, Tecnos, p. 86.

[170] MUÑOZ MACHADO (2004: 59) ; R. CABALLERO (2021), « La extensión del Derecho administrativo y su proyección contencioso-administrativa », *Revista de Derecho Público: Teoría y Método*, n° 4, pp. 7-65 (spéc. p. 15 § 6).

[171] CASETTA (2014: 24).

[172] J.-P. SCHNEIDER (2009), « Strukturen des Europäischen Verwaltungsverbunds. Einleitende Bemerkungen », *Die Verwaltung*, vol. 8, pp. 9-28.

"administratif". On pourrait dire la même chose du droit administratif dit "global" au sens strict qui régit le fonctionnement de certaines organisations internationales comme l'*Organisation mondiale du commerce* ou le *Comité de Bâle*[173]. Ces organisations ne correspondent pas non plus au modèle historique d'Administration publique, ni ne sont légitimées par leur lien avec la loi[174]. Pourtant, elles sont régies par un droit que l'on qualifie habituellement d'"administratif". Sur la base de ces faits, on peut dire que le droit administratif *s'étend* au-delà des Administrations publiques. Depuis plus de deux siècles, il s'est formé un ensemble juridique, à la fois culturel et normatif, que nous appelons "droit administratif" et c'est cet ensemble juridique qui a été utilisé, lorsque cela a été nécessaire, pour doter les organisations publiques supra-étatiques ou internationales naissantes d'une rationalité juridique. Ainsi, si pendant deux siècles nous avons accepté que le droit que nous qualifions de "privé" régisse partiellement le fonctionnement des Administrations publiques, nous devons maintenant admettre que le droit administratif régit la vie d'organisations qui, à proprement parler, ne sont pas des Administrations.

36. Le droit administratif *global* n'est pas vraiment une nouveauté contemporaine. Au début du XXe siècle, les organisations internationales de toutes sortes ont proliféré et, avec elles, les traités internationaux régissant leur fonctionnement. Ce qui est particulier à notre époque est la place centrale que les organisations internationales ont acquise dans de multiples secteurs de la vie quotidienne, leurs relations directes croissantes avec les entreprises et les citoyens du monde entier et leur relative autonomie par rapport aux États fondateurs. Ces organisations internationales importantes (que nous appelons aujourd'hui "Administrations publiques globales") sont régies par des traités internationaux et des règles propres approuvées par leurs organes directeurs. Ces règles traitent principalement des tâches sectorielles de chaque organisation. Cependant, plus récemment, il a été suggéré que ces Administrations globales, dans le cadre de leurs activités, respectent certaines règles et certains principes déjà consolidés dans les droits administratifs nationaux et fortement enracinés dans le principe d'État de droit. Il ne s'agit pas de les soumettre à des principes généraux abstraits de droit international mais d'appliquer aux Administrations

---

173 R. LEÑERO (2014), « El Comité de Basilea como poder público global para la armonización normativa bancaria. Implicaciones para el Derecho público », dans M. A. SALVADOR ARMENDÁRIZ, *Regulación Bancaria: transformaciones y Estado de Derecho*, Cizur Menor, Thomson-Reuters Aranzadi, pp. 183-249, spéc.. p. 219.

174 Voir, entre autres : S. CASSESE (2004-2005), « Administrative Law Without the State?: The Challenge of Global Regulation », *N.Y.U.J. International Law and Policy*, vol. 37, pp. 663 et ss., spéc. p. 670 ; B. KINGSBURY, N. KRISCH, R. B. STEWART et J. B. WIENER (2005), « Forward: Global Governance as Administration-National and Transnational Approaches to Global Administrative Law », *Law and Contemporary Problems*, vol. 38, n° 1, pp. 2 et ss. ; KELLY (2017: 1) ; PAREJO (2016a: 36).

globales certains droits et garanties des individus qui s'appliquent déjà aux Administrations nationales[175]. La sélection de ces droits et garanties doit se faire de manière comparative et inductive, à partir des droits administratifs nationaux existants. Ce processus de formation des structures de base d'un droit administratif global pose cependant au moins trois questions problématiques.

37. La première, habituelle à la méthodologie juridique comparative (*infra* § VI.34), est la question de savoir quels droits nationaux examiner afin d'y rechercher les droits et garanties fondamentaux des individus. En réalité, comme le montre traditionnellement la méthodologie comparative, l'attention se limite aux droits des pays les plus développés qui, de fait, sont aussi ceux qui impulsent et maintiennent les organisations administratives mondiales (telles que l'OMC, le FMI, les divers comités de l'ONU, etc.). Le droit administratif global est donc, en réalité, le droit administratif commun aux pays les plus développés du monde.

38. Une deuxième question concerne l'identification même des droits et garanties partagés par les droits administratifs nationaux. Puisque l'on vise des règles communes, on recherche le *plus petit dénominateur commun*. C'est pourquoi les règles, droits ou garanties les plus avancés ou développés sont insignifiants pour la formation d'un droit administratif global. Il est désormais communément admis que les éléments partagés et inhérents aux droits administratifs nationaux - qui doivent donc également être inclus dans le droit administratif global - sont l'accessibilité des citoyens à l'information administrative, le droit d'être entendu dans les procédures qui les concernent, la motivation des décisions individuelles et la possibilité d'un contrôle juridictionnel de ces dernières[176]. S'agissant spécifiquement de la garantie de *due process of law* (qui, d'une manière ou d'une autre, englobe toutes les garanties mentionnées), le Comité d'appel de l'Organisation mondiale du commerce s'est prononcé et a jugé arbitraire (et donc illégale) une déclaration administrative nord-américaine portant sur les pays qui suivent de bonnes pratiques de capture de crevettes (et qui peuvent donc exporter vers les États-Unis) sans que les pays tiers évalués (Malaisie, Thaïlande, Inde et Pakistan) n'aient eu la possibilité d'être entendus dans le cadre de la procédure de prise de décision en question[177]. Si l'on y réfléchit, ces garanties, en principe spécifiques à un État de droit, sont ici essentiellement des garanties juridiques basiques pour les échanges économiques. D'autres garanties plus étroitement liées aux personnes physiques (citoyens), comme celles relatives à la protection des données personnelles ou aux langues des procédures administratives, sont absentes.

---

[175] DELLA CANANEA (2016: 189).

[176] B KINGSBURY, N. KRISCH et R. B. STEWART (2005), « The Emergence of Global Administrative Law », *Law and Contemporary Problems,* vol. 68, pp. 15-62, spéc. p. 17.

[177] WT/DS58/AB/R, *Report of the Appellate Body*, 12 octobre de 1998, §§ 181-183.

Cela n'est pas surprenant si l'on considère que les moteurs du droit administratif global sont les organisations internationales à caractère économique. Dans ce processus d'élaboration des structures de base d'un droit administratif global, il existe donc un risque de régression consistant à favoriser indirectement une standardisation vers le bas des droits administratifs nationaux. Comme le montre l'expérience relative à la responsabilité patrimoniale du législateur, l'induction de règles supranationales à partir des "traditions communes des États" se traduit souvent par la mise en place de normes juridiques moins exigeantes que dans certains États (juridiquement plus développés), ce qui peut facilement éroder l'efficacité des garanties nationales les plus avancées[178].

39. Enfin, dans le processus de formation d'un droit administratif global, une certaine *conception qui désubstantialise* le droit administratif lui-même tend à s'imposer. Cette appréhension limite ce dernier au "qui" (organisation) et au "comment" (procédure) des décisions administratives en laissant presque complètement de côté le contenu même (le "quoi") de celles-ci (*infra* § III.14). Le droit administratif global sous-estimerait ainsi l'importance des règles qui encadrent matériellement les décisions des administrations globales. Une évolution possible de cette situation serait la reconnaissance progressive d'une autonomie décisionnelle aux agences ou organisations internationales, pour autant qu'elles agissent dans leur sphère de compétence avec une rigueur procédurale (garanties d'audition et de motivation) et qu'elles soient soumises à une forme de contrôle juridique. Ce droit administratif global désubstantialisé se rapproche davantage du schéma des délégations du Congrès nord-américain et ses agences indépendantes que du modèle des Administrations européennes en lien étroit avec le droit.

40. Enfin, le droit administratif s'étend également *aux personnes privées* - extérieures à l'organisation administrative - qui, d'une manière ou d'une autre, exercent des activités présentant une utilité ou un intérêt publics particuliers et auxquelles, par conséquent, l'application d'un droit spécial, à savoir le droit administratif, se justifie[179]. Historiquement, cette expansion s'est produite tôt à l'égard de certaines entités privées (telles les associations professionnelles) ou des concessionnaires de l'Administration[180]. Au regard des privatisations, nous constatons que de plus en plus fréquemment, certains sujets privés occupent par rapport à

[178] J. M. RODRÍGUEZ DE SANTIAGO (2011), « Igualar por abajo. La doctrina del Tribunal Supremo sobre la responsabilidad del Estado derivada de la ley contraria al Derecho comunitario y de la ley inconstitucional », *Revista Española de Derecho Europeo*, n° 38, pp. 141-171.

[179] J. ESTEVE PARDO (2012), « La extensión del Derecho público. Una reacción necesaria », *Revista de Administración Pública*, 189, pp. 11 et ss.

[180] LACHAUME (2011: 126) ; M. AROSO DE ALMEIDA, *Teoria Geral do Direito Administrativo*, 10e éd., Almedina, Coimbra, 2022, p. 73.

d'autres personnes privées une position comparable à celle d'une Administration publique. Les phénomènes sont divers, hétérogènes et tous ne sont pas actuels. Il ne s'agit déjà plus des traditionnelles concessions ou délégations de services publics mais d'activités professionnelles ou commerciales privées dans lesquelles les particuliers occupent une position fonctionnelle ou de pouvoir - vis-à-vis des tiers - comparable à celle d'une Administration. Dès lors, le droit administratif leur est applicable dans une plus ou moins large mesure. C'est le cas de l'activité de certification technique ou industrielle dans le cadre de laquelle des professionnels privés préalablement autorisés délivrent des certifications administratives à des tiers[181] (d'inspection technique de véhicules, sur des installations de gaz, de mise en conformité environnementale, etc.). Comme ces professionnels privés exercent des fonctions similaires à celles d'une Administration (ils délivrent des certifications officielles, voire des actes administratifs), le droit administratif leur est applicable (même s'ils ne sont pas, à proprement parler, des Administrations publiques). Par ailleurs, le phénomène complexe du "retrait stratégique" de l'État dans de nombreux secteurs d'activité, qui étaient auparavant objets de services publics et sont désormais des domaines d'activité privée avec des charges de service public, conduit à l'extension du droit administratif aux relations entre prestataires privés et destinataires privés de services privés d'intérêt général[182].

3. Sectorialisation

41. La complexité des relations sociales contemporaines, associée à la diversité des sources de production normative pour chaque pan de la réalité, explique l'énorme développement *sectoriel ou spécial* du droit. Le droit des transports, le droit de la concurrence, le droit de la consommation, le droit de la construction, le droit de l'énergie, le droit de l'environnement, etc. ne peuvent être ramenés à des paramètres uniformes. Au contraire, l'exigence constitutionnelle de mise en œuvre concrète et simultanée de différents principes, valeurs et droits donne nécessairement lieu à des choix législatifs différenciés pour chaque secteur. Elle implique des processus normatifs de pondération dans lesquels les différents biens et intérêts constitutionnels en jeu sont pris en compte[183]. Ainsi, le droit contemporain est, avant tout, un

---

[181] D. CANALS AMETLLER (2011), « El ejercicio de funciones públicas por entidades privadas colaboradoras de la Administración », dans A. GALÁN GALÁN et C. PRIETO ROMERO, *El ejercicio de funciones públicas por entidades privadas colaboradoras de la Administración*, Barcelona, Huy-gens, pp. 21-52, spéc. p. 32 ; KOPP et SCHENKE (2012: 141).

[182] J. ESTEVE PARDO (2013), *La nueva relación entre el Estado y la sociedad. Aproximación al trasfondo de la crisis*, Madrid-Barcelona-Buenos Aires, Marcial Pons, p. 185.

[183] VELASCO (2014: 77).

droit sectoriel[184]. L'aspiration historique à un droit codifié et général cède aujourd'hui la place à des réglementations sectorielles inévitables[185]. Le rôle prépondérant de la perspective sectorielle relativise le sens même du droit administratif. Dans l'élaboration d'un ordre juridique spécifique à une réalité sectorielle (comme l'environnement, la solidarité sociale ou la consommation), le droit s'appuie plus ou moins sur l'Administration publique (et donne ainsi au droit administratif un rôle plus ou moins important dans la régulation des différents domaines de la réalité). Parfois, les lois établissent des mandats de conduite pour les individus et confient directement aux juges l'exécution de ces mandats. D'autres fois, pour atteindre leurs objectifs politiques, les lois font appel à l'Administration de façon prioritaire, soit comme protagoniste (en matière de sécurité et d'ordre public), soit comme auxiliaire (en matière de droit de la consommation, droit de la construction, droit du crédit, etc.). Par conséquent, il existe des secteurs du système juridique qui sont presque entièrement colonisés par le droit administratif et des secteurs normatifs dans lesquels le droit administratif est peu présent (sous la forme d'un droit de sanction, d'un droit d'enregistrement, d'un droit d'inspection, etc.).

IV. DIVERSITÉ FONCTIONNELLE

42. Il n'y a aucune difficulté à affirmer que le droit administratif a pour objet de réguler l'organisation et l'activité de l'Administration. Toutefois, si l'on soumet cette affirmation basique à l'énorme diversité des droits administratifs, on peut distinguer en réalité *trois fonctions* qui se manifestent avec une intensité distincte dans les différents systèmes. On verra plus loin que l'une ou l'autre orientation fonctionnelle permet de parler, en tant que types idéaux, de droits administratifs *directifs* et de droits administratifs *légitimateurs* (*infra* III.47). Ces trois fonctions caractéristiques sont plus ou moins présentes dans chaque droit administratif : la direction, la légitimation et le contrôle de l'Administration.

43. La première fonction relevée, la plus élémentaire et la plus évidente, consiste à *diriger l'Administration* ; son organisation et son activité. Cette fonction de direction peut être plus ou moins intense selon la position institutionnelle accordée à chaque Administration publique conformément au droit constitutionnel correspondant. C'est dans le cadre de la fonction de direction du droit administratif que l'on parle d'action

---

[184] M. BULLINGER (1972), *Derecho público y Derecho privado*, E. Drake (trad.), Madrid, Civitas, p. 114.

[185] Sur les infractions et sanctions administratives, voir R. LETELIER (2019), « Principios o funciones en las sanciones administrativas », dans A. MONTAÑA PLATA et J. I. RINCÓN CÓRDOBA, *El poder sancionador de la Administración pública: discusión, expansión y construcción*, Bogotá, Universidad Externado de Colombia, pp. 920-950, spéc. p. 932.

réglementée ou discrétionnaire de l'Administration, de programmes normatifs téléologiques ou conditionnels, de méthodes d'application procédant par subsomption et pondération[186]. Bien qu'il ne fasse aucun doute que la fonction de direction a dominé la conception fonctionnelle de l'Administration jusqu'à aujourd'hui, il convient aussi de relever, tout au moins à des fins d'analyse, deux autres fonctions en partie distinctes : la fonction de légitimation et la fonction de contrôle.

44. Commençons par la *fonction de légitimation*. Depuis les origines de l'État constitutionnel sur le continent européen, le pouvoir exécutif a connu un *déficit de légitimité*. En effet, à la différence du Parlement, dont le pouvoir est l'expression directe de la souveraineté nationale, le pouvoir exécutif (et, par conséquent, l'Administration publique) tire sa légitimité d'une source qui a été dépréciée (le principe monarchique)[187]. Dès lors, les règles administratives votées par le Parlement ont constitué la source naturelle de légitimité juridique de l'Administration. De ce fait, le droit administratif (issu des lois et des règlements qui les appliquent) agira comme une source de légitimité de l'Administration. C'est ici que prend racine le concept de "lien positif" de l'Administration, désormais affaibli, selon lequel les règles administratives contiennent non seulement des paramètres d'action pour l'Administration (tant au regard de son organisation interne que de ses relations avec les individus) mais également des *autorisations* d'agir avec une marge de choix plus ou moins grande (discrétion). En somme, le droit administratif a fonctionné tout au long des XIXe et XXe siècles non seulement comme une régulation matérielle de l'activité administrative mais, plus encore, comme une source de légitimation de cette activité. Cette fonction particulière de légitimation du droit administratif a pris tout son sens dans les systèmes constitutionnels fondés sur la *souveraineté parlementaire* (comme c'est encore le cas au Royaume-Uni). Néanmoins, elle perd une partie de son sens lorsqu'une Constitution normative et détaillée joue un rôle de premier plan dans la légitimation juridique de l'Administration. Tel est, par exemple, le cas de l'Espagne depuis 1978.

45. Dans le système constitutionnel espagnol actuel, la Constitution est une *source de légitimité directe* pour l'ensemble de l'État. Par conséquent, elle l'est également pour le Gouvernement et l'Administration publique. Bien entendu, la Constitution confère au droit parlementaire un rôle essentiel dans la légitimation juridique de l'Administration. L'affirmation du principe de légalité (art. 9.1 de la Constitution espagnole) et la soumission de l'Administration à "la loi et le droit" (article 103.1 de la Constitution espagnole) impliquent clairement qu'une

---

186 J. M. RODRÍGUEZ DE SANTIAGO (2016), *Metodología del Derecho administrativo. Reglas de racionalidad para la adopción y control de la decisión administrativa*, Madrid, Barcelona, Buenos Aires-São Paulo, Marcial Pons, p. 26 ; C. BÄCKER (2019), « Subsuntion und Ponderation als Grundformen der Juristischen Methodenlehre », *Juristische Schulung*, n° 4, pp. 321-326.
187 ESTEVE PARDO (2013: 41).

Administration qui respecte la loi est juridiquement légitime. Dès lors, à notre sens, les règles administratives constituent la source de légitimité de l'Administration. Cependant, la nouveauté contemporaine est que non seulement la loi - mais aussi la Constitution - représentent des sources de légitimité directe pour l'Administration[188]. Il en résulte qu'en l'absence de loi, sauf dans les cas et matières pour lesquels la Constitution contient une réserve de loi, c'est la Constitution elle-même qui autorise ou légitime l'activité administrative. On pourrait ainsi dire que la Constitution a désormais privé le concept de "lien positif" à la loi de toute utilité. En effet, c'est dorénavant la Constitution elle-même qui légitime l'action de l'Administration[189].

46. Enfin, le droit administratif sert au *contrôle juridique* de l'Administration. Avec plus ou moins d'ampleur et d'intensité selon les pays, toute l'activité administrative est soumise au contrôle de juridictions (intégrées au pouvoir judiciaire) ou d'autres organes quasi-judiciaires indépendants[190]. De plus, cette règle de contrôle s'articule souvent de manière subjective autour d'un droit fondamental à la protection juridictionnelle (*due process*, *effective remedy*, *wirksamer Rechtsbehelf*, recours effectif). Cela étant, la fonction du droit administratif est de fournir aux organes judiciaires et quasi-judiciaires des *paramètres suffisants et accessibles* pour exercer la fonction de contrôle qui leur est propre. Il est vrai qu'en l'absence de loi ou de règlement, les tribunaux seront toujours en mesure de surveiller l'activité administrative sur la base des principes constitutionnels, des principes généraux du droit ou de la *common law* tels qu'ils sont exprimés dans les précédents judiciaires. Toutefois, en réalité, tous ces paramètres juridiques manquent souvent du caractère concret élémentaire ou de la certitude nécessaire pour permettre une activité de contrôle appropriée. Ceci explique, dans les pays de tradition britannique, le remplacement progressif de la *common law* par les *administrative statutes* qui offrent aux *tribunals* et aux *courts* des paramètres plus accessibles, précis, certains et stables. En conséquence, le droit administratif ne se contente pas de diriger l'activité administrative ; il légitime et rend possible le contrôle juridique de l'Administration.

---

188 F. VELASCO CABALLERO (2011), « The legitimacy of the Administration in Spain », dans M. RUFFERT (dir.), *Legitimacy in European Administrative Law: Reform and Reconstruction*, Gröningen, Europa Law Publishing, pp. 81-114, spéc. p. 92.

189 M. BELADÍEZ ROJO (2000), « La vinculación de la Administración al Derecho », *Revista de Administración Pública*, n° 153, pp. 315-350.

190 M. ASIMOW (2015), « Five Models of Administrative Adjudication », *The American Journal of Comparative Law*, vol. 63, n° 1, pp. 3-31, spéc. p. 6.

CHAPITRE III

TYPES DE DROITS ADMINISTRATIFS

I. EXPOSÉ

1. Comme nous l'avons précédemment indiqué, le droit administratif est le droit propre à l'Administration. De ce fait, son identité est historiquement liée à la singularisation institutionnelle de l'Administration publique : au sein du "pouvoir exécutif" (né à la fin du XVIIIe siècle en Europe continentale) et par opposition aux assemblées législatives et aux juges. Mais cela ne signifie pas - ni à la fin du XVIIIe siècle ni aujourd'hui - que parmi les éléments identitaires caractéristiques du droit administratif figurent une origine parlementaire et l'existence d'un contrôle juridictionnel poussé. La loi est une source importante du droit administratif et les organes juridictionnels constituent des instruments fondamentaux pour l'existence effective de celui-ci. Cependant, proposer un concept empirique (et non axiologique) de droit administratif suppose de considérer qu'il s'agit de considérations typologiques pertinentes et non d'exigences ontologiques conditionnant la possibilité de parler de droit administratif. Ainsi, bien que la *loi* soit sans aucun doute une source commune du droit administratif, il existe également - dès le départ - un droit administratif qui prend une forme réglementaire[191] et même parfois un droit administratif autocratique, sans aucune légitimité démocratique. Par ailleurs, l'idée même de contrôle *juridictionnel* indépendant, aussi courante soit-elle aujourd'hui, n'est pas un trait historique universel du droit administratif : il s'est produit une transition, bien connue en Europe, de la compétence "retenue" à la compétence "déléguée", avant la consécration de la "pleine juridiction"[192]. D'une part, le "contentieux administratif" a constitué un instrument historique essentiel pour la création du droit administratif[193] ; d'autre part, à travers le contentieux administratif, le droit administratif a intégré, comme une marque d'identité, un contrôle juridictionnel et complet de l'Administration. Ce dernier n'est pas une vérité universelle ; ni historiquement, ni actuellement. Ainsi, la seule caractéristique proprement universelle du droit administratif ne serait guère que son caractère de droit *propre, singulier ou spécial* supplantant le droit ordinaire.

---

191 A. GALLEGO ANABITARTE (1971c), *Ley y Reglamento en el Derecho público occidental*, Madrid, Instituto de Estudios Administrativos, pp. 93 et ss. ; GARCÍA DE ENTERRÍA (1981: 42).
192 GARCÍA DE ENTERRÍA (1981: 40).
193 AUBY (2010: 25).

2. Bien entendu, cette compréhension empirique n'exclut pas une analyse *axiologique ou constitutionnelle* des droits administratifs, ceux du passé comme ceux du présent, afin de les caractériser comme étant plus ou moins conformes au principe démocratique et au principe de l'État de droit. Tout au long de l'histoire, il y a sans doute eu des droits administratifs plus autoritaires et des droits administratifs plus libéraux[194]. Il y a eu et il y a encore des droits administratifs également dans les régimes totalitaires ou dictatoriaux dans la mesure où l'Administration agit conformément aux lois et aux règlements (même illégitimes) et qu'il existe une organisation bureaucratique spécifique pour contrôler le respect de ces normes. C'est pourquoi, même aujourd'hui, nous pouvons parler d'un droit administratif naissant en Chine, car le déficit démocratique bien connu dans ce pays n'empêche pas l'existence d'une organisation bureaucratique efficace (l'Administration) pour le fonctionnement de laquelle des lois spéciales sont adoptées (par le Congrès du Peuple). De plus il existe des juges formellement indépendants disposant de pouvoirs d'annulation sur - au moins - les décisions de l'Administration[195].

3. Le droit administratif se définissant par sa *spécialisation*, et non par un contenu matériel ou politico-constitutionnel spécifique, un second niveau d'analyse doit prendre en compte une *diversité relative* mais notable des différents droits administratifs, tant sur le plan historique que sur le plan territorial. Cela parce que, pendant longtemps, par opposition à un droit commun essentiellement rationnel et stable, le droit administratif a été un droit *conjoncturel et territorial*, reflet direct des équilibres de pouvoir complexes à chaque époque et dans chaque pays. Néanmoins, les variations du droit administratif sont quantifiables et comparables. Il est possible d'identifier un catalogue limité d'*indicateurs* permettant de mesurer, comparer et caractériser la singularité propre à chaque droit administratif national. Chacun combine des éléments distincts de définition et de manière différenciée. Partant, il est possible de distinguer plusieurs *types empiriques* de droits administratifs en fonction de la pertinence ou de la présence plus ou moins forte d'éléments, indicateurs ou traits caractéristiques dans chacun d'eux. Les éléments de définition des droits administratifs identifiés sont les suivants[196] : le rapport avec la Constitution ; le champ d'application plus ou moins étendu du droit commun ; la structure centralisée ou décentralisée de l'Administration ; l'identité de l'Administration vis-à-vis du Gouvernement ; les

---

194 L. MEDINA ALCOZ (2016), *Libertad y autoridad en el Derecho administrativo*, Madrid-Barcelona-Buenos Aires-Río de Janeiro, Marcial Pons, *in toto*, spéc. pp. 101 et ss.

195 J. MICKLETHWAIT et A. WOOLDRIDGE (2015: 142) ; FUKUYAMA (2016a: 666).

196 Voir une proposition semblable, bien qu'avec un choix d'éléments partiellement différent et plus court, centrée sur l'Europe et très influencée par la présentation dichotomique du droit administratif (modèle français *versus* modèle anglais), dans AUBY (2010: 25).

prérogatives ou privilèges de l'Administration ; le principe de légalité ; les sources du droit administratif ; les relations entre l'Administration et ses employés ; la collaboration des individus avec l'Administration ; la forme du contrôle juridique de l'Administration ; la base, l'étendue et l'intensité de ce contrôle juridictionnel.

II. ÉLÉMENTS DE CLASSIFICATION DES DROITS ADMINISTRATIFS

1. Lien avec la Constitution

4. Les concepts de Constitution et de droit administratif se sont formés en même temps. Tous deux sont des produits juridiques du libéralisme politique qui a vu le jour à la fin du XVIIIe siècle[197]. Depuis lors, chacun des droits administratifs a historiquement été défini au regard de sa relation avec la Constitution à chaque époque et dans chaque pays[198]. À certaines périodes, la Constitution a ainsi marqué de manière décisive le droit administratif ; toutefois, à d'autres époques, le droit administratif se trouvait en marge de la Constitution, voire il n'existait pas de Constitution[199]. C'est le cas de l'Espagne, au XXe siècle, durant la dictature franquiste.

5. De nos jours, en adoptant une approche comparative, nous pouvons identifier des ordres administratifs *plus ou moins encadrés* par la Constitution. Aujourd'hui, le lien entre droit administratif et Constitution est un paradigme quasi-universel, cependant il est également vrai que les Constitutions sont très diverses, à la fois quant à leur contenu et leur position dans le système normatif. Pour cette raison, certaines ont plus d'influence que d'autres sur le droit administratif. La Constitution britannique - non-écrite - dit concrètement peu sur le droit administratif au-delà des *Crown prerogatives*, du principe de légalité parlementaire, de la doctrine de l'*ultra vires* et de l'éventuel contrôle juridictionnel de l'Administration[200]. La Constitution canadienne de 1867 (réaffirmée en 1982) se limite essentiellement à encadrer la répartition des pouvoirs au niveau fédéral[201], elle ne dit rien sur l'action administrative (sauf, depuis 1982, qu'elle doit respecter les droits fondamentaux). La Constitution française définit de manière précise la structure institutionnelle du pouvoir exécutif mais si l'on

---

[197] J. L. REQUEJO PAGÉS (2010), « El triunfo de la constitucionalidad y la crisis de la normatividad », *Fundamentos*, n° 6, pp. 179 et ss.

[198] CASSESE (2014: 25).

[199] A. GALLEGO ANABITARTE (1983), « Las asignaturas de Derecho político y Derecho administrativo: el destino del Derecho público español », *Revista de Administración Pública*, vol. 100, n° 102, pp. 724 et ss.

[200] J. ALDER (2009), *Constitutional and administrative Law*, New York, Palgrave McMillan, pp. 271, 309, 352. Pour un examen critique, voir : CRAIG (2016 : 9).

[201] D. SMITH (2010 : 6).

adopte une vision comparative, on peut dire qu'elle fournit peu de paramètres matériels pour le droit administratif[202]. Cette réalité connaît toutefois un processus de changement accéléré en raison de l'activisme contemporain du Conseil constitutionnel[203]. En revanche, d'autres Constitutions actuelles (comme celles de l'Allemagne, de l'Italie, de l'Espagne, ou encore du Chili) contiennent un catalogue exhaustif de principes, biens et valeurs constitutionnels qui orientent le contenu du droit administratif (et permettent un contrôle clair de validité par les cours constitutionnelles respectives)[204]. Il en va de même, en dehors du continent européen, de la Constitution tanzanienne de 1977, qui comprend également des préceptes substantiels (articles 6 à 11) relatifs à l'action du Gouvernement et de l'Administration[205]. La Constitution fédérale nord-américaine est quant à elle singulière en ce sens qu'en dépit du fait de disposer d'un faible contenu normatif, elle a connu un fort développement jurisprudentiel qui a finalement renforcé sa position à l'égard du droit administratif. Toutefois, la Constitution nord-américaine est très déférente à l'égard du Congrès en ce sens que par le biais de choix légaux exprès et clairs, celui-ci peut résolument limiter la fonction directive de la Constitution[206]. On pourrait dire, dans ce cas, que la Constitution n'a une pleine force de direction qu'*à défaut de loi expresse* ou pour compléter le sens de lois anciennes dont le sens actuel est douteux.

6. Dans le cas des droits administratifs européens, la force directive des Constitutions (qui, comme on l'a déjà dit, est très forte dans de nombreux pays continentaux) *pourrait perdre en intensité*, principalement en conséquence du *droit européen* qui, au nom du principe de primauté, lie plus étroitement les droits administratifs nationaux[207]. D'un point de vue matériel, cette irruption directive du droit européen ne signifie pas, à proprement parler, une "déconstitutionnalisation" des droits administratifs nationaux étant donné que dans le même temps celui-ci s'est approprié nombre des solutions constitutionnelles les plus courantes dans les États membres (à commencer, bien sûr, par les droits fondamentaux désormais codifiés dans la Charte des droits fondamentaux de l'Union européenne).

---

202 AUBY (2010: 40) ; B. STIRN (2008), *Les sources constitutionnelles du droit administratif*, Paris, LGLJ ; M.-C. ROUAULT (2017), *Droit administratif*, 3e éd., Issy-les-Moulineaux, Gualino, p. 28.

203 PICARD (2009: 70) ; LACHAUME (2011: 119).

204 M. RUFFERT, « Rechtsquellen und Rechtsschichten des Verwaltungsrechts », dans W. HOFFMANN-RIEM, E. SCHMIDT-AßMANN et A. VOSSKUHLE (2006), *Grundlagen des Verwaltungsrechts*, vol. I, München, C. H. Beck, pp. 1085-1176, spéc. p. 1109 ; CASETTA (2014: 31) ; VERGARA BLANCO (2018: 5).

205 KATABARO (2014: 26).

206 SUNSTEIN et VERMEULE (2020: 58 et 121).

207 F. WOLLENSCHLÄGER (2016), « Verfassung im Allgemeinen Verwaltungsrecht: Bedeutungsverlust durch Europäisierung und Emanzipation? », dans *Veröffentlichungen der Vereinigung der Deutschen Staatsrechtslehrer*, vol. 75, Berlin, De Gruyter, pp. 187-258, spéc. p. 217.

2. Une plus ou moins grande application du droit commun

7. Comme on l'a déjà vu, dans les différents ordres juridiques étatiques, le droit administratif coexiste avec le droit privé (anciennement "droit commun") en tant que droit applicable à l'Administration (*supra* § II.28). Le domaine du droit administratif s'est défini par le déplacement du droit privé[208]. Ce qui varie d'un pays à l'autre est l'ampleur de ce retrait. Certains pays (comme la France, les Pays-Bas ou l'Espagne) ont résolument réduit le champ du droit privé applicable à l'Administration, même dans des domaines typiquement économiques ou de performance. D'autres droits nationaux, en revanche, maintiennent des espaces plus larges pour le droit commun. Il ne s'agit pas seulement des droits anglo-saxons (comme le droit anglais ou le droit nord-américain)[209] mais également — bien que dans une moindre mesure — du droit allemand, du droit de certains cantons suisses (comme Zürich)[210], ou encore du droit colombien.

8. Un exemple des différents niveaux que peut atteindre le déplacement du droit privé - par les lois administratives - est offert par le *droit colombien.* On peut en effet observer dans ce pays que la Constitution ou des lois spéciales se superposent aux lois civiles (en particulier au Code civil) mais ne les évincent pas complètement. En matière de responsabilité, l'article 90 de la Constitution de 1991 est sans aucun doute applicable. Tel qu'il a été qu'interprété par la Cour constitutionnelle (décision C-043 de 2004), celui-ci établit la responsabilité objective de l'Administration. Cependant, au-delà des principes constitutionnels, le régime général de responsabilité du Code civil s'applique. Le droit civil s'applique également aux contrats publics, à l'exception de ce qui est expressément régi - de manière non-exhaustive - par la loi 80 du 28 octobre 1993 portant Statut général des contrats de l'Administration publique. Enfin, les biens publics ne sont pas régulés par des lois administratives spéciales mais leur régime juridique particulier est contenu dans le Code civil lui-même (articles 674 et suivants)[211].

3. Structure centralisée ou décentralisée de l'Administration

9. Les différents processus de formation des États modernes ont donné naissance à divers degrés de concentration du pouvoir politique et, par conséquent, à des Administrations plus ou moins centralisées et concentrées. Il s'agit d'un trait caractéristique de l'Administration de chaque pays et donc de chaque droit administratif. Ainsi, dès l'origine, les pays qui optent pour des Administrations territoriales qualifiées et différenciées donnent naissance à des droits administratifs riches en contenus organisationnels : ils

---

[208] MESTRE (1985: 171) ; AROSO (2022: 68).
[209] SEERDEN (2018: 422).
[210] T. JAAG et M. RÜSSLI, *Staats- und Verwaltungsrechts des Kantons Zürich*, 5e éd., Basel, Schulthess, p. 255 § 2705.
[211] SANTOFIMIO (2017: 651, 749 et 1036).

répartissent les compétences et établissent des règles relationnelles entre les différentes Administrations publiques (coopération, coordination, conflit)[212]. À cela s'ajoute une augmentation des sources normatives (règlements des agences, ordonnances municipales) et des règles dans le système normatif encadrant leur application dans chaque cas (préemption, déplacement). À l'inverse, les pays les plus centralisés (et concentrés) disposent d'un droit administratif plus simple, fondé sur la règle centrale de la hiérarchie.

4. Indépendance de l'Administration face au Gouvernement

10. Le degré d'indépendance de l'Administration, ou d'une partie de celle-ci, *vis-à-vis du Gouvernement* est également important. D'un point de vue historique, au regard de l'équilibre initial entre le principe monarchique et le principe démocratique, la subordination de l'Administration au Gouvernement était manifeste. La structure administrative en ministères, avec des postes de direction qui font partie du Gouvernement (ministres, conseillers, secrétaires ou équivalents), assurait cette subordination.

11. Ultérieurement, à partir de la fin du XIXe siècle, aux États-Unis, des agences indépendantes (du Gouvernement, ou plus précisément du Président) dotées de pouvoirs normatifs et de résolution (quasi-judiciaires) propres ont commencé à être créées, ce qui a conduit à parler d'une "quatrième branche du pouvoir"[213]. Ces agences ne sont pas neutres mais bipartisanes et indépendantes de la Présidence[214]. Au XXe siècle, le modèle d'agence indépendante s'est entendu à tout le monde, en particulier à l'Union européenne. Cependant, ni le degré d'indépendance ni l'ampleur du phénomène lui-même ne sont identiques dans les différents pays. Contrairement au modèle américain (gestion bipartisane des agences indépendantes), les agences indépendantes de l'Union européenne répondent à un modèle d'objectivité technique et de neutralité (à l'égard des États membres comme des institutions européennes)[215]. De plus, les agences de régulation européennes, outre le fait de configurer le marché intérieur, promeuvent la coopération entre les États membres à travers leur intégration dans leurs organes de direction[216]. Parallèlement, le modèle

---

212 CASETTA (2014: 99).

213 Historiquement, voir *Federal Trade Commission v. Ruberoid Co*, 343 U.S. 470, 487 (1952).

214 M. SHAPIRO (1997), « The problem of Independent Agencies in the United States and the European Union », *Journal of European Public Policy*, vol. 4, n° 2, pp. 276-291, spéc. p. 288.

215 F. VELASCO CABALLERO (2015c), « The "Union of independent regulatory authorities" of the European Internal Market », dans F. VELASCO CABALLERO et F. PASTOR MERCHANTE (dir.), *The Public Administration of the Internal Market*, Groningen, Europa Law, pp. 194-216, spéc. p. 197.

216 J. JORDANA CASAJUANA et J. C. TRIVIÑO SALAZAR (2019), « European Union Agencies: A global governance perspective », *Revista de Estudios Políticos*, n° 185, pp. 169-189.

d'Administrations indépendantes nord-américaines (et de l'Union européenne) a également pris racine au sein des États européens ; soit dans leur version organisationnelle (création de nouvelles "agences" aux côtés des départements ou ministères traditionnels), soit de manière transversale (renforcement du champ d'autonomie d'une Administration préexistante)[217]. Il en résulte que les différents droits administratifs à travers le monde définissent avec plus ou moins d'autonomie, voire d'indépendance, l'Administration par rapport à leur Gouvernement ou présidence respectifs[218].

5. Prérogatives ou privilèges

12. Dans sa formation française originelle, le droit administratif était singulier parce qu'il comportait des pouvoirs ou prérogatives extraordinaires pour l'Administration : *la puissance publique*[219] ; fondamentalement, le pouvoir de décision exécutive et le pouvoir d'exécution forcée. Dans les deux cas, il s'agit de pouvoirs dont ne disposent pas les personnes ordinaires, celles qui sont régies par le droit privé. L'Administration n'avait pas besoin de juges pour décider unilatéralement, avec des effets contraignants, et pour exécuter ses décisions de manière coercitive. À proprement parler, ces prérogatives de l'Administration étaient la continuation, dans l'État constitutionnel, des pouvoirs royaux antérieurs (et, par délégation du roi, de ses conseils et de ses agents). Loin de disparaître, nombre de ces prérogatives ont été prolongées dans les États de droit[220]. À l'heure actuelle, l'étendue et les limites réelles (création réservée à la loi, garanties procédurales dans leur exercice, soumission à un contrôle juridictionnel préalable ou *a posteriori*, etc.) de ces pouvoirs exorbitants sont propres à chaque droit administratif. La configuration de ces pouvoirs dans chaque ordre juridique permet de parler de droits administratifs plus ou moins autoritaires ou plus ou moins libéraux[221].

13. En principe, on peut considérer que les pays héritiers de la tradition britannique de la *common law* prévoient davantage de pouvoirs extraordinaires à l'Administration que les pays fondés sur le principe de légalité propre à la tradition européenne continentale. Dans les pays sous

---

[217] W. HOFFMANN-RIEM (2006), « Eigenständigkeit der Verwaltung », dans W. HOFFMANN-RIEM, E. SCHMIDT-AßMANN et A. VOSSKUHLE, *Grundlagen des Verwaltungsrechts*, vol. I, München, C. H. Beck, pp. 623-714, spéc. p. 634.
[218] ROSE-ACKERMAN (2010: 7).
[219] MESTRE (1985: 170) ; PICARD (2009: 22).
[220] En ce sens, s'agissant des États-Unis, voir A. OLEJARSKI (2018), « Irrelevance of "Public Use" in State Eminent Domain Reforms », *The American review of public administration*, vol. 48, n° 7, pp. 631-643.
[221] MEDINA (2016: 96).

influence britannique, les pouvoirs ou prérogatives particuliers (à l'origine appartenant à la Couronne bien qu'exercés par les ministres) ont un double fondement : la *common law* et les lois du Parlement (*statutes*). Les lois confèrent de nombreux pouvoirs extraordinaires et spéciaux à l'Administration, comparables à ceux contenus dans les lois des pays ayant un droit administratif légaliste. Mais, outre ces pouvoirs fondés sur la loi, l'Administration dispose d'autres pouvoirs extraordinaires qui relèvent de la *common law*[222]. Cependant, ces pouvoirs (*prerogatives*) issus de la *common law* sont souvent imprécis, car ils sont basés sur la tradition et leur source de connaissance est la jurisprudence, qui est loin d'être claire et stable[223]. Il peut s'agir aussi bien de pouvoirs spécifiques et caractéristiques des autorités publiques que de droits applicables aux personnes privées. Dès lors, l'Administration dispose des mêmes facultés (propres à la *common law*) que celles dont disposent les personnes privées, de pouvoirs publics spécifiques, également issus de la *common law*, et de pouvoirs publics spéciaux que leur confèrent les lois parlementaires (*statutes*). Parmi les prérogatives les plus courantes figurent les pouvoirs de réglementation et de nomination des fonctionnaires, d'ordre public interne, d'occupation de propriétés privées en cas d'urgence, de délivrance et de révocation des passeports, ou encore d'encadrement de l'utilisation des côtes maritimes. L'exercice de toutes ces *prerogatives* est soumis à un contrôle juridictionnel, sans distinction des pouvoirs conférés par la loi. Toutefois, il arrive que le contrôle juridictionnel possible soit en pratique très limité, car les prérogatives issues de la *common law*, contrairement aux *statutory powers*, sont configurées de manière très large ou générique, ce qui rend leur contrôle par les juges difficile.

6. Principe de légalité

14. Tous les droits administratifs présupposent, d'une manière ou d'une autre, la subordination de l'Administration à la loi même si celle-ci n'est pas toujours parlementaire et n'est pas toujours légitime. Cela étant, les formes et l'intensité de ce lien au droit sont très diverses d'un droit administratif à l'autre. À cet égard, on peut considérer, par exemple, que le rattachement de l'Administration au droit est plus intense en Allemagne qu'en France ou encore au Royaume-Uni[224]. En général, les pays où les *réserves*

---

[222] J. ALDER (2009: 271).

[223] On trouve une tentative d'identification systématique des prérogatives de la Couronne britannique dans HOUSE OF COMMONS, PUBLIC ADMINISTRATION SELECT COMMITTEE, *Taming the Prerogative: Strengthening Ministerial Accountability to Parliament*, Fourth Report of Session 2003-04 ; disponible sur : https://publications.parliament.uk/pa/cm200304/cmselect/cmpubadm/422/422.pdf.

[224] HOFFMANN-RIEM (2006: 629 § 8).

constitutionnelles de loi sont nombreuses et étendues (comme en Allemagne) établissent un lien très étroit entre l'Administration et le droit. Par ailleurs, il existe des droits nationaux dans lesquels les lois établissent les garanties et les procédures relatives à la prise de décision mais ne définissent pas précisément ces décisions (pour les États-Unis : §§ 553 à 706 de l'*Administrative Procedure Act* et les lois du Congrès qui établissent les objectifs et les finalités de chaque agence mais ne détaillent pas leur action)[225]. En somme, la densité et la forme du principe de légalité dans chaque ordre juridique se mesurent à l'aune de la *discrétionnarité* et de l'*auto-programmation* de l'Administration.

15. La construction du principe de légalité varie selon les ordres juridiques. Elle dépend non seulement de la forme de la répartition constitutionnelle du pouvoir dans chaque pays mais également des différentes manières de comprendre la relation entre les pouvoirs étatiques et les mécanismes de contrôle parlementaire et juridictionnel de l'activité administrative. Le principe de légalité peut se manifester sous la forme d'une *autorisation* de l'activité administrative ou d'une *programmation* détaillée de cette activité.

16. Il existe des systèmes constitutionnels dans lesquels il est implicitement ou explicitement supposé que la Constitution protège *directement* l'activité administrative. Tel est le cas du droit administratif français, ou encore du droit administratif espagnol [où le mandat exprès d'action de l'Administration au service de "l'intérêt général" (art. 103.1 de la Constitution espagnole) a été considéré comme une légitimation constitutionnelle directe de l'activité administrative][226]. Cette normativité constitutionnelle de l'action administrative trouve ses limites dans les *réserves de loi*, c'est-à-dire dans les domaines dans lesquels l'Administration ne peut agir sans loi préalable. Ces réserves de loi peuvent être soit restreintes (uniquement limitées à quelques matières importantes), soit tendanciellement étendues (*Totalvorbehalt des Gesetzes*). Aux côtés de ces systèmes d'autorisation constitutionnelle de l'activité administrative, d'autres ordres juridiques partent de l'hypothèse selon laquelle c'est en principe *le Parlement* (et non directement la Constitution) qui autorise l'activité administrative. C'est le cas, à mon avis, des États-Unis où, outre les pouvoirs exécutifs en matière de politique étrangère et de défense, il est considéré que le Congrès dispose de la prérogative d'autoriser (déléguer) des pouvoirs à l'Administration, une prérogative parlementaire qui doit être exercée avec modération.

---

225 En général, pour le dénommé « Droit administratif du *Ius commune* », voir U. KISCHEL (2015: 349).

226 M. BELADIEZ (2000), « La vinculación de la Administración al Derecho », *Revista de Administración Pública*, n° 153, pp. 315 et ss., spéc. p. 329.

17. Bien que cela puisse paraître paradoxal, la soumission *matérielle* de l'Administration au droit (c'est-à-dire l'existence d'une *programmation juridique* de l'action administrative) ne doit pas nécessairement aller de pair avec la distinction entre autorisation constitutionnelle et autorisation parlementaire de l'action administrative. Il se peut que la grande rigueur constitutionnelle avec laquelle une loi parlementaire *autorise* l'activité administrative (surtout celle de caractère réglementaire) ne s'accompagne pas d'une exigence de *programmation substantielle* détaillée de cette activité administrative. En d'autres termes, la signification du principe de légalité peut être fondamentalement d'autorisation, non de programmation. Cela est souvent le cas dans les lois nord-américaines de création et de réglementation des agences, la tâche centrale de la loi étant alors l'établissement d'une organisation politiquement équilibrée, relativement indépendante de la présidence et clairement soumise à un contrôle parlementaire. Le centre de gravité du principe de légalité est la conception *institutionnelle* de l'agence en question, non son activité administrative ordinaire (que l'agence elle-même autorégulera dans une large mesure). En revanche, dans d'autres ordres juridiques dans lesquels il existe un lien négatif avec la loi - c'est-à-dire où l'Administration peut agir sans loi préalable sauf dans les matières réservées à celle-ci - la tradition et la culture légalistes (foi dans la capacité de la loi à diriger l'Administration) peuvent déterminer que de fait l'activité administrative est hyperprogrammée ou strictement réglementée, normalement y compris à travers des mandats normatifs détaillés et conditionnés (si l'événement X se produit, l'Administration doit fournir la réponse Y). En outre, plus l'intensité du contrôle juridictionnel de l'action administrative est forte, plus l'intensité programmatrice est importante. En effet, dans ce cas, même des paramètres normatifs flexibles ou ouverts peuvent se convertir, à travers le contrôle juridictionnel, en paramètres régulés et détaillés.

18. Comme on l'a déjà relevé, le principe de légalité peut remplir une fonction d'autorisation ou une fonction programmatique. Cette distinction trouve sa correspondance, du point de vue de l'activité administrative, dans le binôme activité discrétionnaire *versus* activité réglementée bien établi dans les différentes cultures juridiques. *Discretion*, pouvoir discrétionnaire, *Ermessen* sont des termes qui véhiculent la même idée : une large marge de décision accordée à l'Administration. À l'inverse, l'activité réglementée exprime une forte intensité directive de la loi. Lorsque la loi remplit une fonction essentiellement d'autorisation de l'activité administrative, le niveau de discrétionnarité est généralement élevé. Cependant, le même niveau peut se produire lorsque, bien qu'il existe une autorisation constitutionnelle directe pour l'action administrative, une matière spécifique n'est pas soumise à une réserve de loi. Bien que le binôme discrétionnaire-réglementé présente une remarquable capacité explicative, et même prescriptive, il convient de prendre en compte le fait qu'il n'est pas rigide. Il rend plutôt compte d'une *échelle de subordination* au droit allant de la moins (action discrétionnaire) à la plus forte (action réglementée) subordination.

19. Le droit péruvien fournit un bon exemple de cette compréhension du pouvoir discrétionnaire de l'Administration en tant qu'échelle et non comme un concept rigide et opposé à celui d'activité réglementée. Dans un important arrêt de la Cour constitutionnelle du 5 juillet 2004[227] il a été distingué trois principaux degrés de discrétionnarité (paragraphe 9) : majeur, intermédiaire et mineur. À chacun de ces trois degrés, la loi prédétermine plus ou moins l'action administrative. Cette échelle se veut globale. En d'autres termes, toute action administrative (et même gouvernementale) se situe à un certain niveau de l'échelle du pouvoir discrétionnaire. Par conséquent, toute action administrative est, d'une manière ou d'une autre, même minimale, réglementée par la loi et susceptible de faire l'objet d'un contrôle juridictionnel. Cela exclut, y compris tendanciellement, d'éventuels actes purement politiques ou gouvernementaux (totalement indépendants des lois et non soumis à un quelconque contrôle juridictionnel)[228]. Même la grâce gouvernementale est incluse dans cette échelle de discrétionnarité administrative (ou gouvernementale) ; elle est donc soumise à des limites (telle l'obligation de motivation) et susceptible d'un minimum de contrôle juridictionnel[229].

20. Dès lors que l'idée de *discrétionnarité* dans l'action administrative a été acceptée comme une sphère de libre décision pour l'Administration dans le cadre de la loi, les différents systèmes juridiques ont développé leurs propres typologies de limites au pouvoir discrétionnaire ainsi que les niveaux, les degrés ou les types de contrôle juridictionnel qui en découlent. En général, s'agissant de l'élaboration théorique et jurisprudentielle du pouvoir discrétionnaire, les différents droits administratifs se concentrent plus ou moins sur la structure technique de la règle ou sur la répartition constitutionnelle du pouvoir. Bien entendu, le pouvoir discrétionnaire est, par essence, un phénomène uniforme, déterminé par le degré plus ou moins grand d'autonomie que la loi accorde à l'Administration. Cependant, cette autonomie plus ou moins grande peut être expliquée et rationalisée sur la base de la structure de la norme juridique ou en accordant plus d'attention à la position de l'Administration et du Parlement dans le système constitutionnel. L'attention portée à la structure de la norme juridique donne un poids considérable au langage normatif et, par conséquent, à l'herméneutique juridique. Cette focalisation du pouvoir discrétionnaire sur la *structure technique de la norme juridique* tend naturellement à réduire la liberté de choix de l'Administration. En effet, la norme contient toujours, implicitement ou explicitement, un concept juridique, même "indéterminé" (*unbestimmter Rechtsbegriff*), qui agit comme un possible paramètre contraignant pour l'Administration. En outre, l'attention accordée prioritairement à la structure

---

[227] Dossier n° 009-2004-AC/TC, affaire *Callegari*.

[228] Voir cette conclusion dans V. S. BACA ONETO (2018), « La Discrecionalidad Administrativa y la Jurisprudencia del Tribunal Constitucional peruano », *Revista de Derecho Administrativo*, n° 11, pp. 181-202, spéc. p. 185.

[229] Décision du Tribunal constitutionnel du 25 janvier 2011 (dossier n° 03660-2010-PHC/TC).

de la norme juridique efface les différences importantes entre les lois parlementaires et les règles gouvernementales générales (règlements), car ce qui est important pour évaluer le pouvoir discrétionnaire de l'Administration n'est pas l'origine de la norme mais la norme elle-même. Nous pouvons dire, de manière très générale, que le droit administratif allemand - l'ont suivi le droit espagnol et certains droits latino-américains fortement influencés par le droit espagnol - présente cette orientation préférentiellement normative de la discrétionnarité[230]. Par ailleurs, nous pourrions trouver des droits dans lesquels l'orientation théorique et jurisprudentielle se concentre davantage sur la *position constitutionnelle de l'Administration* par rapport au Parlement respectif. Dans ce cas, la discrétion administrative résulte également de la marge de choix concédée à l'Administration par les lois. Mais ici, y compris pour l'interprétation de la norme, la position constitutionnelle de chaque pouvoir est d'une grande importance. Ainsi, la question de savoir dans quelle mesure la loi parlementaire pourrait légitimement attribuer un pouvoir de décision quasi-illimité à une entité administrative se convertit en une interrogation herméneutique fondamentale. Ce qui est alors important n'est donc pas seulement ce que dit la norme mais le cadre constitutionnel de répartition du pouvoir dans lequel cette norme qui façonne le pouvoir discrétionnaire de l'Administration prend sens. Cette orientation vers la répartition constitutionnelle primaire du pouvoir est présente, de mon point de vue, dans le droit administratif nord-américain.

21. Si nous prêtons attention au *droit nord-américain*, nous pouvons constater que les lois qui créent et réglementent chaque agence administrative (indépendante ou exécutive) leur accordent une grande marge de manœuvre (*open-ended discretion*). La teneur de la loi tend à être d'autorisation plutôt que programmatique. Le pouvoir discrétionnaire autorisé permet à l'agence ou à l'autorité d'adopter des normes détaillées (qui seront ensuite appliquées à des cas concrets, de manière réglementée, par l'agence elle-même). Par exemple, dans l'affaire *Kent v. Dulles* (1958), une loi du Congrès autorisait le secrétaire d'État à délivrer des passeports mais laissait à la discrétion de ce dernier le soin de réglementer les motifs d'un éventuel refus[231]. Comme on peut le constater, la discrétionnarité administrative peut être très large. Néanmoins, il existe certaines limites, établies par la jurisprudence. Selon la manière dont elles sont interprétées, ces limites *empêchent le Congrès* d'approuver des délégations de pouvoir excessives (aux agences), ou empêchent les agences de prendre des décisions libres fondées sur des autorisations légales imprécises ou trop ouvertes[232]. Certaines limites concrètes et couramment utilisées pour brider le pouvoir discrétionnaire des agences en matière de réglementation sont : le *Avoidance Canon* (en général, et à moins qu'il ne le fasse clairement et expressément, le

---

[230] Voir notamment M. BACIGALUPO (1997), *La discrecionalidad administrativa*, Madrid, pp. 107 et ss.

[231] Kent, 357 US, 124.

[232] Sur cette double compréhension alternative, voir C. SUNSTEIN (2018), « The American Non-Delegation Doctrine », *The George Washington Law Review*, vol. 86, n° 5, pp. 1181-1208, spéc. p. 1183.

Congrès n'autorise pas les agences exécutives à décider elles-mêmes sur des questions très sensibles sur le plan constitutionnel) ; le *Cost-consideration Canon* (à moins que le Congrès ne le détermine expressément, une agence n'est pas autorisée à décider sans prêter attention aux coûts économiques en jeu) ; le *Major Questions Canon* (la discrétionnarité n'autorise normalement pas une expansion notable du pouvoir propre de l'agence).

22. Comme nous l'avons déjà relevé, les grands *États asiatiques* disposent aujourd'hui d'un droit administratif et, par conséquent, leur Administration respective se trouve subordonnée au droit. Cependant, le principe de légalité y a une signification historique et culturelle qui génère un plus large champ de discrétionnarité pour l'Administration. Le fondement de cette dernière ne réside pas tant dans la loi (le pouvoir de décision qu'elle accorde à l'Administration) que dans la culture de la légalité elle-même. En ce sens, il a été dit que la morale confucéenne traditionnelle (présente non seulement en Chine mais également au Japon et en Corée) se méfie de la loi (par opposition à la morale) en tant qu'instrument approprié pour trouver des solutions justes à des problèmes concrets. Ainsi, il existe un certain laxisme culturel que l'on peut constater dans la compréhension des pouvoirs de l'Administration afin qu'elle trouve, à tout moment, la meilleure solution à chaque situation[233]. Cette approche culturelle, associée à des litiges juridiques traditionnellement rares (et leur remplacement par diverses formes d'arbitrage ou de résolution informelle des différends) donne lieu *de facto* à un large pouvoir discrétionnaire de l'Administration.

7. Sources du droit administratif

23. L'un des éléments caractéristiques du droit administratif, tel qu'il est apparu à la fin du XVIIIe siècle, est que l'Administration est soumise à la loi. Bien que cette loi soit en principe parlementaire (émanant d'une assemblée représentative), les différents droits constitutionnels permettent ou tolèrent également que le droit administratif contienne des *normes gouvernementales* (y compris des règles édictées par l'Administration elle-même)[234] ; soit en tant qu'expression d'un pouvoir propre du Gouvernement, soit par délégation du Parlement correspondant. Cela étant, la présence plus ou moins importante et la pertinence des normes gouvernementales (et même administratives) constitue un facteur déterminant s'agissant de l'identification typologique de chaque droit administratif. Certains droits, comme le droit français, accordent une place considérable aux normes réglementaires, aussi bien présidentielles que celles édictées par le Premier ministre (art. 13 et 21 de la Constitution française)[235]. Cela se reflète également à l'égard du droit codifié dans lequel les normes légales sont

---

233 Fukuyama (2016a: 481).

234 García de Enterría (1981: 42).

235 Conseil constitutionnel, 21 avril 2005, décision n° 2005-512 DC. Voir aussi : Stirn (1995: 55) ; Rouault (2017: 40).

accompagnées de nombreuses règles réglementaires. Le droit administratif réglementaire est également développé en Espagne (art. 97 de la Constitution espagnole ; art. 22 de la loi 50/1997 du 27 novembre 1997 sur le Gouvernement). Dans le même sens, on pourrait citer les États-Unis où, derrière la rhétorique d'un critère général de "contrariété à la délégation de pouvoir réglementaire" (*antidelegation*), on trouve de nombreuses ordonnances exécutives présidentielles (*ad intra* de l'Administration fédérale) et un grand nombre de règles édictées par les agences de régulation[236] qui démontrent l'existence d'un pouvoir administratif indépendant vis-à-vis de la présidence et du Congrès[237]. En revanche, le droit réglementaire allemand est beaucoup plus limité (§ 80 de la Loi fondamentale allemande). Enfin, il convient également ici de relever l'importance réelle, dans certains droits administratifs nationaux, des "*guidances*" ou "instructions" de l'Administration à l'égard des particuliers qui, bien qu'elles ne soient pas à proprement parler des normes, agissent matériellement comme telles (tel est le cas au Japon)[238].

24. Outre ce qui a été dit sur les règlements, il convient également de prêter attention à la *jurisprudence* en tant que source du droit administratif. Dans la tradition anglo-saxonne, ce sont les juges ordinaires qui façonnent le contenu du droit commun lorsqu'il s'applique aux *public bodies*. Le droit administratif français a également été construit - au moins ses piliers structurels - par le Conseil d'État[239]. Dans les deux cas, il importe de préciser que le propre de la jurisprudence est de déterminer des manières de distribuer le pouvoir et des garanties fondamentales pour les individus vis-à-vis de l'Administration. Cependant, les règles précises relatives à l'activité administrative se trouvent dans les lois et les règlements qui sont très détaillés, précisément pour éviter que la jurisprudence n'occupe l'espace libre. D'une manière générale, on peut considérer que les droits administratifs ayant un caractère jurisprudentiel fort tendent à considérer la loi plus comme une limite que comme un fondement de l'action administrative. À l'inverse, les ordres administratifs très légalistes conçoivent la loi comme une autorisation et un paramètre d'orientation de

---

[236] J. L. MASHAW (1985), « Prodelegation: Why Administrators Should Make Political Decisions », *Journal of Law, Economics and Organization*, vol. 1, n° 1, pp. 81 et ss.

[237] S. ROSE-ACKERMAN (1994), « American Administrative Law under Siege: Is Germany a Model? », *Harvard Law Review*, vol. 107, pp. 1279-1302, reproduit ensuite en entier dans ROSE-ACKERMAN (2010: 606-629).

[238] S'agissant du Japon, voir : M. K. YOUNG (1984), « Judicial Review of Administrative Guidance: Governmentally Encouraged Consensual Dispute Resolution in Japan », *Columbia Law Review*, vol. 84, n° 4, pp. 923 et ss ; J. BARNÉS VÁZQUEZ (1993), « El proyecto de ley sobre el procedimiento administrativo en Japón », dans J. BARNÉS VÁZQUEZ, *El procedimiento administrativo en el Derecho comparado*, Madrid, Civitas, pp. 395-410, spéc. p. 400.

[239] CHAPUS (2001: 6) ; PICARD (2009: 32).

l'activité administrative (pas seulement comme une limite)[240], ce qui restreint l'orientation jurisprudentielle de l'activité administrative. En tout état de cause, même dans les pays les plus positivistes - comme la Chine - la jurisprudence joue toujours un rôle directif réel bien au-delà de ce qui est formellement énoncé dans les lois[241].

8. Relation entre l'Administration et ses employés

25. Il semble incontestable que toute Administration publique agit par l'intermédiaire de personnes physiques. Historiquement, une distinction a été faite entre les fonctionnaires et les agents contractuels : *officials* ou *Beamte versus employees* ou *Angestellte*. Le fonctionnaire exerce une fonction publique tandis que l'agent contractuel fournit des services à son employeur (l'Administration ou l'agence pour qui il travaille). D'un point de vue historique, relevons que parmi les fonctionnaires ou *officials*, une distinction a été faite entre les professionnels (nommés) et les fonctionnaires honorifiques ou élus. Ces derniers, les fonctionnaires élus, sont très présents dans la tradition locale nord-américaine, notamment au sein des nombreux *councils* fonctionnels gouvernés par des représentants élus (*special districts*)[242]. La question qui se pose alors est celle du type de relation ou de lien entre ces personnes et l'organisation qu'elles servent. Les possibilités à cet égard sont très diverses.

26. Historiquement, le droit anglais a établi une responsabilité patrimoniale individuelle à l'égard des fonctionnaires pour les éventuels dommages causés à des tiers. Ainsi, le fonctionnaire conservait une certaine *subjectivité* juridique par rapport à l'organe, corps ou conseil qu'il servait. Cette réglementation a aujourd'hui disparu, même au Royaume-Uni[243]. De nos jours, le fait juridique pertinent ne réside plus dans le degré d'individualité de l'agent public par rapport à son Administration mais dans l'utilité des différentes formes d'emploi public pour chaque modèle d'Administration publique. Le schéma général est aujourd'hui - bien qu'à des degrés divers - que tous les agents publics (fonctionnaires ou non) *imputent* leur activité à l'Administration qu'ils servent. Cette imputation, qui a été théorisée comme une relation d'*organicité* (*Organschaft*), véhicule une idée de séparation nette entre l'action de chaque fonctionnaire ou agent en son nom propre et au nom des autres (de l'Administration). Il n'y a plus

---

[240] E. SCHMIDT-AßMANN (2018: 837).

[241] J. ZHUANG LIU, L. KLÖHN, H. SPAMANN (2021), « Precedents and Chinese Judges: An Experiment», *American Journal of Comparative Law*, vol. 1-2021, pp. 93-135.

[242] F. J. GOODNOW (1890), *Derecho Administrativo comparado. Análisis de los sistemas administrativos de Estados Unidos, Inglaterra, Francia y Alemania, t. 2, Relaciones Jurídicas*, Madrid, La España moderna, pp. 3 et 10.

[243] CASSESE (2014: 64 et 101).

d'individualité ou de distance entre l'employé public et l'Administration pour laquelle il agit. Dès lors, chaque droit administratif propose une typologie plus ou moins différenciée des *relations juridiques de travail*.

27. Il est aujourd'hui habituel que les Administrations entretiennent des relations juridiques différentes avec leurs employés. Bien que toutes les Administrations publiques disposent de fonctionnaires (*civil servants, Beamte, funzionari*)[244], il existe également aujourd'hui d'autres types d'agents publics (outre les agents élus) : le personnel ordinaire (*Angestellte, contractual employees*), le personnel de confiance politique (*special advisers*) et le personnel directif (*chief executives, city managers*). Les droits administratifs de chaque pays accordent plus ou moins de place à ces autres types de relation, parallèles à la fonction publique[245], avec une tendance visible à une augmentation des relations contractuelles (du moins dans les États qui ont mis en place une ample Administration de prestations)[246]. La combinaison des différents types d'employés publics est très importante pour l'image finale d'un droit administratif. Une *fonction publique* privilégiée, en tant que relation de travail politiquement neutralisée, est à l'origine d'un droit administratif dense en réglementations, fortement orienté vers l'adoption de décisions ou d'actes administratifs, objectif, procédural et procédant par subsomption quant à leur application. En revanche, les postes administratifs *élus* (désormais clairement distingués de la fonction publique), comme les relations juridiques de travail et les postes *de direction*, sont associés à un droit administratif stratégique, plus limité dans son contenu (déterminant des finalités et ouvert à différentes options de gestion pour leur réalisation). Dans leur cadre, les activités de prestation, de gestion administrative ou d'initiative publique dans l'économie sont fréquemment régies par le droit commun ou privé.

9. Collaboration des particuliers à la poursuite de l'intérêt général

28. Le droit administratif repose sur le postulat immanent que l'action administrative est exercée par ses propres agents. Si cela est vrai, l'est également le fait qu'à l'extérieur de l'Administration, il y a toujours eu des *collaborateurs* ou, plus généralement, des personnes privées qui exercent des *activités d'intérêt public*. Cette réalité est plus ou moins présente dans les différents droits administratifs nationaux. Les expressions de cette activité privée d'intérêt public sont très diverses. Aujourd'hui, on peut parler de trois

---

244 ALDER (2009: 299) ; P. KUNIG (2003), « Das Recht des öffentlichen Dienst », dans P. BADURA *et al.*, *Besonderes Verwaltungsrecht*, 12e éd., Berlin, De Gruyter, pp. 679-777, spéc. p. 684 ; CASETTA (2014: 169).

245 À ce sujet, voir M. SÁNCHEZ MORÓN (2017), *Derecho de la Función Pública*, Madrid, Tecnos, pp. 45 et ss.

246 EHLERS (2016: 23).

principales formes de collaboration. Parfois, une *organisation sociale* (une association ou une société privée) prend en charge, conformément à une loi, certaines questions d'intérêt public. Il s'agit du phénomène des sociétés de droit public ou encore des entreprises ou personnes privées qui exercent un pouvoir public (professionnels accrédités, *Beliehene Unternehmer*). Dans d'autres cas, certaines personnes privées agissent comme de simples *instruments exécutifs* d'une Administration. Il s'agit d'entreprises contractant avec l'Administration mais aussi d'entités subventionnées, voire de simples volontaires privés. Enfin, des particuliers peuvent participer à l'activité même de l'Administration en étant associés à des organes ou des procédures de décision.

29. Traditionnellement, en Europe, il a été fréquent que des groupes, associations ou *sociétés* d'individus (généralement des professionnels qualifiés) effectuent certaines tâches d'intérêt public. En dehors du continent européen, il est plus courant d'observer l'existence de particuliers et d'entreprises qui accomplissent des tâches d'intérêt public ou général. Ainsi, les *public utilities* nord-américaines constituent un bon exemple d'activités économiques privées d'intérêt public, exercées dans le cadre d'un système de libre initiative économique par des particuliers (bien que soumises à des règles, une intervention et un contrôle administratifs : *regulation*)[247]. D'autres droits ont fait appel à des personnes privées par le biais de relations contractuelles (délégations de service public, concessions et contrats de service, *contracting-out*). En définitive, déterminer dans quelle mesure et sous quelles formes les droits font intervenir des personnes privées dans l'accomplissement de tâches administratives est un élément de différenciation et de comparaison intéressant[248] ; non seulement parce que cela définit le type de relation entre pouvoir et particuliers mais confère également une importance typologique plus ou moins forte aux techniques administratives d'intervention (contrôle, inspection, sanction), de prestation ou d'incitation (*fomento*) (*infra* § V.35).

30. L'idée d'*associations professionnelles* en tant qu'Administrations publiques était présente tout au long du XIXe siècle européen, durant le processus d'administrativisation des corporations propres à l'Ancien Régime. Les corporations médiévales, qui avaient même résisté à l'État absolu, plutôt que de disparaître, se sont transformées en un type particulier d'Administrations publiques : les Administrations corporatistes ou associatives. C'est ainsi qu'en Allemagne, par exemple, le pouvoir exécutif a disposé de deux types d'Administrations : l'Administration étatique (*Staatsverwaltung*) et l'auto-administration

---

[247] M. BURGI (2014), « Regulierung: Inhalt und Grenzen eines Handlungskonzepts der Verwaltung», *Allgemeines Verwaltungsrecht. Institute, Kontexte, System. Festschrift für Ulrich Battis zum 70. Geburtstag*, München, C. H. Beck, pp. 329-345 ; E. MALARET (2008), « Un ensayo de caracterización jurídica de una nueva tarea pública: la regulación económica », *Diritto pubblico*, vol. 14, n° 2, pp. 535-586.

[248] AUBY (2010: 51).

(*Volksverwaltung, Selbstverwaltung*)[249]. Il est certain que les entités privées exerçant des tâches administratives n'ont à aucun moment disparu du droit étatique. Aujourd'hui, pour diverses raisons (comme l'affaiblissement des États contemporains), on observe une augmentation du nombre de sociétés "administratives"[250].

31. Deux phénomènes actuels et en pleine expansion de collaboration de particuliers à l'action administrative sont l'activité d'ONG subventionnées et l'activité administrative de volontaires. Il s'agit, dans les deux cas, d'une activité privée à but non-lucratif mais il existe des différences notables entre les deux. Dans le cas des *ONG subventionnées*, il n'y a pas de contrat à proprement parler entre ces dernières et l'Administration mais un financement public, ce qui signifie que ces organisations sont soumises à un contrôle comptable de l'Administration. Lorsque les ONG ont une idéologie ou un fondement religieux, elles ne peuvent être les seuls prestataires d'un service pour une zone territoriale spécifique[251]. S'agissant des *volontaires*, il n'existe pas de financement public en tant que tel, cependant les besoins en formation et en coordination des volontaires impliquent que cette activité administrative génère d'importants coûts administratifs (ce qui peut conduire à interroger la rationalité de la gestion qui recourt à des volontaires)[252].

32. À l'heure actuelle, sous l'impulsion politique de ce que l'on appelle la *gouvernance*, la collaboration de particuliers à la gestion des affaires publiques a pris une nouvelle signification à tel point que l'Administration a pu être définie au regard de la manière dont elle interagit avec eux[253]. Dans le cadre de cette collaboration horizontale, les individus ne servent pas seulement l'Administration en tant qu'exécutants ou gestionnaires de ses services mais participent également à la *définition* des politiques publiques et des décisions administratives. Cette participation est liée à la force régulatrice du droit administratif : là où les règles administratives sont faibles, la participation et l'influence des individus quant à l'activité administrative sont favorisées ; là où cette participation est forte, elle conduit à une "dérégulation administrative".

---

[249] VON STEIN (1975: 13).

[250] F. REQUEJO (2008), *Las democracias: Democracia antigua, democracia liberal y Estado de Bienestar*, Barcelona, Ariel, spéc. p. 174 ; SCHMIDT-AßMANN (2019: 858).

[251] R. M. HABERKERN, « Implementing Charitable Choice at the State and Local Levels », *Welfare Information Network*, vol. 6, n° 5, pp. 3-14, spéc. p. 6.

[252] M. IVONCHYK (2019), « The Costs and Benefits of Volunteering Programs in the Public Sector. A Longitudinal Study of Municipal Governments », *The American Review of Public Administration*, vol. 49, n° 6, pp. 689-703 ; J.L. BRUDNEY, N. YOON (2021), « Don´t you want my help? Volunteer Involvement and Management in Local Government », *The American Review of Public Administration*, vol. 51-5, pp. 331-344.

[253] F. BIGNAMI (2011), « From Expert Administration to Accountability Network: A New Paradigm of Comparative Administrative Law », *American Journal of Comparative Law*, vol. 59, n° 4, pp. 859 et ss.

10. Formes du contrôle juridique de l'Administration

33. Dans les différents droits nationaux, il existe des disparités importantes en ce qui concerne le *contrôle juridique* de l'Administration. Deux principaux modèles persistent, bien qu'ils aient été formulés de manière très différente au cours de l'histoire : le contrôle juridique externe et le contrôle juridique interne. Le plus souvent, les systèmes juridiques combinent ces deux formes de contrôle à des degrés divers. Plus le contrôle interne est indépendant, objectif et efficace moins le contrôle externe est pertinent, et *vice versa*.

34. À l'origine, le modèle constitutionnel français prévoyait une séparation nette entre l'Administration et les juges. Par conséquent, le contrôle juridique de l'Administration (sa soumission à la loi) était confié à l'Administration elle-même, bien que par l'intermédiaire d'organes spécifiques présentant certaines caractéristiques d'indépendance fonctionnelle (Conseil d'État). Sur ce point, il existe une certaine continuité avec l'Ancien Régime durant lequel agissaient des "juridictions privatives" envisagées comme des organes juridictionnels pour les affaires "contentieuses"[254]. Toutefois, ce modèle français a connu, à ses débuts, quelques hésitations. Il ne s'est certainement pas imposé de manière identique dans tous les ordres constitutionnels du début du XIXe siècle. Le droit anglais, qui prévoit que les juges ordinaires - ceux du droit commun - sont chargés de la résolution des litiges avec les autorités ou les fonctionnaires royaux, est resté en marge de ce schéma dès le début. De même, l'Espagne s'est laissé inspirer par le libéralisme britannique en adoptant très temporairement un système de contrôle judiciaire de l'Administration. C'est précisément ce modèle judiciaire qui a été transposé en Amérique dans les républiques indépendantes naissantes et a perduré pendant longtemps, y compris parfois jusqu'à nos jours[255]. Au-delà de ces hésitations initiales, les États européens sous influence française ont développé, tout au long du XIXe siècle, divers systèmes de justice retenue qui se sont peu à peu transformés en justice *déléguée* et, finalement, dans de nombreux cas, en un *contrôle plénier* exercé par des juges et des tribunaux (ordinaires ou spécialisés) ou par des pseudo-juridictions (tel le Conseil d'État).

35. Ce contrôle juridictionnel externe peut être combiné avec différentes formes de contrôle interne de légalité, au sein même de l'Administration. Ainsi, dans certains pays, un contrôle hiérarchique des décisions administratives internes est réalisé. C'est le cas en Espagne, en France[256], aux Pays-Bas[257], en Allemagne, dans certains pays latino-

---

[254] GALLEGO (1971a: 68).
[255] En Colombie, jusqu'en 1914, voir SANTOFIMIO (2017: 175).
[256] Arrêt du Conseil d'État, *Quéralt*, 30 juin 1950. Voir STIRN (2008: 70).

américains comme en Argentine, ou dans des pays où le droit administratif est émergent comme le Japon (suivant la loi sur la procédure administrative de 1993) et la Chine (conformément à la loi sur les recours administratifs de 1999). Dans d'autres droits administratifs, en revanche, les contrôles internes de légalité ont particulièrement été développés par le biais d'*organes administratifs indépendants* ou quasi-indépendants (au sein de l'Administration elle-même). C'est le cas des *administrative law judges* nord-américains[258], des *tribunals* canadiens[259], des *tribunals* britanniques[260] (qui ont été renforcés par le *Tribunals, Courts and Enforcement Act* de 2007 et progressivement "judiciarisés")[261], de l'*Administrative Appeals Tribunal* australien[262], ou encore de la *Contraloría General de la República* au Chili. Aujourd'hui, le contrôle effectif de légalité de l'Administration, préoccupation centrale du droit administratif, n'est donc pas seulement l'affaire des juges mais aussi de l'Administration elle-même. Chaque pays développe - une analyse des coûts est ici importante - son propre équilibre institutionnel entre contrôle interne et contrôle externe (juridictionnel) de légalité[263].

36. Un modèle intéressant de contrôle interne de légalité est celui de la *Contraloría* chilienne, que l'on retrouve également dans d'autres pays d'Amérique latine, comme le Pérou. Bien que cette entité soit historiquement liée aux institutions de vérification des comptes (contrôle fiscal) de la période coloniale, il s'agit en réalité d'une institution moderne, introduite en 1927 (apparemment sous l'influence de l'Amérique du Nord), de nature constitutionnelle (articles 98 à 100 de la Constitution politique de la République de 1980). La *Contraloría* est un organe administratif - non un organe judiciaire - mais complètement autonome - de fait, indépendant - vis-à-vis des autres organes gouvernementaux et administratifs, y compris la Présidence de la République. La particularité de la *Contraloría* est que le contrôle de légalité qu'elle réalise sur les actes administratifs déjà édictés (ceux qui prennent la forme d'un décret présidentiel et ceux qui ne sont pas déclarés "exemptés") est *systématique* (non par le biais d'un recours). Celui-ci a des effets *suspensifs* à l'égard de la décision administrative concernée[264]. Dans le cadre de son

---

257 SEERDEN (2018: 424).

258 F. VELASCO CABALLERO (2015 b), « Los "Administrative Law Judges" norteamericanos: imparcialidad administrativa y control judicial », *Revista Vasca de Administración Pública*, n° 101, pp. 129-162 ; D. E. CHAND (2019), « Protecting Agency Judges in an Age of Politicization: Evaluating Judicial Independence and Decisional Confidence in Administrative Adjudications », *The American Review of Public Administration*, vol. 49, n° 4, pp. 395-410.

259 MULLAN (2021: 7).

260 R. CARNWATH (2009), « Tribunal Justice. A New Start », *Public Law*, vol. 30, n° 1, pp. 48 et ss., spéc. p. 53 ; CRAIG (2016: 232).

261 T. ENDICOTT (2018), *Administrative Law*, 4e éd., Oxford, Oxford University Press, p. 456.

262 M. ALLARS (2013), « The Nature of Merits Review: A Bold Revision Realised in the Administrative Appeals Tribunal », *Federal Law Review*, vol. 41, n° 2, pp. 197 et ss.

263 ASIMOW (2015: 7).

264 J. BERMÚDEZ SOTO (2010), *Derecho Administrativo General*, Santiago de Chile, Abeledo Perrot Legal Publishing, p. 235.

contrôle de légalité, la *Contraloría* peut soit "prendre acte" de la décision (c'est-à-dire déclarer sa pleine légalité), soit la "constater" (en signalant ses défauts rectifiables), soit la "représenter" (la déclarer illégale et la renvoyer à l'organe d'origine), ce qui empêche la prise d'effets de la décision, sauf sur "insistance" de la Présidence de la République. Bien que ce contrôle de légalité interne et suspensif n'empêche pas un contrôle *juridictionnel* ultérieur, on peut constater un lien systématique entre le contrôle interne de la *Contraloría* et l'éventuel contrôle juridictionnel. Au Chili, le contrôle juridictionnel n'est pas confié à un ordre juridictionnel spécial mais aux tribunaux ordinaires. Cette absence de contrôle juridictionnel spécialisé peut être comprise comme la conséquence logique d'un contrôle de légalité interne très développé (celui de la *Contraloría*) qui rend inutile - voire inopportun - un contrôle juridictionnel ultérieur. De cette manière, on pourrait rapprocher les droits britannique, américain et chilien en établissant une certaine corrélation explicative entre les contrôles internes et externes de légalité administrative dans ces pays. Leur système juridico-administratif respectif prévoit des organes de contrôle juridique interne très développés ainsi que des contrôles juridictionnels ordinaires et non spécialisés (qui pourraient être un indicateur d'une faible intensité de contrôle).

11. Fondement, étendue et intensité du contrôle juridictionnel

37. Il a déjà été mentionné que le contrôle juridique de l'Administration peut être, dans une plus ou moins large mesure, interne ou externe. Les contrôles externes varient beaucoup d'un pays à l'autre, comme le montre la tradition chinoise du "*xingfang*"[265] ou le développement de contrôles de légalité indépendants (comptables, etc.) en Europe[266]. De tous les contrôles externes, le contrôle juridictionnel est le plus caractéristique et le plus déterminant pour le droit administratif bien que ses manifestations soient diverses aussi bien s'agissant de sa structure organique que de son fondement, son étendue et son intensité.

38. Le contrôle juridictionnel peut être exercé soit par des juges généraux, les mêmes que ceux qui connaissent les litiges entre particuliers, soit par des juridictions spécifiques. Dans la tradition anglo-saxonne, les juges du droit administratif sont les juges ordinaires. Cette absence de spécialisation explique peut-être l'importance des organes administratifs indépendants de contrôle juridique interne (les *tribunals* en droit britannique). Dans d'autres cas, il existe un ordre juridictionnel spécifique pour le contrôle juridique de l'Administration ; soit totalement intégré au pouvoir judiciaire (comme la *Verwaltungsgerichtsbarkeit* allemande ou l'ordre juridictionnel du contentieux administratif espagnol), soit formellement différencié du pouvoir judiciaire, bien que fonctionnellement comparable (comme le Conseil d'État

[265] C. F. MINZER (2006), « Xingfang: Alternative to Formal Chinese Legal Institutions », *Stanford Journal of International Law*, vol. 42, pp. 103 et ss.
[266] K. WEYAND (2008), *Verwaltungskontrolle in Spanien*, Göttingen, V & R Unipress, p. 30.

français). Parfois, le contrôle judiciaire est réparti entre plusieurs ordres juridictionnels spécialisés, comme cela est le cas de la *Finanzgerichtsbarkeit* ou de la *Sozialgerichtsbarkeit* en Allemagne. Enfin, il peut y avoir des combinaisons singulières des modèles décrits, comme la coexistence au Chili d'un contrôle juridique commun (par des juges ordinaires, de l'ordre "civil") et de certains organes judiciaires spécialisés pour des types spécifiques d'action administrative (tels que l'environnement ou l'approvisionnement en électricité)[267].

39. En ce qui concerne le *fondement* du contrôle juridictionnel de l'Administration, on peut généralement dire que ce sont les *constitutions* des États (ou les traités constitutifs des organisations supranationales) qui le prévoient. Cela vaut à la fois pour les États sans constitution écrite (comme le Royaume-Uni) et les États dotés d'un texte constitutionnel formel. Ces derniers encadrent le contrôle juridictionnel de l'Administration en tant que *principe organisationnel* du pouvoir étatique [par exemple, l'article 95 *Grundgesetz* (GG - Loi fondamentale de la République fédérale d'Allemagne), l'article 103.1 de la Constitution espagnole et les articles 100 et 103 de la Constitution de la République Italienne] et/ou en tant que contenu spécifique du droit fondamental à la protection judiciaire (article 19 *Grundgesetz*, article 24.1 de la Constitution espagnole, article 23 de la Constitution de la République Italienne).

40. Bien que le contrôle juridictionnel de l'Administration soit souvent aujourd'hui prévu par une norme constitutionnelle, le chemin qui a conduit à ce résultat varie considérablement d'un pays à l'autre. Dans les pays de *common law*, ce contrôle peut avoir été une conséquence naturelle du *ius commune*, en tant qu'expression logique de la tâche judiciaire élémentaire consistant à dire le droit dans chaque cas concret (et, par conséquent, également lorsqu'une autorité administrative ou gouvernementale est impliquée dans un différend juridique), bien que ce pouvoir de contrôle enraciné dans le *ius commune* ne soit devenu substantiel que lorsqu'à partir de la fin du XVIIe siècle, un conseil royal central (le *King's Council* et la *Court of Star Chamber*) a disposé d'un pouvoir d'annulation ("judiciaire") des décisions des autorités locales (les *justices of the peace*)[268]. Ce fondement initial du contrôle judiciaire basé sur le *ius commune* a été renforcé et consolidé avec l'affirmation de la *souveraineté parlementaire* (en Angleterre, à partir de 1688) dans la mesure où la suprématie du Parlement exige, pour être réelle et effective, que les juges contrôlent la sujétion des autorités gouvernementales de toute nature à la loi parlementaire. En bref, la conception du juge propre au *ius commune*, combinée à la souveraineté

---

[267] VERGARA (2018: 103).

[268] E. C. S. WADE et A. W. BRADLEY (1993), *Constitutional and Administrative Law*, 11e éd., London-New York, Longman, p. 607.

parlementaire, conduisent naturellement au contrôle juridictionnel de l'Administration. Le contrôle sur les autorités gouvernementales locales s'est étendu tout au long du XIXe siècle aux ministères et finira par être reconnu comme un élément de la Constitution britannique non-écrite. C'est cette même conception traditionnelle de la fonction juridictionnelle, doublement enracinée dans le *ius commune* et la souveraineté de la loi parlementaire, qui a permis aux juges, dans le cadre du premier constitutionnalisme contemporain (celui qui est né en Amérique du Nord), d'appliquer la Constitution écrite aux fonctionnaires administratifs : si la Constitution est le droit alors les juges (qui ont le monopole de dire le droit) doivent juger l'activité administrative. Le cas des pays d'*Europe continentale* est différent. La constitutionnalisation du contrôle juridictionnel de l'Administration y a été le résultat final et tardif d'un processus historique laborieux initié au début du XIXe siècle et au cours duquel l'Administration a progressivement perdu, au profit des juges, le pouvoir de contrôler la légalité de ses propres actes[269].

41. L'existence simultanée d'une culture juridique de *common law* et d'une constitution écrite dans certains pays requiert des dispositifs complexes. C'est le cas en Australie depuis sa Constitution de 1901 qui prévoit (*section 75.v*) un contrôle juridictionnel (exercé par la *High Court*). Il est aujourd'hui considéré que les pouvoirs du juge qu'il tient de la *common law* (*prerogative writs*) sont désormais canalisés - en partie, mais pas entièrement - à travers la garantie constitutionnelle de protection juridictionnelle. Cependant, la Constitution établit à présent un standard constitutionnel minimal de contrôle qui n'entrave pas le développement de la jurisprudence propre à la *common law*, ni la possibilité pour le Parlement (par la loi) de prévoir des niveaux plus élevés ou plus intenses de contrôle[270]. La garantie constitutionnelle vise à empêcher (ce que la *common law* ne peut faire d'elle-même) que le Parlement (la loi) ne délègue à l'Administration un pouvoir de décision sans aucun contrôle juridictionnel. On peut dire la même chose de la Tanzanie, également un pays de *common law*, où le contrôle juridictionnel de l'Administration n'est basé que sur les principes de *natural justice* (typiques de la *common law*) en l'absence de paramètres constitutionnels directs pour ce type de contrôle[271].

42. En ce qui concerne *l'étendue et l'intensité* du contrôle juridictionnel de l'Administration, plusieurs modèles caractéristiques peuvent être identifiés. Tout d'abord, certains droits administratifs, tels que

---

[269] À ce sujet, voir S. MUÑOZ MACHADO (2015), *Tratado de Derecho Administrativo y Derecho Público General., t. II, Historia de las Instituciones Jurídico-administrativas*, Madrid, BOE, p. 181, § 456.

[270] S. GAGELER, « The constitutional dimension of judicial review », dans M. GROVES (2014), *Modern Administrative Law in Australia. Concepts and context*, New York, Cambridge University Press, pp. 165-179, spéc. p. 175.

[271] Dans la jurisprudence tanzanaise : *Mbeya-Rukwa Auto Parts & Transport Limited vs. Jestina George Mwakyoma*, Civil Appeal n° 45-2002. À propos de cette question, voir J. KATABARO (2014), *The Summation of Lectures on Administrative Law*, Tanzania, Saut-School of Law, p. 14.

le droit espagnol [art. 25 et 71 LJCA (loi sur la juridiction du contentieux administratif, 1998)], le droit allemand [§§ 40 et 113 *Verwaltungsgerichtsordnung* (loi sur la juridiction administrative)], 1960)[272], le droit des Pays-Bas[273] et - dans une moindre mesure - le droit français (art. 16 de la Constitution, 1958)[274] prévoient des contrôles juridictionnels *étendus* (peu de décisions en sont exclues) et *intenses* : une vérification aussi bien des faits que des questions de droit, avec des pouvoirs d'annulation et de rétablissement des situations juridiques.

42 *bis*. Au sein de l'*Union européenne*, nous assistons à un processus d'expansion du contrôle juridictionnel de l'Administration en tant que moyen de doter le droit de l'Union d'une efficacité réelle dans chaque État membre. Ce phénomène concerne surtout les règlements sectoriels innovants qui se heurtent à des pratiques administratives nationales contraires et profondément enracinées. À cet égard, par exemple, la conception restrictive traditionnelle de la qualité pour agir en Allemagne, fondée sur la théorie dite de la "*Schutznorm*", est affaiblie par la demande insistante de la Cour de justice de l'Union européenne en faveur *d'une efficacité maximale du droit de l'environnement de l'Union* (qui requiert une reconnaissance large de la qualité pour agir, même en l'absence de droits subjectifs individuels)[275].

43. Il existe également des droits - tels que les droits britannique, nord-américain ou canadien - qui prévoient des contrôles plus restreints. Ainsi, au Royaume-Uni, la jurisprudence considère que lorsqu'une décision administrative est protégée par la loi, il n'y a pas besoin d'un éventuel contrôle de "proportionnalité et d'équité" (*proportionality and justice*) par les tribunaux. Toutefois, cette jurisprudence trouve des exceptions importantes lorsqu'est appliqué le *Human Rights Act* (protection des droits de l'Homme)[276]. Dans le cas des États-Unis, c'est la loi elle-même qui détermine et limite l'étendue du contrôle juridictionnel[277], une situation qui peut s'expliquer à la fois par l'existence de contrôles internes adéquats, par le biais des *Administrative Law Judges* (*supra* § III.35), et par une certaine compréhension constitutionnelle de l'*équilibre institutionnel* impliquant que

---

[272] À ce sujet, voir KOPP et SCHENKE (2012: 122 et 1292).

[273] SEERDEN (2018: 430).

[274] STIRN (2008: 70).

[275] E. REHBINDER, « Einzelne als Anwälte der Natur vor deutschen Verwaltungsgerichten: Perspektiven in Michte des neueren Unionsrechts », *Zeitschrift für Europäisches Umwelt-und Planungsrecht*, 1 (2021), pp. 199-210.

[276] M. LEWANS (2018), *Administrative Law and Judicial Deference*, Oxford-Portland, Hart Publishing, pp. 86 et 135.

[277] R. J. PIERCE, Jr. (2013), *Administrative Law Treatise*, 5e éd., vol. II, Alphen aan den Rijn, Wolters Kluwer, p. 989. Au niveau fédéral : 5 U.S.C § 706 (2) (E) et (F) ; au niveau des États, avec l'exemple de la Caroline du Nord : N.C. GEN. STAT. § 150B-51 (c).

les questions politiques soient traitées par le Congrès et non par les juges[278]. Par ailleurs, l'auto-restriction progressive des tribunaux nord-américains au moment de juger les agences gouvernementales a été décrite comme une "abdication" du droit face à l'État administratif[279]. Cette qualification renvoie à une image emblématique de la *common law* selon laquelle l'État et le droit s'articulent autour de deux pièces institutionnelles : le Congrès et les juges. Dans ce schéma essentiellement binaire, l'Administration ne trouve pas aisément sa place, ni sur le plan institutionnel ni sur le plan juridique. Pour cette raison, l'idée d'"abdication" du droit ne peut être étendue aux pays dans lesquels le constitutionnalisme libéral, depuis le début du XIXe siècle, a défini un espace étatique et juridique propre à l'Administration (le pouvoir exécutif), délimité par rapport au pouvoir législatif et au pouvoir judiciaire. À partir de cette autre structure institutionnelle, les juges, depuis le début du XIXe siècle, non seulement n'ont pas limité leur rôle mais l'ont même accru de manière exponentielle au point d'aboutir à un contrôle juridique plénier de l'Administration.

44. En *droit canadien*, on distingue deux niveaux possibles d'intensité du contrôle juridictionnel : celui de *jurisdiction* et celui de *correctness*. Le contrôle de *jurisdiction* consiste à vérifier que l'organe administratif en question a agi dans les limites des pouvoirs qui lui sont conférés par un *statute* (loi) ou directement par les *prerogatives* de la *common law*. Il s'agit d'un contrôle externe. Il ne porte pas sur le contenu de la décision administrative elle-même mais sur l'existence d'un pouvoir ou d'une compétence pour l'adopter. Dans le cadre du second type de contrôle, celui de *correctness*, les juges peuvent contrôler la justesse de la décision administrative. Cependant, bien que la distinction entre contrôle de *jurisdiction* et contrôle de *correctness* soit claire en théorie, elle ne l'est pas autant en pratique. En effet, selon les tribunaux, un organe administratif manque de *jurisdiction* (incompétence), même s'il est formellement habilité par une loi, s'il agit de mauvaise foi, en violation des "*principles of natural justice or procedural fairness*" ou d'une manière "*patently unreasonable*". Par conséquent, à proprement parler, les vices graves dans le contenu d'une décision ne sont pas seulement une question de *correctness* mais également de *jurisdiction.* En tout état de cause, la distinction est utile. En effet, de même qu'il est admis qu'une loi sectorielle prive complètement les juges du contrôle de *correctness* (par exemple, pour attribuer ce contrôle à un organe gouvernemental indépendant), il n'est pas acceptable que l'éventuelle limitation par une loi du contrôle juridictionnel de l'Administration s'étende également au contrôle de *jurisdiction*[280].

---

[278] A. TANG (2018), « Rethinking Political Power in Judicial Review », *California Law Review*, vol. 106, n° 6, pp. 1755-1826 ; V. DI FALCO (2018), *Administrative Action and Procedures in Comparative Law*, The Hague, Eleven International Publishing, p. 8.

[279] A. VERMEULE (2016), *Law's Abnegation: From Law's Empire to the Administrative State*, Cambridge, Harvard University Press, 2016, p. 23 (traduction en espagnol de L. PAREJO ALFONSO, *La abdicación del Derecho,* Valencia, Tirant lo Blanch, 2018).

[280] D. J. MULLAN (2001), *Administrative Law*, Toronto, Irwin Law, p. 58.

45. Enfin, il existe également des droits, comme ceux de pays d'Extrême-Orient (au Japon, loi n° 139 du 16 mai 1962 *sur la procédure administrative contentieuse* ; en Chine, loi du 4 avril 1989 *sur les procédures administratives contentieuses*), qui conservent encore de larges pans d'immunité administrative ; soit pour des raisons juridiques, soit pour des raisons de pratique ou de culture judiciaire[281].

46. Les *formes procédurales concrètes* de contrôle juridictionnel sont, bien entendu, propres à chaque droit national. Cependant, elles sont moins diverses qu'il n'y paraît. En effet, les différents systèmes juridiques prévoient des actions procédurales qui correspondent aux différentes formes de leur activité administrative. Ainsi, les traditionnels *common law remedies* (*mandamus, prohibition* et *certiorari*) présentent une certaine similitude avec les actions ou recours pour carence, pour cessation ou pour annulation ; ou avec les *Leistungs - Unterlassungs - Anfechtungsklagen* allemandes[282]. Lorsqu'un système juridique ne prévoit pas l'une de ces formes procédurales de contrôle, il se produit de manière endogène (à travers la jurisprudence) un développement important de certains recours (notamment du recours en annulation).

12. Ouverture de l'Administration à l'environnement international ou supranational

46 *bis*. La dimension internationale des Administrations nationales n'est pas une nouveauté contemporaine. C'est surtout au cours du XXe siècle que les *traités* internationaux régissant le fonctionnement des Administrations nationales se sont multipliés ; de nombreuses *organisations* internationales auxquelles participent les Administrations nationales ont également été créées. Ce double phénomène d'internationalisation touche à la fois les Administrations publiques nationales et les droits administratifs qui les régissent. Sur la base de cette réalité, on peut parler aujourd'hui d'*Administrations publiques* diverses plus ou moins ouvertes sur l'extérieur. Les Administrations nationales de l'Union européenne le sont beaucoup. Elles sont directement régies par un droit administratif (européen) spécifique et agissent en réseaux denses ou dans des espaces de coopération (horizontale comme verticale) et de coordination. Il s'agit d'un phénomène connu sous le nom d'"union administrative européenne". D'autres pays, comme les États-Unis ou la Chine, ont internationalisé leur Administration publique respective, tant sur le plan quantitatif que qualitatif. Le lien direct

---

[281] OHNESORGE (2006: 116).

[282] Pour une comparaison des recours contentieux administratifs allemands et espagnols, voir A. HUERGO LORA (2000), *Las pretensiones de condena en el Contencioso-Administrativo*, Elcano, Aranzadi, pp. 62 et ss.

de l'Administration avec les normes internationales n'est cependant admis que dans une mesure limitée et ces Administrations nationales n'agissent pas de manière autonome dans la sphère internationale mais sous une direction et un contrôle politiques nationaux stricts. Ainsi, les *droits administratifs* peuvent être plus ou moins internationalisés. Il existe des droits administratifs internes très ouverts aux règles élaborées à l'extérieur et des droits administratifs plus hermétiques. En principe, les pays "monistes", dans lesquels le droit international ne s'applique qu'après approbation interne, sont plus imperméables au monde extérieur. Toutefois, cela peut n'être qu'une apparence lorsque la loi interne d'approbation ou de ratification prévoit elle-même l'application directe de normes édictées par une organisation internationale.

46 *ter*. Le degré élevé d'internationalisation des Administrations publiques de l'Union européenne permet aujourd'hui de parler de différents *espaces administratifs européens*. Il s'agit de plusieurs champs sectoriels dans lesquels il existe une interaction étroite et directe (sans la médiation des organes politiques étatiques) entre les divers organes administratifs nationaux et les institutions ou organes administratifs de l'Union européenne. Il n'existe pas de modèle unique d'espace administratif européen ; sa configuration concrète dépend de la matière concernée. Il existe des domaines administratifs caractérisés par une forte coopération horizontale et directe entre les Administrations nationales. La Commission européenne exerce alors une fonction de coordination modeste (cela est le cas dans le domaine du contrôle aux frontières). À d'autres occasions, un organe communautaire peut être doté d'une fonction directive forte (cela est le cas avec l'ACER dans le cadre du marché intérieur de l'énergie). Dans chaque espace administratif, les techniques organisationnelles, fonctionnelles et procédurales peuvent être combinées. Ainsi, il existe des espaces administratifs européens dans lesquels les Administrations nationales sont intégrées au sein d'*organes mixtes* qui jouent un rôle majeur dans le domaine concerné. Dans d'autres cas, l'intégration est fonctionnelle ou *procédurale*, dans le cadre de ce que l'on appelle les "procédures composites" *(composite procedures)*[283]. Ainsi, en matière de pratiques anti-concurrentielles, les différentes autorités nationales participent, par le biais de rapports ou d'avis, à la procédure administrative qui est initiée, traitée et résolue par un seul organe administratif national. Un problème commun à tous les espaces administratifs européens est l'application *des garanties de l'État de droit* à une réalité dans laquelle une action ou une décision administrative n'est pas imputable uniquement à un organe national ou européen mais à l'action coopérative ou coordonnée de plusieurs organes nationaux et européens. C'est le cas du droit des individus à être entendus dans le cadre des procédures administratives composites, du droit à une protection judiciaire effective, ou encore de la garantie de

[283] S. ALONSO DE LEÓN, *Composite Administrative Procedures in the European Union*, Iustel, Madrid, 2017, p. 149.

responsabilité patrimoniale pour dommages[284]. En matière de *protection judiciaire*, on peut noter que les réponses de la Cour de justice de l'Union européenne (CJUE) sont différentes en fonction de la spécificité normative de chaque domaine administratif sectoriel[285]. Ainsi, en ce qui concerne les aides financières de la Commission européenne devant faire l'objet d'un rapport favorable de l'Administration nationale, la Cour a considéré qu'un rapport défavorable de cette dernière, bien qu'il ne résolve pas en soi la procédure en question, doit pouvoir être jugé par les juridictions nationales (CJUE, 3 décembre 1992, affaire *Oleificio Borelli SpA*, c-97/91). En revanche, en matière de visas, il a été considéré que le contrôle juridictionnel ne devait porter que sur la décision administrative définitive qui clôt la procédure et non sur les éventuels rapports fournis dans le cadre de la procédure par d'autres organes administratifs nationaux (CJUE, 24 novembre 2020, *affaire Visas*, c-225/19 et c-226/19). En ce qui concerne la responsabilité patrimoniale, la jurisprudence du Tribunal de première instance de l'Union européenne semble préférer l'imputer à l'organe principal responsable du dommage, même si les organes administratifs d'autres pays, ou de l'Union européenne elle-même, ont joué un rôle secondaire dans ce résultat (Tribunal de première instance de l'Union européenne, 10 mars 2004, *Malagutti-Vezinhet SA*, affaire T-177/02).

III. CLASSEMENT TYPOLOGIQUE DE LA DIVERSITÉ : DROITS ADMINISTRATIFS DIRECTIFS *VERSUS* DROITS LÉGITIMATEURS

47. Au regard des indicateurs et critères d'analyse précédemment exposés, il a été possible de constater et d'étudier la diversité des droits administratifs. Après avoir relevé cette diversité, on peut affirmer, à titre de proposition d'explication typologique, que les différents droits administratifs nationaux manifestent chacun une *combinaison* spécifique et originale des différents éléments décrits. Sur la base d'une plus ou moins grande similitude quant à la combinaison des éléments caractéristiques décrits ci-dessus, il est possible de parler de différents *types empiriques* de droits administratifs.

48. Jusqu'à aujourd'hui, et sans que cela ait été vraiment questionné, la doctrine a affirmé l'existence de *deux types historiques* de droits administratifs : le français et l'anglo-saxon (principalement l'anglais)[286]. Selon cette proposition typologique, le droit administratif *français* serait caractérisé par une forte singularisation de l'Administration et de ses tâches,

---

[284] J. HOFMANN, « Rechtsschutz und Haftung im Europäischen Verwaltungsverbund », dans E. SCHMIDT-AßMANN et B. SCHÖNDORF-HAUBOLD, *Der Europäische Verwaltungsverbund*, Mohr Siebeck, Tübingen, 2005.

[285] L. ARROYO et M. ELIANTONIO, « Masks, Gloves, Exports Licences and Composite Procedures: Implementing Regulation 2020/402 and the Limelight of Accountability », *European Journal of Risk Regulation*, 2020, pp. 1-8.

[286] CASSESE (2014: 27) ; DI FALCO (2018: 3).

des traits autoritaires (telle la soumission des citoyens à l'Administration), une forte intégration organisationnelle de ses agents et une limitation du contrôle juridictionnel de l'Administration. Le droit administratif *anglo-saxon* serait quant à lui structurellement libéral et peu différencié du droit commun. Chaque État se trouverait plus ou moins proche de ces deux types historiques, français ou anglais. À ces deux types fondamentaux est parfois ajouté un troisième, le droit administratif *allemand*, caractérisé par la centralité de la Constitution dans l'ensemble du système juridico-administratif[287].

49. À mon avis, avec le temps, la capacité explicative de cette typologie historique s'est *érodée.* De nouveaux facteurs ont émergé et certains des éléments qui étaient à l'origine déterminants pour la distinction typologique entre le droit administratif français et le droit administratif anglo-saxon ont perdu de leur importance. Ainsi, la place prépondérante prise par la Constitution durant la seconde moitié du XXe siècle est devenue un élément distinctif fondamental de certains droits administratifs (comme les droits espagnol, allemand et italien) que l'on pourrait qualifier de "droits administratifs constitutionnalisés". Inclure ces droits dans le "type français" n'est pas incorrect mais cela est assurément insuffisant et peu explicatif. À l'heure actuelle, et suivant une perspective d'analyse universelle, on pourrait dire que les diverses combinaisons des différents éléments caractérisant le droit administratif - ceux décrits ci-dessus - donnent lieu à une grille typologique complexe. La caractéristique de celle-ci serait le caractère plus ou moins *directif* de chaque droit par rapport à l'Administration publique correspondante. Ce caractère plus ou moins directif serait identifiable à partir des indicateurs déterminants déjà mentionnés. Aux deux pôles extrêmes de cette grille typologique, figureraient deux *types idéaux* : le droit administratif "légitimateur" et le droit administratif "directif". Ces deux types "idéaux" n'existent pas dans la réalité puisqu'il s'agit de simples abstractions logiques ; toutefois, ils servent à qualifier les différents types empiriques en fonction de leur plus ou moins grande proximité avec l'"idéal".

1. Droit administratif légitimateur

50. Le droit administratif légitimateur met l'accent sur l'autonomie ou l'indépendance de l'Administration par rapport au droit. Dans ce cas, le droit administratif aurait une fonction d'autorisation, d'encadrement et d'orientation de l'activité administrative mais ne comporterait pas de direction précise de cette activité. Le droit administratif se concentrerait sur les procédures administratives et sur les garanties des individus vis-à-vis de

---

[287] FROMONT (2010: 551 § 2).

l'Administration plutôt que sur le contenu des décisions. Cette orientation légitimatrice du droit administratif est en interaction étroite avec ce que l'on appelle le *managérialisme* : le droit administratif simplement légitimateur ou habilitant est peu rigide et a facilité le développement contemporain du managérialisme (y compris son expression la plus connue, le *New Public Management*). Inversement, la pratique et la culture managériales favorisent une réduction du contenu directif du droit administratif[288] en supprimant les règles restrictives, en relâchant l'intensité programmatique de la loi et des règlements et en optant pour des objectifs de résultats ainsi que des règles organisationnelles et procédurales visant à atteindre ces résultats. Dans ce type idéal de droit administratif, la *Constitution* comme les lois contiennent peu de déterminations concrètes sur l'activité administrative : elles offrent un *matériel pondérable* pour former une Administration qui se configure tendanciellement. Les lois *ne définissent pas* complètement l'activité administrative, laissant une marge considérable à la réglementation gouvernementale, aux règles administratives ou même au choix discrétionnaire de l'Administration pour des cas concrets. Par ailleurs, le droit administratif *légitimateur* laisse une large place à l'application du *droit privé* qui n'impose normalement pas de choix concrets (politiques publiques) à l'Administration mais offre des instruments ou outils juridiques pour rendre possibles ces politiques publiques.

50 *bis*. Néanmoins, le fait qu'il existe peu de direction normative de l'action administrative n'implique pas qu'il y ait une grande liberté d'action de l'Administration dans tous les cas. Comme on l'a déjà noté, aux États-Unis, le fait qu'une loi du Congrès accorde à une agence administrative une grande latitude de choix est compatible avec l'exigence - directement dérivée du *rule of law* - que l'agence se dote de *standards abstraits et généraux* (adoptés préalablement par l'agence elle-même) qui sont ensuite appliqués à des cas concrets[289].

51. D'un point de vue organisationnel, le droit administratif légitimateur correspond à une Administration tendanciellement *décentralisée*, avec des entités plus ou moins indépendantes disposant d'une large autonomie d'action et de décision. Nombre de ces entités disposent de leur propre légitimité démocratique directe. En outre, il existe une certaine rupture entre le Gouvernement et l'Administration (ce qui assure une marge propre de choix à l'Administration). Les autorités administratives disposent de *pouvoirs d'intervention* étendus (autorités ou prérogatives) sans avoir besoin d'une autorisation juridictionnelle (ou d'une autorisation juridique *ad casum*). L'Administration est composée de fonctionnaires et de

---

[288] J. PRATS (2005), *De la burocracia al management, y del management a la burocracia*, Madrid, INAP, p. 127.
[289] SUNSTEIN (2014: 49).

personnel contractuel (ce dernier groupe étant quantitativement important). Les fonctionnaires, en nombre limité, exercent des fonctions directives, d'autorité et d'application encadrées par des règles tandis qu'un plus grand nombre d'employés (contractuels) exécutent les politiques publiques déterminées par l'Administration (tâches techniques, bureaucratiques, matérielles et de prestation).

52. Enfin, dans le cadre d'un droit administratif légitimateur, le *contrôle juridique* de l'Administration est principalement interne (par le biais d'organes hiérarchiques ou spécialisés) et complété par un contrôle juridictionnel limité (soit en termes de types d'activités pouvant être contrôlées, soit en termes de portée du contrôle réalisé).

2. Droit administratif directif

53. À l'autre extrémité de la grille typologique envisagée se trouve le droit administratif *directif* dans le cadre duquel l'Administration est essentiellement un exécutant de normes. Ce droit administratif ne se limite pas à encadrer les procédures et l'organisation administratives mais *prévoit* de manière détaillée les décisions de l'Administration, généralement au moyen de règles strictes[290]. Il s'agit d'un droit administratif *dense et étendu* qui laisse peu d'espace effectif à l'application du droit privé. La densité normative commence souvent par la Constitution dont le droit administratif est une manifestation concrète. L'organisation administrative est généralement *centralisée et hiérarchisée* mais non nécessairement concentrée. Ainsi, de nombreux règlements et instructions administratives, émanant d'organes supérieurs, sont destinés à des organes administratifs inférieurs. Les *pouvoirs d'intervention administrative* sur les citoyens (autorités ou prérogatives) ne sont pas génériques mais attribués de manière précise et spécifique par la loi. De plus, dans ce type idéal d'Administration, le régime d'emploi public est fondamentalement celui de la fonction publique en tant qu'expression du principe fondamental d'objectivité et de neutralité administratives quant à l'application du droit. Les *contrôles juridiques* sont étendus et poussés (pour assurer le respect effectif des lois nombreuses et détaillées). Le pouvoir judiciaire joue un rôle prépondérant (compte tenu d'un contrôle interne limité).

---

[290] RODRÍGUEZ DE SANTIAGO (2016: 26).

CHAPITRE IV

STRUCTURE INTERNE DES DROITS ADMINISTRATIFS : ENTRE NORMES ET THÉORIES

1. En employant l'expression "droit administratif", nous désignons deux phénomènes différents bien que complémentaires. Nous nous référons simultanément à un *ensemble normatif* (donc à une réalité sociale) et aux *énoncés théoriques* ou explicatifs de cette réalité. Il s'agit de deux phénomènes étroitement liés, parce que le phénomène normatif ne peut être correctement appréhendé qu'à travers sa théorisation progressive (durant deux siècles). Des concepts comme ceux de "pouvoir", "service public" ou "discrétionnarité" ne sont pas de simples abstractions basées sur un matériau empirico-normatif ; ce sont des concepts dogmatiques avec une finalité heuristique[291] qui mettent en évidence et encouragent la généralisation de certains attributs considérés comme propres et caractéristiques du droit administratif mais aussi qui facilitent l'application des normes[292]. À l'inverse, les normes positives (et leur application par les juges et les tribunaux) conditionnent et délimitent la théorisation du droit administratif. En d'autres termes, le droit administratif répond toujours à un *substrat empirico-normatif* qu'aucune théorisation ne peut dépasser. Il s'agit de certains traits normatifs réels et caractéristiques de l'Administration publique tels que l'autonomie organisationnelle interne, le régime de la fonction publique, ou encore la sujétion à la loi parlementaire qui ont permis la théorisation du droit administratif. Ces traits normatifs - associés à d'autres - marquent les limites de tout énoncé théorique qui prétend expliquer (et en même temps configurer) la réalité empirique que nous appelons le droit administratif. Ce lien étroit entre la réalité normative et son élaboration théorique est particulièrement utile pour définir les limites opérationnelles du droit comparé, lorsqu'il cherche à transposer des énoncés théoriques d'un droit administratif à l'autre (*infra* §§ VI.22 et 27). Dans la mesure où les énoncés théoriques ou explicatifs d'un droit administratif national ont été élaborés dans un contexte normatif spécifique, celui d'un pays donné, leur

---

291 DÍEZ SASTRE (2015: 128).

292 A. VOSSKUHLE (2012), « Was leistet Rechtsdogmatik? Zusammenführung und Ausblick in 12 Thesen », dans G. KIRCHHOF, S. MAGEN et K. SCHNEIDER (dir.), *Was weiß Dogmatik? Was leistet und wie steuert die Dogmatik des Öffentlichen Rechts?,* Tübingen, Mohr Siebeck, pp. 111-116, spéc. p. 112 ; E. SCHMIDT-AßMANN (2013), *Verwaltungsrechtliche Dogmatik,* Tübingen, Mohr Siebeck, p. 7.

transfert et leur réception dans un autre pays doivent nécessairement être limités et prudents en raison du risque de les superposer à une réalité normative différente[293].

2. Le droit administratif *positif*, c'est-à-dire l'ensemble des normes de conduite qui régissent l'activité de l'Administration et sa relation avec les particuliers, se forme à travers le système ordinaire des sources juridiques de chaque État. Comme tout droit, le droit administratif est également appliqué à des époques et dans des situations politiques et sociales différentes de celles qui ont justifié son adoption. Pour cette raison, tout droit administratif présente des *incohérences* axiologiques, techniques et politiques. En effet, un ordre juridique valide comporte et accumule des normes ayant diverses significations. Ce n'est que récemment que se développent les "*sunset clauses*" qui établissent des limites temporelles à la validité des normes (facilitant ainsi la transformation du droit au rythme des changements politiques et sociaux). Les incohérences internes propres à tout ordre juridique positif sont toutefois atténuées par le biais de la jurisprudence ou de la théorie du droit. Intéressons-nous à présent aux énoncés théoriques du droit administratif.

3. Les énoncés théoriques ne se limitent pas à expliquer la réalité positive. Ils présentent aussi une valeur heuristique ou dogmatique considérable : ils sont prescriptifs. En ce sens, nous parlons de "doctrine" du droit administratif pour indiquer une participation académique non seulement à l'explication scientifique mais aussi à la construction même de ce droit[294]. D'un point de vue temporel, la systématisation, l'élaboration abstraite ou la *théorisation* du droit administratif étaient en retard sur les règles positives de l'Administration publique. Les premiers écrits ou ouvrages sur le droit administratif, autres que ceux relatifs au droit public et à la science de la police, sont apparus à partir de la deuxième décennie du XIXe siècle[295]. Dans une large mesure, ces premières élaborations

[293] F. VELASCO CABALLERO (2015), « Die Rezeption des deutschen Verwaltungsrechts in der spanischen Rechtsordnung: Zugleich eine theoretische Darstellung der Gründe, Etappen und Probleme des unidirektionalen Rechtsvergleichs», *Die Verwaltung: Zeitschrift für Verwaltungsrecht und Verwaltungswissenschaften*, vol. 48, n° 3, pp. 383-404.

[294] P. CHRÉTIEN (2011), « La science du droit administratif », dans P. GONOD, F. MELLERAY et P. YOLKA, *Traité de droit administratif*, t. I, Paris, Dalloz, pp. 59-100, spéc. p. 67.

[295] J. A. SANTAMARÍA PASTOR (2013), « La ciencia del Derecho administrativo en España: una perspectiva histórica », dans A. VON BOGDANDY et O. MIR PUIGPELAT, *El Derecho administrativo en el espacio jurídico europeo*, Valencia, Tirant lo Blanch, pp. 339-383, spéc. p. 341. Sur l'Espagne, voir M. ORTIZ DE ZÚÑIGA (1842), *Elementos de Derecho administrativo*, Granada, Imp. y Librería de Sanz. En Allemagne, le passage de la *Polizeiwissenschaft* à la *Verwaltungsrechtswissenschaft* a été décrit par R. VON MOHL en 1840, voir à ce sujet M. STOLLEIS (1992), *Geschichte des öffentlichen Rechts In Deutschland*, t. 2, München, C. H. Beck, p. 258. En France, la référence en la matière est MACAREL, voir A. GALLEGO ANABITARTE (2002), *Formación y Enseñanza del Derecho Público en España (1769-2000)*, Madrid-Barcelona, Marcial Pons, pp. 49 et 152.

conceptuelles ont transposé la science administrative du caméralisme et des Lumières (typique de la fin de l'Ancien Régime) à la réalité politico-constitutionnelle du libéralisme (qui a apporté le concept de pouvoir exécutif)[296]. La singularisation conceptuelle du droit administratif s'est faite à travers l'adaptation de ce qui avait été la catégorie théorique propre à l'Ancien Régime : le *droit public*[297]. En ce sens, la conceptualisation du droit administratif s'est réalisée aux dépens ou par déplacement de l'ancien droit public. Ce dernier a perdu ses contenus "administratifs" et s'est concentré sur la représentation nationale et les éléments constitutionnels du pouvoir exécutif. Progressivement, l'expression même de "droit public" est tombée en désuétude et a souvent été remplacée par celle de *droit politique* : "l'ensemble des lois qui règlent les rapports entre gouvernants et gouvernés : la même chose que le droit constitutionnel et le droit public"[298]. Le droit public actuel accorde trop d'importance au "politique" par rapport à ce qui est strictement administratif. Pour cette raison, la réorientation théorique du droit public a favorisé la formation d'une autre catégorie juridique parallèle, celle du droit administratif.

4. Une analyse contemporaine et comparative montre que le degré d'*élaboration théorique* des différents droits administratifs est très variable. Ainsi, certains droits administratifs - comme le droit administratif anglais - sont caractérisés par une faible élaboration théorique[299] : l'attention est portée sur les normes et la jurisprudence ; l'activité académique est accessoire, qu'il s'agisse de les expliquer ou de les commenter[300]. D'autres droits administratifs (comme les droits administratifs allemand, espagnol ou italien) sont caractérisés par un très haut niveau d'élaboration théorique qui marque le passage à un droit administratif positif et à la pratique d'un contrôle juridictionnel. Par ailleurs, les approches théoriques ou universitaires de chaque droit administratif sont également diverses. En

---

296 SANTAMARÍA PASTOR (2013: 359).

297 A. GALLEGO ANABITARTE (1983), « Las asignaturas de Derecho político y Derecho administrativo: el destino del Derecho público español », *Revista de Administración Pública*, vol. 100, n° 102, pp. 724 et ss., spéc. pp. 724-725 ; E. PICARD (2009), « The Public-Private Divide in French Law Through the History and Destiny of French Administrative Law », dans M. RUFFERT, *The Public-Private Law Divide: Potential for Transformation*, London, British Institute of International and Comparative Law, pp. 17-84, spéc. p. 26 ; VELASCO CABALLERO (2014: 53).

298 J. ESCRICHE (1838), *Diccionario razonado de legislación y jurisprudencia*, 2e éd., t. I, Madrid, Imprenta del Colegio Nacional de Sordo-Mudos, voz « Derecho político ».

299 Sur la question, voir D. OLIVER (2009), « What, If Any, Public-Private Divides Exists in English Law », dans M. RUFFERT (dir.), *The Public-Private Law Divide: Potential for Transformation?*, London, British Institute of International and Comparative Law, pp. 1-16, spéc. p. 2.

300 En France, s'agissant de la doctrine du Conseil d'État (et sa fonction de "frein" à l'élaboration théorique), voir E. PICARD (2009: 33 et ss.) et P. CHRÉTIEN (2011: 63).

résumé, dans les différents droits administratifs nationaux cohabitent des orientations théoriques éminemment *systématiques* et d'autres *analytiques*.

5. Les approches *systématiques*, prédominantes depuis le début du XXe siècle, articulent le droit administratif autour de concepts (système externe), de principes (système interne) et de types empiriques ou idéaux[301]. Les systèmes conceptuels, tels que ceux qui ont prédominé en Europe continentale jusqu'au constitutionnalisme de l'après-Seconde Guerre mondiale, apportent de la cohérence et de l'intelligibilité à un droit donné[302] mais en réduisant sa flexibilité et sa capacité d'adaptation. En effet, les structures systématiques présentent une résistance implicite aux changements normatifs.

6. C'est le cas, par exemple, de la distinction conceptuelle binaire entre service public et initiative économique publique fondée sur l'existence ou non d'un monopole ou réserve d'activité au profit d'une Administration publique. Cette distinction, qui pouvait initialement être explicative d'un certain droit positif, rend aujourd'hui difficile l'établissement et la normalisation d'une nouvelle réglementation positive (issue de l'Union européenne) dans laquelle le service public n'est pas défini par le monopole ou l'exclusion des tiers mais par la mise à l'écart plus ou moins importante du droit général de la concurrence[303].

7. Les *systèmes privilégiant les principes* ont optimisé le lien entre les normes constitutionnelles (qui sont normalement supérieures) et le droit administratif ordinaire mais ils ont également contribué à relativiser le contenu réel des lois administratives en raison de la volonté de les considérer comme la simple concrétisation de principes constitutionnels antérieurs. Les rigueurs méthodologiques des systèmes conceptuels et de principes ont cédé la place à une plus grande extension des *systèmes typologiques*, moins exigeants sur le plan de l'abstraction. De fait, la plupart des contributions systématiques contemporaines prennent la forme de "types" ; soit empiriques, soit idéaux.

8. Parmi les orientations théoriques *analytiques*, se démarquent aujourd'hui l'analyse économique, l'analyse politique et l'analyse psychologique du droit administratif. Ces approches sont toutes compatibles et interactives comme le montre l'orientation théorique du *public choice*. Cependant, les combinaisons possibles de ces différentes orientations théoriques varient considérablement d'un pays à l'autre.

---

301 Sur les orientations systématiques, voir : LARENZ (1991: 437 et ss.) ; P. HILBERT (2015), *Systemdenken in Verwaltungsrechtswissenschaft*, Tübingen, Mohr Siebeck, p. 48 ; S. DÍEZ SASTRE (2018), *La formación de conceptos en el Derecho público*, Madrid-Barcelona-Buenos Aires-São Paulo, Marcial Pons, pp. 80, 118 et 125.

302 P. CHRÉTIEN (2011: 71).

303 Voir, par exemple, J. ORTEGA BERNARDO (2017), « Servicios públicos e iniciativa económica -local », dans F. VELASCO CABALLERO (dir.), *Derecho económico local*, Madrid, Marcial Pons, pp. 73-104, spéc. p. 85.

9. L'*analyse économique* du droit administratif porte son attention sur l'efficacité relative des normes existantes ou possibles au regard de leurs alternatives (y compris celle de choisir de ne pas réguler)[304]. D'un point de vue méthodologique, l'analyse économique a introduit l'utilisation d'outils de quantification et de mathématisation de la réalité sur laquelle le droit agit, précisément pour pouvoir comparer les meilleurs ou les pires résultats des différentes normes, qu'elles soient réelles ou potentielles. Suivant une perspective prescriptive, l'analyse économique du droit administratif est à la fois propositionnelle (elle suggère que le législateur devrait adopter les normes les plus efficaces) et applicative (elle suggère des interprétations et des applications d'un droit donné de la manière la plus efficace possible, par exemple lorsqu'il existe des marges de discrétion qui ne sont pas remplies par une règle de droit). La limite de ce choix analytique réside dans son incapacité à imposer directement un simple critère de rationalité économique en tant que norme juridique impérative. En d'autres termes, l'analyse économique peut donner un contenu réel aux mandats constitutionnels ou législatifs d'efficacité (comme l'article 31 de la Constitution espagnole) mais cela n'a pas en soi un caractère juridique[305].

10. Le droit administratif qui est apparu en Europe continentale au début du XIXe siècle est étroitement lié à la pensée politique et donc à la *science politique*. Ce n'est qu'au début du XXe siècle que la prétention scientifique du droit administratif a réussi à élaborer une analyse réellement théorique et politiquement neutre, à l'instar de ce qui avait été déjà réalisé en droit civil. L'élaboration scientifique du droit administratif, qui dans ses premières réalisations n'était que l'induction logique de concepts juridiques à partir des normes et de la culture juridique de chaque pays[306], s'est accompagnée d'une certaine *déconnexion* à l'égard de la pensée politique[307]. Cependant, cette analyse juridiquement pure - généralement exprimée dans des systèmes conceptuels - n'a pas complètement pris racine dans tous les pays. Dans les pays anglo-saxons, le lien entre le droit administratif et la politique s'est maintenu sans heurts[308]. Par ailleurs, lorsque le droit administratif, d'abord discret, a étendu ses frontières, il n'a pas renoncé à la

---

[304] S. ROSE-ACKERMAN (1988), « Progressive Law and Economics and New Administrative Law », *Yale Journal*, vol. 98, n° 2, pp. 341-368, reproduit dans S. ROSE-ACKERMAN (2007), *Economics of Administrative Law*, Cheltenham, E. Edgar Publishing, pp. 396-422 ; G. DOMÉNECH PASCUAL (2014), «Por qué y cómo hacer análisis económico del Derecho », *Revista de Administración Pública*, n° 195, pp. 99-133, spéc. p. 104 ; G. DOMÉNECH PASCUAL (2019), « Sobre el poder explicativo del análisis económico del Derecho », *Indret: Revista para el Análisis del Derecho*, vol. 2, pp. 2-39.

[305] MEDINA (2016: 242).

[306] K. KORMANN (1910: 4) ; R. FERNÁNDEZ DE VELASCO (1929), *El acto administrativo*, Madrid, Biblioteca de la « Revista de Derecho Privado », p. 59. Sur la question à l'heure actuelle, voir S. DÍEZ SASTRE (2018: 87).

[307] GASCÓN Y MARÍN (1941: 71).

[308] GRUNDSTEIN (2010: 551).

science politique en tant qu'instrument d'explication[309]. En raison de l'influence anglo-saxonne, même les droits administratifs avec une orientation théorique systématique sont devenus perméables à la science politique[310] ; ce, non seulement en ce qui concerne la théorie politique - qui s'est toujours intéressée au pouvoir et à ses formes - mais aussi l'*analyse des politiques publiques*. Dans la mesure où chaque règle de droit administratif exprime une politique publique spécifique, l'analyse du droit administratif se fait également au moyen des instruments analytiques propres à la science des politiques publiques. De cette manière, les études des acteurs et des processus politiques, du fondement empirique, ou encore du résultat évalué de chaque politique publique deviennent des instruments d'analyse du droit administratif[311]. La connaissance scientifique d'une politique publique spécifique permet de donner un contenu et une cohérence aux règles administratives à travers lesquelles elle s'exprime.

11. Comme on l'a déjà relevé, chaque droit administratif intègre, dans une plus ou moins large mesure, à la fois des énoncés prescriptifs (les normes et les critères de leur application) et des énoncés explicatifs ou théoriques (systématiques ou analytiques) sur ces règles. Dans la formation de ces deux éléments présents dans tout droit administratif - les règles et leur élaboration théorique - convergent des sources endogènes et exogènes. La référence aux *sources exogènes* repose sur la reconnaissance empirique du fait que les droits administratifs nationaux sont des réalités qui coexistent continuellement et s'influencent mutuellement[312]. C'est ce que nous dénommons "droit comparé horizontal"[313] : un droit administratif est interrogé afin d'en tirer des solutions ou des explications pour un autre

---

309 J. AGUDO (2014), « El método en el "Administrative Law" inglés: entre el discurso jurídico y el discurso político », *Revista Española de Derecho Administrativo*, n° 165, pp. 411-454.

310 A. CERRILLO I MARTÍNEZ (2015), « Sobre la interdisciplinariedad en el derecho administrativo. Las utilidades de la ciencia política y de la administración para el derecho administrativo », *Revista Española de Derecho Administrativo*, n° 168, pp. 39-66.

311 Sur cette approche analytique, voir M. BOMMES (2009), « Die Rolle der Kommunen in der bundesdeutschen Migrations – und Integrationspolitik », dans F. GESEMANN et R. ROTH (dir.), *Lokale Integrationspolitik in der Einwanderungsgesellschaft: Migration und Integration als Herausforderung von Kommunen,* Wiesbaden, VS, pp. 89 et ss. et sur le sujet en Espagne, voir, por ejemplo, J. PONCE SOLÉ (2007), *Segregación escolar e inmigración. Contra los guetos escolares: Derecho y políticas públicas urbanas*, Madrid, CEPC, p. 32.

312 CASSESE (2014: 30) ; J. ESTEVE PARDO (2010), « La recepción en la Europa continental del Derecho de la regulación de la economía », *Revista de Administración Pública,* n° 183, pp. 295-307, spéc. p. 295 ; E. SCHMIDT-AßMANN (2013), *Verwaltungsrechtliche Dogmatik: Eine Zwischenbilanz zu Entwicklung, Reform und künftigen Aufgaben*, Tübingen, Mohr Siebeck, p. 26.

313 F. VELASCO CABALLERO (2015a), « Die Rezeption des deutschen Verwaltungsrechts in der spanischen Rechtsordnung. Zugleich eine theorethische Darstellung der Gründe, Etappen und Probleme des unidirektionellen Rechtsvergleichs», *Die Verwaltung*, vol. 48, n° 3, pp. 383-404, spéc. p. 385.

(*infra* § VI.16). Sous le couvert esthétique de la philanthropie, qui accompagne traditionnellement le droit comparé[314], la réalité mondiale est plus terre à terre : certains droits administratifs se laissent influencer par d'autres (ceux qui sont généralement considérés comme plus précis ou plus élaborés). C'est assurément le cas des droits administratifs espagnol[315], italien, latino-américains et asiatiques. En revanche, d'autres droits administratifs sont proprement *endogènes*, presque imperméables à ce qui vient d'ailleurs. À cet égard, le contraste entre l'utilité méthodologique de la comparaison proclamée par le droit administratif allemand contemporain[316] et la quasi-absence de références à des droits étrangers dans la formation de celui-ci est significatif.

12. Jusqu'à présent, nous avons parlé des énoncés théoriques propres à chaque droit administratif. Presque inévitablement, l'existence effective de théories juridico-administratives soulève la question du caractère *scientifique* du droit en général et du droit administratif en particulier. Tout dépend, bien sûr, de ce que l'on entend par science et de la raison d'être du concept même de science. Bien que les conventions en la matière soient rares, il existe un certain consensus quant à la double fonction explicative et prédictive de la connaissance scientifique, même si ces deux fonctions ne sont pas - ou pas également - présentes dans toutes les disciplines scientifiques. Par exemple, contrairement à la physique, qui est à la fois explicative et prédictive, la paléontologie n'est qu'explicative (elle nous dit comment nous en sommes arrivés là), elle n'est pas prédictive. Suivant cette hypothèse, on peut affirmer que tous les énoncés logiques sur le droit ne sont pas tous scientifiques (ni explicatifs ni prédictifs) ainsi que la dimension scientifique du droit est normalement explicative et plus difficilement prédictive. Voyons cela de plus près.

12 *bis*. Tout d'abord, il existe en droit des énoncés totalement non-scientifiques. En effet, certains énoncés *prescriptifs* (des "devoir être") et énoncés ou propositions purement *techniques* n'expliquent pas la réalité juridique mais identifient et suggèrent des manières appropriées de traiter

---

[314] S. GONZÁLEZ-VARAS IBÁÑEZ (1998), « El Derecho comparado », *Revista Vasca de Administración Pública*, n° 50, pp. 129-173.

[315] A. GALLEGO ANABITARTE (1999), « La influencia extranjera en el Derecho Administrativo español desde 1950 a hoy », *Revista de Administración Pública*, n° 150, pp. 75-114, spéc. p. 75. M. BACIGALUPO SAGGESE et F. VELASCO CABALLERO (2003), « Wirkungen der deutschen Verwaltungsrechtslehre nach Aussen – Am Beispiel Spaniens », *Die Verwaltung*, vol. 3, pp. 333-359. Plus récemment, voir O. MIR PUIGPELAT (2013), « El Derecho administrativo actual en el actual espacio jurídico europeo », dans A. VON BOGDANDY et O. MIR PUIGPELAT, *El Derecho administrativo en el espacio jurídico europeo*, Valencia, Tirant lo Blanch, p. 97.

[316] E. SCHMIDT-AßMANN (2006), « Verwaltung-Recht-Verfassung », dans W. HOFMANN-RIEM, E. SCHMIDT-AßMANN et A. VOSSKHULE, *Grundlagen des Verwaltungsrechts*, vol. I, München, C. H. Beck, pp. 241-306, spéc. p. 244.

des réalités sociales déterminées. Par exemple, le contrôle des marchés par des autorités administratives indépendantes est une technique administrative de contrôle qui peut être identifiée (et analysée) dans différents ordres juridiques. Une grande partie de la culture juridico-administrative n'est pas à proprement parler scientifique mais prescriptive ou technique (*ars*, *technê*). Cependant, outre des énoncés prescriptifs et techniques, le droit administratif comprend également des énoncés *explicatifs* sous la forme de théories qui proposent des concepts ou des systèmes. Autrement dit, dans la mesure où la réalité juridique complexe peut être mieux expliquée et comprise à travers de tels concepts et systèmes logiques, la connaissance juridique comporte une fonction explicative propre à la science[317].

13. Enfin, même certains énoncés théorico-juridiques peuvent avoir une valeur *prédictive*. Comme l'analyse empirique du droit qui se développe actuellement le suggère, il est possible de formuler des prédictions sur les effets sociaux réels d'un choix normatif spécifique. Par exemple, il se peut que, dans certains contextes, le remplacement des contrôles administratifs *ex ante* par des contrôles *ex post* encourage l'activité entrepreneuriale ; ou qu'une certaine réglementation des usages en matière de planification urbaine génère plus ou moins d'intégration sociale dans les villes. En d'autres termes, on peut également formuler des énoncés prédictifs quant aux effets prévisibles d'une forme normative déterminée sur la réalité. Il est évident que ces énoncés prédictifs peuvent être erronés ; cependant, ce constat n'est pas dû au fait que la prédiction des effets n'est pas possible en droit mais au fait que - comme c'est le cas pour toutes les sciences sociales - de nombreuses *variables* conditionnent la véracité d'un énoncé juridique. Par conséquent, les énoncés prédictifs ne peuvent être formulés que pour des contextes très limités (lorsque le nombre de variables influentes est contrôlable). On peut affirmer, par exemple, que le zonage urbain (la distinction juridique des usages résidentiels, industriels et commerciaux dans la ville) entraîne des conséquences climatiques négatives (en raison du nombre élevé de transports motorisés qui en résulte) mais cette prédiction n'est utile que pour des contextes empiriques déterminés (faible densité de construction, niveaux de revenus particuliers, etc.). Si l'on y réfléchit bien, cet énoncé n'est pas fondamentalement différent de celui qui prédit que la concentration des émissions de monoxyde de carbone au-dessus de X produit un réchauffement localisé et directement proportionnel Y dans l'atmosphère. La différence ne réside pas dans l'énoncé mais dans les variables indépendantes qu'il intègre. En fin de compte, ce qui est vraiment décisif pour un énoncé prédictif est l'étendue de son objet. La mécanique vectorielle de Newton est certainement prédictive mais pas pour toutes les vitesses des corps. Nous savons aujourd'hui que lorsque l'on se rapproche de

---

[317] NIETO (2002: 11).

la vitesse de la lumière, la mécanique vectorielle est partiellement erronée (donc sa capacité de prédiction échoue). Ainsi, la mécanique vectorielle est valable pour ce qu'elle est valable, et elle n'est pas valable en dehors de l'objet qu'elle explique. On pourrait dire la même chose des énoncés juridiques prédictifs : ils sont valables pour certains contextes stables (et ils ne sont pas valables, ils ne prédisent rien, lorsque les éléments qui définissent ces contextes changent). C'est peut-être pour cette raison, et compte tenu du nombre de variables en jeu dans la conduite humaine, que les énoncés juridiques prédictifs sont si peu nombreux, si difficiles, si changeants et si limités[318].

---

[318] Plus généralement, pour toutes les « sciences molles ». À ce sujet, voir ARSUAGA (2019: 544, note 24).

CHAPITRE V

IDÉES ORDONNATRICES

1. Chaque droit administratif, dans la mesure où il régit l'organisation et l'activité de l'Administration publique concernée, peut être très étendu, complexe et divers. Une administration publique peut être très complexe sur le plan organisationnel et tendanciellement universelle quant à ses fonctions de régulation sociale. Cette complexité et cette diversité expliquent l'utilité des *idées ordonnatrices* qui, d'une part, rationalisent et facilitent la compréhension du droit positif (fonction épistémologique) et, d'autre part, offrent des critères pour l'application de ce droit (fonction dogmatique). Les idées ordonnatrices sont plus importantes et utiles dans les ordres juridiques (tels que les ordres juridiques européens) où plusieurs sources de production normative se superposent, de sorte que le droit positif ne naît pas déjà ordonné ou systématisé mais requiert une dogmatique pour atteindre une rationalité et une cohérence internes[319]. Les idées ordonnatrices auxquelles je me réfère sont d'abord des propositions théoriques. Cependant, elles sont fréquemment reprises dans le droit positif et la jurisprudence.

2. Ce que l'on appelle ici "idées ordonnatrices" correspond en droit à ce que l'on dénomme en *psychologie sociale* schémas ou stéréotypes cognitifs. Comme l'explique la psychologie sociale, la cognition humaine ne peut englober toute la diversité de la réalité. Par conséquent, l'esprit humain perçoit la réalité à travers des catégories mentales préalablement apprises et partagées dans chaque environnement social. En d'autres termes, on apprend d'abord une série de catégories sociales, puis les données de la réalité se comprennent à travers ces catégories. Cela conduit, dit-on en psychologie sociale, à une cognition humaine très rapide (parce qu'elle donne beaucoup de sens aux nouvelles données par le biais de catégories mentales antérieures) mais souvent erronée, parce que le sens de chaque donnée ne résulte pas d'elle-même mais de la catégorie dans laquelle elle est ordonnée ou subsumée[320]. Tout ceci a une incidence directe sur les "idées ordonnatrices" du droit administratif. Ces idées, telles que la distinction entre police et service public ainsi qu'entre activité interne et externe de l'Administration, ou la différenciation entre administrations corporatistes et instrumentales, sont des abstractions élaborées à partir de la réalité. Mais une fois apprises, elles s'imposent à la

---

[319] SCHMIDT-AßMANN (2013: 5).
[320] BLANCO, HORCAJO et SÁNCHEZ (2018: 38).

cognition du juriste, elles la guident ou la commandent. Ainsi, par exemple, un simple ordre d'une autorité administrative à un employé est vite compris non seulement comme tel mais aussi comme un cas d'action administrative *ad intra* ; c'est à travers cette catégorie abstraite qu'il prend tout son sens et sa pertinence juridique. D'où l'importance d'identifier les "idées ordonnatrices" présentes dans tout droit administratif ; ce sont avec elles que se forme le juriste et elles lui permettent de donner un sens aux données normatives.

3. Dans un même droit administratif, il existe plusieurs idées ordonnatrices étant donné que la valeur de ces idées ne réside pas dans leur exclusivité logique mais dans leur capacité explicative. Une même idée ordonnatrice peut être exclusive à un droit national ou commune à plusieurs droits (en général avec des adaptations). Les idées ordonnatrices donnent souvent naissance à des systèmes conceptuels ou de principes, ou bien à des typologies plus ou moins fermées. Nous présentons à présent quelques idées ordonnatrices qui ont jusqu'à maintenant démontré leur pouvoir explicatif pour divers ordres administratifs.

I. PARTIE GÉNÉRALE *VERSUS* PARTIE SPÉCIALE

4. Traditionnellement, le droit administratif est décrit et organisé suivant deux parties ou composantes : une partie générale et une partie spéciale[321]. Cependant, bien que cette distinction soit présente dans de nombreux droits nationaux, sa pertinence et sa signification sont très diverses. Tout d'abord, cette différenciation est manifestement plus pertinente dans les pays disposant de lois ou de *codes* généraux relatifs à l'Administration[322] (comme l'Espagne, l'Allemagne, les Pays-Bas ou, dans une moindre mesure, l'Italie). En outre, dans certains pays (comme la France, le Royaume-Uni ou les États-Unis), le droit administratif général est également une construction *doctrinale ou jurisprudentielle* et pas seulement légale, en plus d'être une catégorie secondaire[323]. De plus, la distinction se

[321] Pour une étude en droit comparé, voir R. SEERDEN (2018), « Comparative remarks », dans R. SEERDEN, *Comparative Administrative Law*, 4e éd., Cambridge (R. U.), Intersentia, pp. 417 et ss., spéc. p. 418. Au sujet de l'Espagne, voir notamment : GASCÓN Y MARÍN (1941: 3) ; GARCÍA OVIEDO (1957: 9). Actuellement, voir l'étude sur la « partie générale » de SÁNCHEZ MORÓN (2016) qui se distingue de celle sur la « partie spéciale » de J. BERMEJO VERA (2009), *Derecho administrativo. Parte especial*, 7e éd., Madrid, Civitas. On peut aussi se référer à M. REBOLLO PUIG et D. VERA JURADO (2017), *Derecho administrativo*, 3e éd., vol. I, Madrid, Tecnos, p. 30. En Allemagne aussi, l'opposition "général-spécial" est commune, voir par exemple MAURER (2002) face à P. BADURA *et al.* (2003), *Besonderes Verwaltungsrecht*, 12e éd., Berlin, De Gruyter. Sur la France, voir CHAPUS (2001: 9).

[322] T. GROSS (1999), « Die Beziehungen zwischen dem Allgemeinen und dem Besonderen Verwaltungsrechts », *Die Verwaltung*, vol. 2, pp. 57-88, spéc. p. 70.

[323] SEERDEN (2018: 419).

trouve affaiblie si l'on considère que le droit administratif proprement dit ne se réfère qu'aux pouvoirs, procédures et contrôles de et sur l'Administration en laissant ainsi son action matérielle (les politiques publiques) davantage dans le champ de la science politique (*policy*, *government*) que dans celui du droit administratif[324]. Cette conception limitée du droit administratif s'identifie pratiquement à ce qui, dans d'autres droits, constituerait la "partie générale" en laissant ainsi la "partie spéciale" en dehors du périmètre même du droit administratif.

5. La distinction "général-spécial" est une forme de présentation partagée avec d'*autres disciplines* telles que le droit civil ou le droit pénal. Et, comme pour celles-ci, il ne fait aucun doute que ce binôme facilite la compréhension de chaque droit administratif. Néanmoins, cette indéniable utilité épistémologique est loin d'être un classement systématique. En effet, ni le droit administratif général ni le droit administratif spécial ne sont des catégories définitives, formées sur la base d'un facteur différentiel ; ce sont plutôt des *idées approximatives*. Au cours de l'histoire, et encore aujourd'hui, le droit administratif général ne renvoie pas à une réalité unique, précise et délimitée. Il en va de même pour le droit administratif spécial. Voyons ce qu'il en est.

6. Nous pouvons convenir qu'historiquement, le caractère "général" propre au droit administratif se référait initialement au droit applicable à *l'État dans son ensemble*. C'est le sens précisé dans les *Instituciones de Derecho público general de España, con noticia particular de Cataluña...* de DOU Y DE BASSOLS, écrit à la fin de l'Ancien Régime[325]. Le droit public "général" de DOU décrit et explique les lois applicables à de nombreux secteurs de l'activité administrative tels que le commerce, les greniers, les chemins, les biens publics ou la Banque de San Carlos. Par conséquent, le terme "général" ne s'oppose pas ici à sectoriel ou spécial. Une expression singulière du même phénomène peut être trouvée en Allemagne à la fin du XIXe siècle. Partant du principe que le droit administratif (ou droit public) est normalement un droit territorial, celui des *Länder*, le droit administratif "général" était une tentative - fondamentalement théorique - d'homogénéiser le droit administratif pour l'Empire allemand (après l'unification de l'Allemagne en 1870)[326]. Ce faisant, deux éléments sont associés à l'idée de généralité : son opposition au particulier ou au territorial et la méthode théorico-inductive à la base de sa formation.

---

[324] Ainsi, aux États-Unis, avec une acception extensive encore aujourd'hui (bien qu'en diminution), voir B. SCHWARTZ (1991), *Administrative Law*, 3e éd., Little, Brown, p. 2. Pour une comparaison entre les États-Unis et l'Allemagne, voir SCHMIDT-AßMANN (2018: 810).

[325] DOU Y DE BASSOLS (1800).

[326] GROSS (1999: 64).

7. Une autre appréhension du terme "général" fait de l'idée de droit rationnel un élément essentiel de ce dernier ; il s'agirait d'un *droit déduit de la raison universelle* par opposition au droit arbitraire. Le droit administratif général serait, en ce sens, une expression juridique de l'anthropologie morale. Il est bien connu que tout au long du XVIIIe siècle, les différentes écoles jusnaturalistes ont élaboré un droit déduit de la raison. Cette méthode déductive a été déterminante dans la formation d'un droit pénal général transcendant les lois pénales particulières des différents pays. Ici, "général" s'oppose à "conjoncturel" ou, selon l'expression courante sous l'Ancien Régime, à "arbitraire". Le droit public propre à l'Ancien Régime contenait de nombreux énoncés de raison aux côtés de règles "arbitraires" (dictées par le pouvoir politique)[327]. Il est évident, comme on l'a dit depuis le début de cette étude, qu'il n'a pas existé de droit administratif au sens strict tant qu'il n'y a pas eu de pouvoir exécutif, ce qui ne se produisit pas avant les révolutions libérales de la fin du XVIIIe siècle. Toutefois, il est également vrai que le droit administratif naissant a intégré une grande partie de la matière juridique qui était jusqu'alors qualifiée de droit public. Or, dans la mesure où le droit public comprenait de multiples normes et énoncés "généraux" (c'est-à-dire issus de la raison et non du pouvoir politique), le droit administratif a aussi eu, dès l'origine, un certain contenu "général".

8. Plus récemment - et sans que les notions de territorialité et de rationalité ne soient totalement effacées - le droit administratif général a également incorporé l'idée d'*abstraction*[328]. Le droit général intègre des *énoncés induits* des règles et des principes les plus pertinents dans les différents secteurs de l'activité administrative. Dès le début du XXe siècle, il s'est agi d'un processus de construction parallèle à celui précédemment réalisé par l'École pandectiste pour le droit civil[329]. De cette manière, le droit administratif général contient de multiples énoncés théoriques ou systématiques[330]. Ainsi, il n'est pas seulement un recueil de normes positives mais surtout un ensemble plus vaste d'énoncés juridiques dont beaucoup sont issus du droit positif.

9. Enfin, le droit administratif général désigne également le droit applicable à tous les secteurs de l'activité administrative, au-delà des règles spécifiques à chaque domaine[331]. Dès lors, comme l'intervention de l'Administration dans le domaine de l'urbanisme, le commerce ou

---

[327] DOMAT (1778: 64, 86-87, 101, 161 et 165).

[328] GROSS (1999: 59). En Allemagne, cette conception du droit administratif général est apparue pour la première fois dans F. VON MAYER (1857), *Grundzüge des Verwaltungsrechts und des Rechtsverfahrens*, Tübingen, Laupp.

[329] MAYER (1924: 29).

[330] Voir en particulier A. MERKL (1927), *Allgemeines Verwaltungsrecht*, Vienne et Berlin, Springer, p. 96.

[331] MAURER (2002: 37), D. EHLERS (2016: 140).

l'économie dispose de ses propres règles, il existe également un droit administratif uniforme qui est applicable dans tous les cas à l'Administration, quel que soit le domaine dans lequel elle agit. Ce sens du droit administratif général remonte au début du XIXe siècle ; il est alors devenu très important en raison des élans codificateurs du droit qui ont généralisé des règles particulières. Progressivement, les règles, les principes et les théories sur l'organisation, les moyens, les procédures ainsi que le contrôle juridictionnel de l'Administration ont été identifiés en étant qualifiés de droit général[332].

10. Toutefois, comme nous l'avons déjà relevé, le binôme "général-spécial" n'a pas été immuable tout au long de l'histoire. Suivant une approche contemporaine, nous pouvons affirmer qu'aujourd'hui l'idée de "général" en tant que *droit applicable à tous les secteurs* de l'activité administrative prédomine et, bien sûr, le contenu naturel d'une éventuelle codification du droit administratif est précisément sa partie générale. Cependant, au-delà de ce sens majoritaire du général, par opposition au spécial ou au sectoriel, il convient de reconnaître que d'autres acceptions historiques continuent de façonner le binôme "général-spécial". Dès lors, ce que l'on appelle communément la partie générale du droit administratif comprend non seulement des règles de droit positif mais aussi ses fondements historico-dogmatiques, des principes issus de régulations sectorielles et des structures systématiques dans lesquelles les normes administratives trouvent leur sens. En définitive, on peut parler à notre époque d'un droit administratif général relativement *stable*[333], formalisé dans des *normes de haut rang* (lois et traités) et directement lié à des *grands principes constitutionnels* (en particulier avec le principe de l'État de droit). En revanche, le droit administratif spécial serait plus conjoncturel, changeant ou instable, lié aux politiques publiques sectorielles de chaque époque et aux connaissances techniques et scientifiques propres à chaque secteur de l'activité administrative.

11. Bien entendu, en termes comparatifs, les *contenus spécifiques* de chaque droit administratif, général ou spécial, ne correspondent pas à un modèle unique. Ainsi, le droit des marchés publics n'est pas toujours considéré comme un droit général, pas plus que le droit disciplinaire. Pour autant, cela tient souvent davantage au régime juridique spécifique à chaque matière (par exemple, l'usage du contrat de droit civil par l'Administration ou le caractère limité des sanctions administratives dans certains ordres juridiques) qu'à une conception différente du droit général et du droit

---

[332] GROSS (1999: 61).

[333] W. HOFFMANN-RIEM (1994), « Reform des Allgemeinen Verwaltungsrechts – Vorüberlegungen », *Deutsches Verwaltungsblatt*, pp. 1381-1390, spéc. p. 1390.

spécial[334]. D'autres fois, le positionnement singulier de chaque contenu a plus à voir avec les programmes d'études universitaires - et la distinction entre matières obligatoires et facultatives - qu'avec de véritables idées de fond[335]. De plus, dans certains ordres juridiques, on parle de "parties générales" au sein de chaque droit administratif spécial[336]. On se réfère ainsi à un droit général des subventions, des télécommunications ou des "secteurs régulés"[337]. L'idée sous-jacente à ce constat est que même dans des domaines strictement sectoriels, il existe certains contenus, normatifs et théoriques, qui transcendent le conjoncturel, les solutions technico-juridiques concrètes et les intérêts divergents. Est ici présente l'idée de droit administratif général conçu en tant que contenu *stable, transcendant et systématique* d'un ordre spécifique ; avec une certaine vocation de résistance passive - bien sûr, qui peut être dépassée - au regard des changements conjoncturels.

12. Une fois acceptée la distinction entre droit administratif général et droit administratif spécial (ou sectoriel), et même si l'on admet qu'il ne s'agit pas d'une idée ordonnatrice universelle, son *utilité réelle* est posée. Cette utilité existe et est plurielle. Tout d'abord, l'image immanente d'un droit administratif général (entendu comme structurel, quasi-constitutionnel ou transcendant) implique évidemment que la loi parlementaire soit la source naturelle de la production normative de l'administration. En effet, une conception élémentaire du principe de légalité dans un État démocratique (tel que celui proclamé en Espagne à l'article 9.1 de sa Constitution) exige que les dispositions normatives fondamentales ou transcendantes, ayant une *fonction quasi-constitutionnelle* dans le système juridique, soient adoptées sous la forme d'une loi parlementaire. C'est ce que l'on a qualifié de "primauté" ou de "centralité" de la loi[338]. Il est évident que ce principe constitutionnel n'empêche pas que des contenus de droit administratif général figurent dans des règles réglementaires. Cependant, il existe un critère juridico-constitutionnel de principe pour que cette possibilité soit exceptionnelle.

13. Au-delà de ces considérations, la plus grande utilité de la distinction entre droit général et droit spécial réside dans leurs *interactions réciproques*. En premier lieu, relevons que le droit administratif général oriente et guide le droit spécial. Certes, le *caractère directif* de la partie

[334] À titre d'illustration, on peut noter que les marchés publics et les sanctions administratives relèvent du droit administratif général dans SÁNCHEZ MORÓN (2016: 591 et 697), mais cela n'est pas le cas dans MAURER (2002).

[335] P. J. TETTINGER (1993), *Besonderes Verwaltungsrecht*, 3e éd., Heidelberg, C. F. Müller, p. 1.

[336] MAURER (2002: 38).

[337] BURGI (2014: 334).

[338] MUÑOZ MACHADO (2004: 28).

générale du droit administratif n'est pas expressément imposé par une règle constitutionnelle ; cependant, il s'agit d'un état de fait largement accepté par la communauté juridique et légitimé à travers divers principes constitutionnels.

14. D'une part, le principe de *sécurité juridique*, précisément en raison de sa position structurelle dans le système juridique, confère au droit administratif général une force particulière dans la *formation du droit sectoriel* dans la mesure où il limite la créativité conjoncturelle de ce dernier. Il n'est pas approprié qu'une loi déroge aux règles générales au moyen d'exceptions spéciales. Il est évident que de telles exceptions ne sont pas impossibles mais elles ne sont pas optimales en termes de sécurité juridique. C'est pourquoi elles n'interviennent que lorsque des biens, des valeurs ou des principes les justifient fortement.

15. D'autre part, l'idée de structure et de transcendance, que nous associons au droit administratif général, lui confère une *efficacité particulière en matière d'application normative*. Premièrement, le droit général *complète* et intègre les énoncés normatifs sectoriels. Deuxièmement, le droit général offre un contexte systématique pour l'interprétation plausible des normes spéciales. Enfin, il canalise et *limite les antinomies normatives*. Concentrons-nous sur ce dernier point. Il est bien connu qu'il n'existe pas de critères normatifs pour résoudre les conflits entre lois de même rang et de même source. Pour surmonter ces contrariétés, on recourt aux critères traditionnels de la raison juridique (tels que la validité de la loi postérieure ou l'application préférentielle de la loi spéciale)[339]. C'est précisément l'idée de droit général transcendant ou structurel qui limite considérablement l'application du critère traditionnel d'application préférentielle de la norme sectorielle ou spéciale (*lex specialis*). Ce postulat se matérialise par l'application indiscutable de la norme générale postérieure et par l'exigence d'une interprétation de la norme spéciale postérieure de la manière la plus conforme possible aux contenus du droit général. Cette efficacité supérieure du droit général, par rapport au droit sectoriel, est manifestement acceptable lorsque le droit administratif général contient des dispositions normatives constitutionnellement optimales.

16. L'autre forme d'interaction est celle qui va du droit administratif spécial au droit administratif général. Il est fréquent que les *innovations juridiques* ne se produisent pas immédiatement dans le droit général mais dans le droit sectoriel. Ainsi, c'est dans le champ du droit industriel que sont apparues des formes juridiques d'autorégulation[340]. C'est dans le domaine du droit de la consommation que s'est développée l'activité d'information de

---

[339] L. M. DÍEZ-PICAZO JIMÉNEZ (1990), *La derogación de las leyes*, Madrid, Civitas, p. 68.

[340] M. DARNACULLETA I GARDELLA (2005), *Autorregulación y Derecho público: la autorregulación regulada*, Madrid-Barcelona, Marcial Pons, p. 106.

l'État[341]. Ou encore, c'est en droit de l'environnement que des procédures multipolaires sont nées. Dans le cas de l'Union européenne, ce phénomène pourrait être dû au fait que son droit est presque toujours sectoriel. Les innovations en matière de droit spécial, lorsqu'elles sont concluantes, exigent d'être reconnues par le droit administratif général. Cette reconnaissance est nécessaire afin d'éviter que le droit général ne perde sa légitimité en raison de son obsolescence et que l'efficacité des innovations juridiques (protégées par la légitimité démocratique de la loi) ne soit réduite par la fonction directive et quasi-constitutionnelle du droit général. Cependant, en raison de l'importance de la porosité du droit général aux innovations sectorielles, il est important de distinguer lesquelles, parmi les nombreuses qui se forment dans des ordres juridiques en constante évolution, doivent ou non être reprises dans le droit général et dans quelle mesure. Cela implique une sélection minutieuse des "secteurs de référence" (*Referenzgebieten*)[342] dont les règles seront prises en compte dans l'élaboration du droit général. Un excès d'attention à l'égard de certains secteurs et de certaines innovations - au détriment d'autres - peut conduire à des distorsions dans la configuration du droit général. Il en est notamment ainsi de l'influence contemporaine du droit économique ou du droit technique sur la formation du droit général actuel[343]. Par exemple, mentionnons l'introduction de modes consensuels de résolution des litiges, ou encore l'acceptation d'actes administratifs uniquement régis par des règles de procédure et non par des programmes normatifs substantiels[344]. S'il est porté trop d'attention à certains domaines juridiques émergents - comme ceux qui ont été cités - cela pourrait donner lieu à un droit général plus attentif à l'exceptionnel qu'au commun.

17. Un exemple de cette situation est l'influence que le droit de secteurs très dépendants de l'état de la science et de la technologie peut avoir sur le droit administratif général. Dans des domaines tels que la santé publique, la qualité des aliments ou la fiabilité des médicaments, le droit administratif dispose de techniques et de moyens de régulation spécifiques. Par exemple, parce qu'il doit respecter le principe de précaution (en établissant donc des obligations de conduite dont l'utilité objective n'a pas été entièrement démontrée) ; parce que le devoir de coopération des individus en matière d'information est très élevé ; ou parce que la régulation elle-même a souvent un caractère expérimental (en l'absence de certitude scientifique quant à certains faits ou chaînes de causalité). À cet égard, des

---

341 U. DI FABIO (1993), « Grundrechte im präzeptoralen Staat am Beispiel hoheitlicher Informationstätigkeit », *Juristen Zeitung*, année 48, n° 14, pp. 689 et ss. ; F. VELASCO CABALLERO (1998), *La información administrativa al público*, Madrid, Montecorvo, p. 112.

342 SCHMIDT-AßMANN (2013: 9).

343 WAHL (2006: 187).

344 RODRÍGUEZ DE SANTIAGO (2016: 27).

techniques et des modalités normatives ont été développées comme le suivi obligatoire et l'évaluation *ex post* des normes ou les "clauses de caducité" des règles ("*sunset clauses*") qui prennent tout leur sens dans des domaines d'une grande importance sociale mais à l'égard desquels la connaissance scientifique est instable, provisoire ou incertaine[345]. L'extension au droit administratif général de ces techniques ou modalités normatives particulières peut toutefois être remise en cause. Ainsi, par exemple, il n'est pas justifié que toute règle ou loi soit accompagnée d'un processus d'évaluation normative *ex post* (de son respect ou de son application) dans des domaines où la nouvelle régulation n'est pas conditionnée par des données empiriques ou des connaissances scientifiques mais répond à des valeurs ou des convictions sociales dominantes, y compris lorsqu'elles ne correspondent à aucune donnée empirique certaine.

18. Par ailleurs, en ce qui concerne le degré de perméabilité du droit général - aux droits sectoriels - il convient de procéder à une distinction entre la généralisation des règles sectorielles et l'ouverture des règles générales aux spécificités sectorielles. La *généralisation* ne se justifie que lorsque les innovations sectorielles ont déjà été expérimentées et qu'elles ne produisent pas de contradictions dans l'ordre général. En ce sens, nous pouvons prendre l'exemple du droit administratif espagnol dans lequel la généralisation des programmes de clémence (spécifiques au droit de la concurrence) dans le régime général du droit des sanctions [art. 62.4 LPAC (loi sur la procédure administrative commune des Administrations publiques espagnoles, 2015)] peut être qualifiée d'hâtive et injustifiée[346]. Il serait plus pertinent d'ouvrir le droit général *au moyen de clauses d'exception* ou de clauses particulières. C'est le cas, par exemple, de la résiliation conventionnelle en tant que forme procédurale possible, bien que relativement exceptionnelle [§ 54 *Verwaltungsverfahrensgesetz* (loi sur la procédure administrative allemande, 1976)] ou de l'introduction - également exceptionnelle - de la médiation en tant que mode alternatif au recours administratif [§ 112.2 LPAC (loi sur la procédure administrative commune des Administrations publiques espagnoles, 2015)].

---

345 G. DOMÉNECH PASCUAL (2005), « El seguimiento de normas y actos jurídicos », *Revista de Administración Pública*, n° 167, pp. 97-145, spéc. p. 106 ; S. RANCHORDAS (2015), « Sunset clauses and experimental regulations: Blessings or Curse for Legal Certainty », *Statute Law Review*, vol. 36, n° 1, pp. 28-45.

346 S. DÍEZ SASTRE (2016), « Potestad y procedimientos sancionadores », dans F. VELASCO CABALLERO (coord.), *Régimen Jurídico y Procedimiento Administrativo de los Gobiernos Locales*, Madrid, Instituto de Derecho Local, pp. 173-209, spéc. p. 192.

II. FORMES DE L'ACTION ADMINISTRATIVE

19. Le droit administratif connaît également, au moins depuis le début du XXe siècle, ce que l'on appelle la "théorie des formes de l'action administrative". Cette proposition ordonnatrice distingue la "simple action administrative", ou "action matérielle de l'Administration", de l'activité proprement décisionnelle. Au sein de l'activité décisionnelle, trois *principales catégories juridiques* sont proposées : l'acte individuel, le contrat et la norme de portée générale. Cette distinction est présente dans la plupart des droits administratifs en Europe continentale et constitue l'épine dorsale de la proposition de Code de procédure administrative de l'Union européenne (ReNEUAL). Elle est également présente dans certains droits latino-américains, comme le droit chilien[347]. Cette catégorisation est pertinente dans la mesure où on peut y associer différents modes de régulation juridique et diverses conséquences procédurales. Ainsi, il existe des règles spécifiques pour les actes administratifs [art. 34 LPAC (loi sur la procédure administrative commune des Administrations publiques espagnoles, 2015), § 35 *Verwaltungsverfahrensgesetz* (loi sur la procédure administrative allemande, 1976) ; art. 2 Legge du 7 août 1990, n° 241 ; art. III-1 Code ReNEUAL], pour les contrats administratifs [Loi 9/2017 espagnole sur les contrats du secteur public ; § 54 *Verwaltungsverfahrensgesetz* (loi sur la procédure administrative allemande, 1976) ; art. IV-1 Code ReNEUAL] et pour l'élaboration de normes administratives [art. 128-133 LPAC (loi sur la procédure administrative commune des Administrations publiques espagnoles, 2015) ; art. II-1 Code ReNEUAL].

20. Le droit administratif nord-américain n'offre pas de théorisation des formes de l'action administrative mais une analyse typologique des *agences administratives* qui permet de distinguer entre « *regulation* » et « *adjudication* »[348], bien que cette différenciation ne soit pas identique à la distinction européenne entre norme et acte administratif. Le terme *regulation* désigne davantage une « intervention » qu'une réglementation et l'*adjudication* fait plus référence à une résolution administrative dans un contexte d'opposition d'intérêts qu'à une décision administrative unilatérale[349]. Au regard du principe d'interdiction de la rétroactivité consacré dans le droit nord-américain (une création jurisprudentielle de la Cour suprême), une distinction a parfois été faite entre "*rule*" (non-rétroactive) et "*order*" (non soumis à l'interdiction de rétroactivité)[350]. Cette distinction, bien qu'elle soit uniquement énoncée de manière instrumentale (pour l'application du principe de

---

347 BERMÚDEZ (2010: 80).

348 AMAN et MAYTON (1993: 6).

349 COOPER (2007: 188). Sur l'Espagne, voir VELASCO (2015b: 129 et ss.) ; sur le Canada, voir MULLAN (2001: 9).

350 F. SCHAUER (1990), « A Brief Note on the Logic of Rules, with Special Reference to Bowen v. Georgetown University Hospital », *Administrative Law Review*, n° 447, pp. 454 et ss.

non-rétroactivité), est directement liée au binôme européen norme-acte administratif. En revanche, la catégorie contrat ou convention ne fait pas système avec les deux autres tout simplement parce que les contrats - même conçus avec des singularités administratives - ne sont pas des formes d'action spécifiquement régies par le droit administratif mais par la *common law* ou le droit commercial d'origine législative.

21. Des trois principales catégories déjà mentionnées, l'*acte administratif*[351] est certainement le concept juridique central du droit administratif contemporain. La raison de ce constat n'est pas quantitative, même s'il est évident que l'essentiel de l'action juridique de l'Administration s'exprime davantage à travers des actes administratifs qu'avec des contrats ou des règlements. L'acte administratif est le concept juridique central du droit administratif parce que l'*État de droit* (en particulier le principe de légalité) a été formalisé autour de lui[352]. En outre, les avancées techniques et théoriques initialement formulées pour l'acte administratif (telles que l'irrévocabilité des actes favorables, le contrôle juridictionnel ou la motivation) ont ensuite été étendues à d'autres formes d'action administrative. Cela peut expliquer la diversité des concepts d'actes administratifs à chaque période historique et dans chaque pays. Bien qu'ils se ressemblent et que leurs racines soient semblables, l'"*acte administratif*"[353] français diffère, dans une large mesure, du "*Verwaltungsakt*" allemand[354], de l'"*acto administrativo*" espagnol[355] ou du "*atto amministrativo*" italiano[356]. Et tous ces éléments n'ont pas de réel équivalent ni en droit anglais ni en droit nord-américain, en dehors de la notion fonctionnelle d'"*adjudicatory decision*"[357].

22. La distinction ordonnatrice entre acte administratif, contrat et norme ou disposition administrative repose sur plusieurs critères de classification complémentaires. L'acte administratif est *unilatéral* ; en cela, il s'apparente à une disposition administrative ou à un règlement. Cette

---

[351] NdT : ici, l'acte administratif désigné la decision administrative individuelle, c'est le sens de la notion en espagnol, sens plus restreint qu'en droit administratif français, comme l'auteur l'explique plus bas. Cette notion s'oppose à celle de norme en droit administratif espagnol, qui correspond à l'acte administratif de portée générale en droit français.

[352] FERNÁNDEZ DE VELASCO (1929: 5).

[353] P. GONOD (2016), « The Heritage of Otto MAYER: Actes administratifs unilatéraux and Verwaltungsakte in Franco-German Comparison », dans M. RUFFERT (dir.), *The Model Rules on EU Administrative Procedures: Adjudication*, Groningen, Europa Law Publishing, pp. 17 et ss., spéc. p. 18.

[354] C. BUMKE (2008), « Verwaltungsakte », dans W. HOFFMANN-RIEM, E. SCHMIDT-AßMANN et A. VOSSKUHLE, *Grundlagen des Verwaltungsrechts*, vol. II, München, C. H. Beck, pp. 1031 et ss. (§ 9, p. 1038).

[355] F. VELASCO CABALLERO (2017), « El acto administrativo: concepto, clases y contenido », dans S. FERNÁNDEZ RAMOS, E. GAMERO CASADO et J. VALERO TORRIJOS (dir.), *Tratado de Procedimiento Administrativo Común y Régimen Jurídico Básico del sector público*, vol. 1, t. 2, Valencia, Tirant lo Blanch, pp. 1757-1799.

[356] CASETTA (2014: 500).

[357] P. CRAIG (2016), « Unilateral Single Case Decisions: A UK Perspective », dans M. RUFFERT (dir.), *The Model Rules on EU Administrative Procedures: Adjudication*, Groningen, Europa Law Publishing, pp. 31 et ss. La correspondance supposée entre la « *Administrative adjudication* » aux États-Unis et l'acte administratif européen est suggérée dans ASIMOW (2015: 4).

caractéristique le distingue clairement du contrat ou de la convention qui sont des actes juridiques *bilatéraux*. Il ne fait aucun doute que les ordres juridiques étatiques régissent de manière différente les actes unilatéraux de l'Administration et les actes conventionnels. En effet, le caractère unilatéral ou bilatéral de l'acte juridique est un facteur déterminant de son régime juridique. Cependant, dans la pratique, il n'est pas toujours facile de déterminer lorsqu'un acte est unilatéral et quand il est bilatéral.

23. Un exemple historique de cette difficile classification peut être trouvé dans les aides octroyées à des particuliers. Dans ce cas, il y a certes un accord de volonté (le particulier demande l'aide et accepte même certaines conditions qui lui sont attachées) mais le particulier ne se trouve pas dans une position égalitaire qui permettrait de parler de contrat ou d'accord. Il s'agit plutôt d'une décision administrative (d'aide ou de subvention) qui nécessite à la fois une demande préalable et son acceptation[358]. Ici, la volonté de l'individu est accessoire ou subordonnée à la décision initiale de l'Administration. Un autre exemple classique est la nomination d'un fonctionnaire après avoir passé les épreuves de sélection prévues : le fonctionnaire est nommé unilatéralement par l'Administration mais cet acte valide requiert, pour être effectif (et non pour exister), l'acceptation de la personne nommée [en Espagne : article 62.1 du décret législatif royal 5/2015 du 30 octobre approuvant le texte consolidé de la loi sur le statut de base de l'employé public (EBEP)].

24. Cependant, l'acte administratif et la *norme ou disposition administrative*, bien qu'ils soient tous deux des décisions unilatérales de l'Administration, s'opposent sur le plan conceptuel avec des caractéristiques distinctes dans les différents droits administratifs. Il est vrai que selon la tradition aristotélicienne, ce qui est propre à la loi (entendue aujourd'hui comme norme) est la généralité, un concept qui intégrerait aujourd'hui à la fois la notion d'abstraction et celle de pluralité indéterminée de destinataires. Toutefois, la signification contemporaine des normes administratives et leur opposition aux actes administratifs ne découlent pas seulement du concept historico-philosophique de loi ; elle résulte également de la manière dont le pouvoir public a été réparti dans les États contemporains (entre le pouvoir exécutif et l'assemblée parlementaire). Par conséquent, bien que la distinction primaire entre acte ou décision administrative et norme administrative se retrouve dans plusieurs droits, elle n'a pas la même importance partout. En Allemagne, où le règlement est un prolongement de la loi et n'est valable que si la loi l'autorise expressément, l'opposition entre acte et norme (ou règlement) perd de sa pertinence. En effet, dans ce cas la caractéristique principale du règlement ou de la norme administrative est son lien positif avec la loi parlementaire, le fait d'être une continuation de la loi plutôt que d'émaner du Gouvernement ou de l'Administration. L'opposition

---

358 A. GALLEGO ANABITARTE, A. MENÉNDEZ REXACH *et al.* (2001), *Acto administrativo y procedimiento*, Madrid-Barcelona, Marcial Pons, Madrid, p. 28.

acte-norme a davantage de sens dans des pays comme la France, l'Espagne ou le Chili. Dans ces cas, le Gouvernement ou l'Administration disposent d'un pouvoir réglementaire ou normatif étendu (sans avoir besoin d'une autorisation légale *ad hoc*).

25. Le droit administratif *français* est fondé sur l'interdiction faite aux juges de contrôler les "actes d'administration", conformément au célèbre décret du 16 fructidor an III. De cette manière, le pouvoir exécutif (et avec lui, l'Administration publique) se distancie en France à la fois de l'Assemblée et des juges (à l'origine, lesdits "Parlements")[359]. L'étendue de la notion d'"actes d'administration", qui englobe toutes les décisions et tous les actes de l'Administration, y compris les instructions internes et les dispositions réglementaires, explique que la distinction entre acte administratif individuel et "*décision unilatérale réglementaire*" ait été renforcée[360].

26. Le droit administratif espagnol du début du XIXe siècle était également caractérisé par une notion étendue d'"actes d'administration". Ainsi, la distinction ultérieure entre actes administratifs individuels et dispositions ou règlements administratifs a également été utile. Il convient de prendre en considération le fait qu'en Espagne, la répartition du pouvoir dans le cadre du premier constitutionnalisme libéral n'était pas basée sur un concept matériel de loi (comme cela s'est produit en Prusse). *Il n'y avait pas de réserve de pouvoir normatif* en faveur des *Cortes*, au-delà de la référence insistante au fait que celles-ci détenaient la faculté de voter des lois s'agissant des "affaires graves". Par conséquent, l'exécutif disposait naturellement d'un pouvoir normatif ou réglementaire[361]. La configuration théorique du pouvoir exécutif appelle la nécessité de différencier les dispositions administratives et les actes administratifs comme deux formes différentes d'action légitime et originelle de l'Administration. C'est ici que réapparaît la différence casuistique et tendancielle, héritée de l'Ancien Régime, entre les "*providencias de particulares*" et les "*providencias por punto general*". Aujourd'hui, deux siècles plus tard, il est toujours important de procéder à une distinction conceptuelle entre normes administratives et actes administratifs même si nous savons que celle-ci est aussi nécessaire qu'imparfaite. Il existe désormais un certain consensus, certainement tautologique, selon lequel ce qui caractérise la disposition administrative est son *caractère normatif*. Tel est le cœur d'un critère que l'on pourrait qualifier d'"*intégration à l'ordre juridique*"[362] selon lequel la norme générale, à la différence de l'acte individuel, "s'intègre dans l'ordre

---

[359] GONOD (2016: 18).

[360] P. DEVOLVÉ (1983), *L'acte administratif*, Paris, Sirey, p. 32 ; R. CHAPUS (2001), *Droit administratif général*, 15e éd., vol. I, Paris, Montchrestien, p. 698.

[361] GALLEGO (1971c: 157 et 179). Plus récemment, voir I. DE OTTO Y PARDO (1987), *Derecho constitucional. Sistema de fuentes*, Barcelona, Ariel, p. 211.

[362] NdT : La jurisprudence administrative espagnole a retenu un critère simple pour distinguer les deux types d'acte : la disposition générale constitue du droit (elle s'intègre dans l'ordre juridique), tandis que l'acte administratif applique le droit (il ne s'intègre pas dans l'ordre juridique).

juridique"[363]. À proprement parler, ce critère est plus esthétique qu'ontologique. En définitive, il serait encore nécessaire de préciser pourquoi la norme générale intègre "l'ordre juridique" (par opposition à l'acte administratif individuel). Il est dit que la disposition administrative "fait partie de l'ordre juridique" parce qu'elle est susceptible d'application répétée pour tous les cas du même type qui se présentent. Toutefois, au sens strict, l'idée de juridicité se rattache directement à la notion d'abstraction : si la règle est susceptible d'applications répétées et d'abord indéfinies, c'est en réalité parce qu'elle est abstraite. Enfin, sous la double influence espagnole et française, dans plusieurs pays d'Amérique latine, la différenciation entre acte administratif individuel (au singulier) et norme administrative ou règlement fait également sens en tant que distinction importante[364].

27. Dans d'autres États européens, l'équilibre transitoire entre le principe monarchique et le principe démocratique faisait que le règlement gouvernemental ou administratif (du pouvoir exécutif) était un simple *prolongement de la loi* autorisé expressément et au cas par cas par l'assemblée parlementaire. La loi était limitée à des matières déterminées (liberté et propriété) et le règlement était également défini au regard de la matière concernée. Cela a pu être le cas dans l'Allemagne wilhelmienne, au début du XXe siècle. Dans ce cadre, la distinction pertinente n'était pas entre norme et acte administratif mais entre décisions réservées à l'assemblée parlementaire [la loi en matière de liberté et de propriété, y compris le pouvoir d'autoriser les règlements gouvernementaux d'application de la loi (*Rechtsverordnungen*)] et activités réservées au pouvoir exécutif, à la fois les règlements "non-normatifs" (*Verwaltungsverordnungen*) et d'autres actions et actes administratifs. En conséquence, l'attention de la doctrine s'est d'abord concentrée sur la définition des dispositions "internes" de l'Administration (par opposition aux règlements autorisés par la loi) et sur la question de savoir quand un acte administratif ou une "action administrative" intervenait directement dans une matière réservée à la loi parlementaire[365]. Dès lors, lorsque l'"acte administratif " a été théorisé en Allemagne au début du XXe siècle (théorisation qui, comme nous l'avons déjà mentionné, a influencé les autres pays d'Europe continentale), la question centrale consistait à identifier l'"acte administratif" en tant que partie de l'"action administrative" dans son ensemble en soulignant son efficacité juridique externe (à l'égard des particuliers) et, par conséquent, sa stricte sujétion à la loi parlementaire (et aux possibles règlements autorisés par la loi). En d'autres termes, le concept d'"acte administratif" n'a pas été formulé en opposition à la disposition ou norme (puisque, comme on l'a déjà dit, le pouvoir normatif réglementaire est extérieur, délégué par une loi parlementaire) mais comme une concrétisation du pouvoir de l'Administration d'adopter des décisions juridiques singulières et contraignantes à l'égard des particuliers. Telle a été la contribution originale d'Otto

---

363 Sur le sujet, voir PAREJO (2016b: 498).

364 À propos du Chili, voir BERMÚDEZ (2019: 40).

365 P. LABAND (1878), *Das Staatsrecht des Deutschen Reiches*, 1re éd. vol. II, (pp. 209 et ss.). Pour une explication contemporaine, voir D. JESCH (1978), *Ley y Administración. Estudio de la evolución del principio de legalidad* (traduction en espagnol de l'original en allemand, Tübingen, 1960), Madrid, Instituto de Estudios Administrativos, p. 201.

MAYER[366]. Actuellement, bien que l'on utilise l'opposition conceptuelle entre *Verwaltungsakt* et *Rechtsverordnung*[367], il ne s'agit pas d'une distinction centrale ou structurante du droit administratif allemand (comme l'est, au contraire, celle entre acte et contrat ou convention).

28. Comme nous l'avons déjà relevé, la répartition constitutionnelle des pouvoirs entre l'assemblée parlementaire et le pouvoir exécutif s'est accompagnée de l'idée que l'"action administrative" est opposée à l'activité législative. À cette approche s'est ensuite superposée, sur le plan théorique, une singularisation de l'acte administratif en tant que type d'acte juridique caractéristique de l'Administration. Face à la prééminence de l'acte administratif conçu comme une déclaration ou décision, la "simple" activité technique et matérielle de l'Administration a été progressivement reléguée au qualificatif marginal d'"action matérielle" ou, tout simplement, d'"action administrative"[368], nombre de fois confondue avec l'exécution d'actes administratifs préalables. Cependant, dans le contexte juridique actuel, la triade des principales formes juridiques (acte administratif, norme, contrat) *a perdu une partie de sa capacité ordonnatrice* du droit administratif[369], parce que la distinction fondamentale entre la décision administrative et les actions administratives, qui ne sont pas la simple exécution d'actes administratifs préalables, revêt un rôle ordonnateur renouvelé. Dans l'État social contemporain, l'Administration a développé de manière exponentielle son activité directe, technique et matérielle. La décision administrative est devenue caractéristique de l'État de droit[370] en déterminant la situation juridique de l'administré conformément à la loi. La caractéristique de l'État social est le soin ou l'assistance, notamment aux personnes âgées et handicapées. En effet, dans l'État social, une grande partie des services et des prestations administratifs sont issus de l'exécution d'un acte administratif préalable ou d'un contrat (par exemple, la reconnaissance d'une situation de dépendance qui donne lieu à des prestations d'assistance). Toutefois, l'État social contemporain se manifeste également à travers des actions matérielles ; les déclarations et les décisions

---

366 MAYER (1924: 92-103), « La singularidad del concepto de acto administrativo de MAYER en su contexto », dans M. ENGER (2002), *Die historische Entwicklung des Rechtsistituts Verwaltungsakt*, Frankfurt am Main, Peter Lang, pp. 26 et ss.

367 Voir, par exemple, MAURER (2002: 350 § 3) ; W. HOFFMANN-RIEM (2008), « Rechtsformen, Handlungsformen, Bewirkungsformen », dans W. HOFFMANN-RIEM, E. SCHMIDT-AßMANN et A. VOSSKUHLE, *Grundlagen des Verwaltungsrechts*, vol. II, München, C. H. Beck, pp. 885-958, spéc. p. 908.

368 R. STOBER et S. GONZÁLEZ-VARAS IBÁÑEZ (1995), « Las actuaciones materiales o técnicas », *Revista de Estudios de la Administración Local y Autonómica*, 267, pp. 573-590 ; VELASCO (1998: 55).

369 S. DÍEZ SASTRE (2017), *La formación de conceptos en el Derecho público*, Madrid, Marcial Pons, pp. 55 et 125.

370 E. SCHMIDT-AßMANN (1998), *Das allgemeine Verwaltungsrecht als Ordnungsidee*, Berlin, Springer, p. 261.

perdent alors de leur pertinence au profit d'interventions réelles. Les actions de l'État en matière d'éducation, de santé et de protection sociale s'accompagnent d'actes administratifs mais *elles ne sont pas simplement l'exécution matérielle d'actes administratifs.*

29. Certes, dans le passé, la simple action administrative (comme la coercition administrative directe) s'est juridifiée à travers une compréhension large (très large) de l'acte administratif. Souvent, on induisait que derrière toute action administrative il existait un acte ou une décision de l'Administration préalable, même tacite. Aujourd'hui, cette compréhension extensive de la notion d'acte administratif n'est pas nécessaire. Les lois administratives ont introduit des traits juridiques propres à la simple "action administrative". Il est fréquent que les lois sectorielles dans des domaines très techniques ou de prestations ne contiennent pas de programmes conditionnels mais finalistes. Elles ne prédéterminent pas une conséquence juridique spécifique (déclarée au moyen de l'acte administratif correspondant) pour une situation factuelle spécifique mais établissent un cadre organisationnel et procédural dans lequel - sans que n'intervienne un acte administratif - l'activité administrative matérielle se produit directement. C'est le cas paradigmatique des lois sur les services sociaux qui déterminent précisément la manière dont ils doivent être matériellement fournis à leurs bénéficiaires[371]. Ainsi, en complément nécessaire de la triade traditionnelle des actes juridiques (acte, norme, contrat), on peut aujourd'hui penser à une opposition conceptuelle entre la décision administrative (unilatérale ou bilatérale) et l'action administrative. L'action administrative serait caractérisée par le fait d'engendrer des effets ou conséquences sur la *réalité* : sur des personnes (assistance sanitaire, éducation) ou sur des choses (réalisation de travaux). L'acte administratif consisterait à configurer des *situations juridiques* ou déterminer des effets juridiques à l'égard de personnes (une amende, un permis d'activité) ou de choses (la catégorisation d'un immeuble en tant que bien d'intérêt culturel).

30. Bien qu'il ne soit pas prévisible que la théorie des formes épuise sa capacité ordonnatrice dans les années à venir, il est en revanche probable qu'une plus grande attention soit accordée à de nouveaux systèmes et typologies d'action administrative non décisionnelle mais bien directive. Je fais référence à des actions telles que l'orientation du comportement à travers l'information ou, plus génériquement, à ce que l'on appelle *nudges*, incitations ou "coups de pouce". Sous l'impulsion de la psychologie cognitive, au cours de la dernière décennie, les *nudges* sont devenus populaires, en particulier aux États-Unis et au Royaume-Uni. Il s'agit de formes d'action étatique - généralement administratives - qui dirigent

[371] J. M. RODRÍGUEZ DE SANTIAGO (2007), *La Administración del Estado social*, Madrid-Barcelona, Marcial Pons, p. 109.

subtilement, sans contraintes, la conduite des citoyens. Elles ne créent pas de droits ni n'imposent d'obligations mais encouragent certains comportements. Sont des *nudges*, par exemple, certaines campagnes d'information sur les contribuables exemplaires, parce qu'elles incitent indirectement les autres à respecter leurs obligations fiscales ; ou la couleur utilisée pour informer sur les risques du tabagisme, parce qu'elle suscite un rejet plus ou moins grand de la consommation de tabac. Le phénomène en tant que tel n'est pas nouveau mais son utilisation systématique et planifiée l'est. Certaines techniques de *nudging*, pas toutes, sont à la frontière de la publicité subliminale et de la manipulation cognitive. En tout état de cause, la spécificité de ces dispositifs est qu'ils utilisent la connaissance de la cognition humaine pour orienter le comportement des citoyens de la manière la plus efficace possible[372]. Bien que le *nudging* soit un phénomène qui existe de fait de manière plus ou moins développée dans toutes les Administrations, cette possible forme d'action administrative a une signification différente dans chaque droit administratif. Dans les droits administratifs orientés vers la liberté, les *nudges* peuvent facilement activer les limites juridiques et les contrôles qui agissent en général contre toute restriction de la liberté individuelle. Il en est autrement dans les droits administratifs plus favorables à l'activité gouvernementale ou administrative.

31. Il n'y a aucun problème à ce que l'Administration utilise des *nudges* dans ses relations avec les citoyens et même dans son organisation interne. Toutefois, il convient de prendre en compte le fait que le *nudging* n'est pas neutre. Il ne s'agit pas d'une simple découverte de la psychologie cognitive ; les *nudges* répondent à un contexte politique spécifique. Aux États-Unis, il s'agit d'une proposition libérale élaborée en réaction à un républicanisme extrême. Quand l'idéologie républicaine a réussi à populariser l'idée que l'État doit être minimal pour laisser plus de place à la liberté individuelle, les politiques libéraux n'ont pas contredit cette idée, ils l'ont seulement contournée. Ils ont proposé que l'État n'impose pas mais suggère, stimule, incite ou régule par défaut ou de manière explicite : il devrait donner de "petits coups de pouce". C'est pourquoi l'idéologie républicaine a qualifié le *nudging* de "paternalisme libertarien" : elle reconnaît qu'il n'est pas impératif, qu'il est libertarien mais elle le critique parce qu'il est paternaliste[373]. En dehors du contexte libertarien nord-américain, il n'est pas facile de comprendre l'expansion contemporaine du *nudging*. En tout cas, dans les droits européens continentaux, son assimilation doit être très prudente. Ces derniers ne connaissent pas l'animosité sociale à l'égard de l'État ni le "libertarianisme" qui caractérise le *nudging* aux États-Unis. En Europe, actuellement, il est accepté sans grande opposition que l'État - et certainement l'Administration - impose des devoirs de conduite qui limitent la liberté des individus (dans la mesure permise par les droits fondamentaux, les

---

[372] J. PONCE SOLÉ (2018), « Derecho administrativo, ciencias conductuales y *nudging* en la gestión pública », *Revista Vasca de Gestión de Personas y Organizaciones Públicas*, n° 15, pp. 8-27, spéc. p. 18.

[373] C. SUNSTEIN (2014: 34).

réserves de loi ainsi que les principes de proportionnalité et de sécurité juridique)[374]. Les *nudges* ne sont donc ni une panacée ni une alternative toujours nécessaire ou souhaitable. L'État peut certainement utiliser des "coups de pouce" ou des incitations subtiles basés sur les enseignements des sciences du comportement ; cependant, cela n'est pas toujours utile. Il est également possible d'utiliser des techniques de direction moins subtiles telles que l'ordre et le contrôle ; tout au moins lorsque ces techniques sont plus efficaces que les *nudges*.

32. Compte tenu de l'importance croissante de l'action publique par le biais des *nudges*, il convient de réfléchir à sa relation avec la théorie des formes de l'action administrative ; du moins dans les pays, comme ceux de l'Europe continentale où cette théorie régit le droit administratif. En effet, si l'on veut intégrer les techniques de *nudging* dans le droit administratif, il est nécessaire de donner une signification juridique à cette forme de direction de la conduite. À cette fin, il importe tout d'abord de noter qu'il n'est pas aisé de déterminer si les *nudges* ou incitations constituent de nouvelles formes d'action administrative ou de simples instruments d'analyse de cette action[375]. Par ailleurs, il paraît évident que le *nudging* n'est pas une action décisionnelle de l'État ni une simple action matérielle de l'Administration. Il existe bien une décision étatique mais elle se situe ailleurs : au moment où une campagne de sensibilisation ou d'information est approuvée, ou lorsque l'on décide de la forme des formulaires dans lesquels une certaine réponse est indirectement encouragée, ou lorsque l'on détermine comment peindre les bandes sur les passages zébrés afin que leur effet directif soit plus important. Dans tous ces cas, il existe une décision relative à la conception des *nudges* en question ; c'est ici que les limites et les garanties du système juridique doivent être envisagées.

33. Afin de progresser dans l'analyse juridique des *nudges*, il est utile d'établir une typologie. Tout d'abord, on peut distinguer les *nudges* normatifs (comme l'établissement d'une conséquence juridique par défaut, non-obligatoire et donc applicable uniquement si l'individu ne s'y oppose pas) et les *nudges* non-normatifs (comme de simples informations ou l'installation d'objets sur la voie publique qui entraînent *de facto* un certain comportement)[376]. Il convient également de distinguer les destinataires caractéristiques de chaque type de *nudge*. Il existe, à mon sens, trois types de *nudges* : ceux qui visent à orienter le comportement des citoyens, ceux qui

---

[374] B. Bornemann et U. Smeddink (2016), « Anstößiges Anstoßen? – Kritische Beobachtungen zur "Nudging"-Diskussion im deutschen Kontext », *Zeitschrift für Parlamentsfragen*, n° 2, pp. 437-459 ; E. Kocher (2018), « Verhaltenslenkung durch sanfte Überredung – die Kunst des interdisziplinären Gesprächs », *Zeitschrift für Rechtswissenschaftlichen Forschung*, n° 3, pp. 356-359.

[375] E. Moreu Carbonell, « Nudges y Derecho público. Oportunidad y regulación », dans J. Ponce Solé (coord.), *Acicates (nudges), buen gobierno y buena administración*, Marcial Pons, Madrid, 2022, pp. 83-107, spéc. p. 89.

[376] E. Moreu (2022: 94).

prétendent orienter la conduite des autorités publiques et ceux qui visent les agents publics quant à la gestion interne de l'Administration. L'État de droit répond différemment à chaque type de *nudge* et à chaque destinataire.

34. Une fois les *nudges* identifiés et classés - par type et par destinataire -, ils peuvent être catégorisés dans le système juridique selon les quatre axes de garantie qui composent l'État de droit : le respect des droits fondamentaux, le principe de légalité de l'action administrative et le principe de responsabilité. Cette analyse reste à faire mais de premières réflexions peuvent d'ores et déjà être menées. Premièrement, la forme "non-impérative" caractéristique des *nudges* n'implique ni la neutralité ni une absence d'effets néfastes. Si un *nudge* est utile pour orienter la conduite (s'il n'est pas utile, ce n'est pas un *nudge*), il peut le faire bien ou mal, dans une direction correcte ou illicite. Par conséquent, lorsqu'un *nudge* risque de sacrifier des droits fondamentaux (parce qu'il encourage positivement un comportement qui peut être contraire, par exemple, au droit de propriété, à la liberté d'entreprise ou à la vie privée), une législation préalable (réserve de loi) est nécessaire. De même, si une campagne d'information publique améliore la vente des produits d'une entreprise mais ruine une autre entreprise, les garanties de responsabilité patrimoniale peuvent entrer en jeu. Enfin, les *nudges* peuvent faire l'objet d'un contrôle de légalité (juridictionnel ou interne à l'Administration) : soit la décision administrative qui conçoit le *nudge*, soit le *nudge* lui-même au regard des effets qu'il produit.

III. TYPES D'ACTIVITÉS ADMINISTRATIVES

35. D'une manière ou d'une autre, les différents droits administratifs sont organisés ou systématisés selon des types d'activités administratives. Il existe deux principales typologies fonctionnelles. La première, développée en Allemagne avant de s'étendre à d'autres pays, distingue l'Administration d'intervention ou de police (*Eingriffsverwaltung*) et l'Administration prestataire (*Leistungsverwaltung*)[377]. La variante française de ce binôme distingue l'activité d'autorité ou *puissance publique* de celle de *service public*[378] sachant que la notion d'activité de prestation ne coïncide pas tout à fait avec celle de service public. Une seconde typologie distingue l'activité d'autorité ou de pouvoir de l'activité de gestion. Cette typologie est plus traditionnellement ancrée en France. Ces deux typologies se sont influencées mutuellement et ont interféré avec d'autres droits administratifs, qui les ont intégrées à leur manière, généralement en assimilant l'activité de prestation à l'activité de gestion.

---

[377] EHLERS (1991: 33 §§ 45-55).
[378] CHRÉTIEN (2011: 89).

36. S'agissant de la distinction primaire entre activité d'*intervention* ou de police et activité de *prestation* de services, le critère de différenciation réside dans les effets de l'activité administrative sur les *situations juridiques* des citoyens : effets négatifs ou favorables[379]. Dans le cas de l'Allemagne, cette distinction binaire est devenue structurelle après la Seconde Guerre mondiale, avec la naissance constitutionnelle de l'État social et la multiplication des activités de prestation de ce dernier. Cette typologie administrative tend à expliquer non seulement la réalité de l'activité administrative mais également la structure du droit administratif lui-même. Par exemple, l'existence d'une sphère d'activité administrative d'intervention ou de police implique que les principes de légalité et de proportionnalité s'appliquent avec une intensité particulière. Aujourd'hui encore, bien que la police ait donné lieu à un concept plus large, celui d'Administration de police (*Ordnungsverwaltung*), la distinction binaire élémentaire présente une forte utilité, parce qu'elle systématise et prescrit. Dans une tentative contemporaine de reconstruire les typologies fonctionnelles historiques, une distinction est également faite aujourd'hui en droit allemand entre Administration de police (*Ordnungsverwaltung*), Administration de prestation (*Leistungsverwaltung*) et d'administration de direction[380] (*Lenkungsverwaltung*).

37. L'indéniable efficacité ordonnatrice du binôme Administration d'intervention *versus* Administration prestataire ne peut perdre de vue certaines réalités qui relativisent ou érodent son efficacité. Tout d'abord, il a toujours existé des actions administratives avec un double effet (prestation-intervention) qui simultanément bénéficient à un destinataire et nuisent à un autre[381]. Ceci est typique des procédures d'allocation de ressources rares. D'autre part, la portée *dogmatique* de la distinction entre intervention et prestation a été considérablement réduite étant donné que les *réserves de loi* s'appliquent également (bien que dans une moindre mesure) à l'Administration de prestation (*Wesentlichkeitslehre*)[382]. Enfin, la superposition d'un ordre constitutionnel aux deux types d'activités administratives (d'intervention et de prestation) les a dotés d'une certaine *fonction complémentaire*, non contraire. Ainsi, l'existence de droits fondamentaux (tel le droit au libre développement de la personnalité) qui requièrent, pour leur jouissance effective, certaines interventions administratives à l'égard de tiers confère à l'intervention une certaine

---

379 MAURER (2002: 8).

380 NdT : Le droit administratif français ne connaît pas cette catégorie. Il s'agit essentiellement de l'activité administrative qui consiste à fournir des subventions pour orienter les comportements privés.

381 EHLERS (1991: 237 § 53).

382 BVerfGE 49, 89, 126 et 40, 237, 249.

dimension de prestation[383] ; cela relativise en définitive la portée de la distinction primaire.

38. La distinction entre Administration d'*autorité* (ou de puissance) et Administration de *gestion* est également binaire. En effet, cette différenciation - historiquement présente en droit français[384] et sous son influence également en droit italien[385] - n'est pas formulée comme une idée ordonnatrice du droit administratif mais comme une explication du double ordre juridique et procédural qui régit l'Administration : un droit propre (le droit administratif) marqué par l'idée d'autorité et protégé par le Conseil d'État opposé au droit commun (le droit privé) qui régit les actes de gestion économique de l'Administration et dont la mise en œuvre incombe aux juges ordinaires[386]. Cette distinction binaire, étroitement liée à l'idée selon laquelle la puissance publique caractérise le droit administratif, a perdu de son efficacité explicative dès lors que l'idée de service public a dominé la compréhension de l'Administration[387]. En effet, la priorité accordée au concept de service public implique que la *gestion économique publique* (entendue comme la gestion des services publics dans une économie de marché) se développe selon des normes singulières ou spécifiques[388] et que l'Administration déploie une activité de prestation étendue (assistance sociale, éducation, santé, etc.) régulée par ses propres lois (administratives). Aussi paradoxal que cela puisse paraître, au sein de cette activité de prestation, se développe aujourd'hui une importante activité administrative de puissance ou d'autorité[389].

39. Bien que d'autres ordres juridiques - sous influence anglo-saxonne - soient moins enclins à des propositions systématiques, ils ont également recours à une certaine typologie des fonctions administratives. Et même si ces droits ne sont pas structurés par le binôme intervention *versus* prestation, ils reconnaissent différents types d'activités administratives. Ainsi, le droit administratif des États fédérés et local nord-américain (mais pas le droit fédéral) procède à une distinction claire entre *service delivery* et *maintaining*

[383] G. HERMES (1987), *Das Grundrecht auf Schutz von Leben und Gesundheit – Schutzpflicht und Schutzanspruch aus Art. 2 Abs. 2 Satz 1 GG*, Heidelberg, Freiburger rechts- und staatswissenschaftliche Abhandlungen.
[384] Originellement dans É. LAFERRIÈRE (1877), *Traité de droit administratif*, 1re éd., t. I, Berger-Levrault, p. 429.
[385] DI FALCO (2018: 8).
[386] CHAPUS (2001: 766).
[387] DUGUIT (1915: 119). Sur la portée distincte de la notion de service public dans la configuration des droits administratifs français, espagnol et chilien, entre la fin du XIXe siècle et le début du XXe siècle, voir F. QUEZADA RODRÍGUEZ (2022), « Espacios jurídicos transnacionales en la formación del Derecho administrativo: Adolgo Posada y Valentín Letelier », *Revista de Derecho Público: Teoría y Método*, n° 5, pp. 143-176.
[388] LAUBADÈRE, VENEZIA et GAUDEMET (1999: 33) ; LINDE (2009: 54).
[389] LACHAUME (2011: 122).

order[390]. Cette approche présente certaines similitudes avec les concepts de service public (lorsque les *public utilities* sont fournies par des organismes publics) et de police. Au niveau local, on distingue parmi les activités typiques des municipalités les *local inducements to business and industry, operation of utilities, control of the use of property, regulation of trade y local control of criminal activities*[391]. Certes, cette description typologique manque de précision et de systématicité quant à la distinction élémentaire entre intervention et prestation, cependant elle révèle que même dans les ordres juridiques peu perméables aux constructions théoriques, il existe aussi un ordonnancement typologique fondamental de l'activité de l'Administration.

40. Sans contester ouvertement les typologies fonctionnelles binaires, une classification *tricatégorielle* s'est établie en droit espagnol depuis le milieu du XXe siècle, qui établit une distinction entre *Administración de policía* (fonction de police), *Administración de fomento*[392] (fonction d'incitation [*fomento*][393]) et *Administración de servicio público* (fonction de service public). Auparavant, avaient été évoquées l'Administration coercitive (gouvernementale), l'Administration de gestion (ou commerciale) et l'Administration de promotion du bien-être des individus[394]. Toutefois, l'idée de service public n'était pas clairement présente dans cette classification. À proprement parler, cette typologie n'est pas un développement ou une déclinaison du binôme intervention-prestation existant dans d'autres droits. En effet, l'opposition intervention *versus* prestation se réfère directement à la situation juridique de l'individu par rapport à l'activité administrative. En revanche, la distinction entre police, incitation (*fomento*) et service public décrit plutôt l'*essence* même de l'activité administrative en question.

---

390 L. REYNOLDS et R. BRIFFAULT (2009), *Cases and Materials on State and Local Government Law*, 7e éd., St. Paul, West, pp. 879 et 1009.

391 O. M. REYNOLDS, Jr. (2001), *Local Goverment Law*, 2e éd., St. Paul, West, pp. 384, 409, 591, 646.

392 Depuis L. JORDANA DE POZAS (1949), « Ensayo de una teoría del fomento en el Derecho administrativo », *Revista de Estudios Políticos*, n° 48, pp. 41-54, spéc. p. 41. Aujourd'hui, parmi d'autres, voir R. RIVERO ORTEGA (2005), *Introducción al Derecho administrativo económico*, Salamanca, Ratio Iuris, p. 145 ; FERNÁNDEZ FARRERES (2016: 33). Sur le Chili, voir J. BERMÚDEZ (2010: 159).

393 NDT : Ce concept désigne l'activité de l'administration publique qui vise à stimuler certaines activités d'intérêt général (économie, culture, innovation, environnement, etc.) en utilisant des moyens incitatifs tels que les subventions, aides, exonérations fiscales, infrastructures. Ce concept est très proche de la *Lenkungsverwaltung* allemande, dans la mesure où il s'agit aussi d'orienter les comportements ou favoriser certains secteurs plutôt que de réglementer ou contraindre.

394 GOODNOW (1890: 98).

41. Avec du recul, on peut sans doute trouver, même dans le droit de l'Ancien Régime, diverses lois, décrets et ordonnances relatifs à l'action publique que l'on pourrait qualifier aujourd'hui, avec les catégories contemporaines, de police, d'incitation (*fomento*) ou de service public. Ainsi, la charité publique - que l'on qualifierait aujourd'hui de service public - est une activité connue et encadrée dès l'Ancien Régime, tout comme la police des villes ou le développement (*fomento*)[395] des richesses nationales.

42. Bien que les différents types fonctionnels d'Administration aient été plus ou moins présents tout au long de l'histoire et qu'ils coexistent aujourd'hui dans un système typologique idéal, force est de constater que la priorité a été successivement accordée à l'une ou l'autre catégorie. Ainsi, on peut distinguer une *séquence chronologique* qui commencerait par un rôle principal accordé à la police, puis à l'incitation (*fomento*) et enfin au service public[396]. À chaque moment historique, la police, l'incitation (*fomento*) et le service public ont été conçus comme étant, plus que de simples formes d'action, des idées légitimant l'activité administrative *dans son ensemble.* La construction théorique du service public en France (durant le premier tiers du XXe siècle) est ainsi très significative de l'affirmation de la vocation d'intérêt général (et non autoritaire) de *tout* le droit administratif[397]. Ainsi, ce que nous entendons aujourd'hui par types d'activités administratives ont constitué historiquement, en réalité, diverses *idées successives* de légitimation de l'Administration publique.

43. En lien direct avec la pensée des Lumières de la fin de l'Ancien Régime[398], au moment de la fondation du droit administratif (à la fin du XVIIIe et au début du XIXe siècle), la police était l'idée légitimant l'intervention de l'État caractéristique du libéralisme. À l'époque, on considérait que le propre de l'Administration était, précisément, l'activité de police. Autrement dit, dans un contexte politique et juridique individualiste – caractéristique du libéralisme -, l'Administration a été mise au service des droits subjectifs des individus qui nécessitent des limites extérieures pour pouvoir coexister pacifiquement les uns avec les autres. Ces limites aux droits, dont la mise en œuvre est confiée à l'Administration, sont l'objet et le sens de la "police administrative". L'identification entre la police administrative et la culture juridico-politique du libéralisme est telle que toute forme d'intervention de l'Administration, pour éviter les reproches d'illégitimité, revêtait l'habit de la "police"[399].

---

[395] En espagnol, l'auteur utilise le terme *fomento* que nous avons traduit précédemment par la fonction d'incitation, mais dans ce contexte nous préférons développement économique, qui est un des aspects du *fomento*.

[396] JORDANA (1949: 49).

[397] DUGUIT (1915: 94).

[398] MUÑOZ MACHADO (2004: 44).

[399] MEDINA (2016: 62).

44. Le développement économique (*fomento*) (de l'industrie, du commerce et de la finance) était un concept très présent dans la pensée des Lumières au XVIIIe siècle, souvent comme une manifestation spécifique de la "police" générale[400]. Il a été formulé à l'origine non comme un type d'activité étatique mais comme un argument légitimant toute intervention de l'État (la monarchie) à l'égard de la vie et des biens des personnes[401]. En tant qu'argument de légitimation du pouvoir, l'idée générale d'"incitation" (*fomento*) inclurait même celle de police, entendue comme une forme de promotion de l'intérêt général. Plus tard, et en dépit de la prééminence de l'idée de police à la fin du XVIIIe siècle, dans la construction de l'État administratif à partir du deuxième tiers du XIXe siècle, l'idée de "promotion de l'intérêt général" est réapparue avec force mais désormais comme une technique administrative. Elle désignait l'action indirecte de l'Administration par le biais d'incitations destinées aux administrés[402] ou, comme l'a écrit JORDANA DE POZAS avec des termes propres au despotisme tardif des Lumières, "l'influence indirecte sur la volonté de l'individu *pour qu'il veuille ce qui convient* à la satisfaction du besoin public en question"[403].

45. Le *service public* est le troisième type d'activité, aux côtés de la police (intervention, régulation) et de l'incitation (*fomento*). Cette catégorie fonctionnelle est particulièrement obscure, ce qui limite l'efficacité ordonnatrice de la typologie tripartite. Par essence, la notion de service public peut ontologiquement être considérée comme incluant l'idée de *prestation* aux particuliers[404]. Dans la classification tripartite originelle, à l'idée de prestation est associée la caractéristique essentielle de "satisfaire le besoin public dont il est question de manière *directe*, par des organes de l'Administration elle-même"[405] (ce qui, malgré les apparences, n'est pas contraire au fait que l'Administration recourt de manière instrumentale à des contractants-concessionnaires pour la gestion du service). Dès lors, *toute prestation n'est donc pas un service public*. Il existe des prestations (celles qui visent à orienter indirectement la conduite des citoyens, comme les subventions ciblées) qui peuvent être rattachées à l'idée d'incitation (*fomento*). Par ailleurs, la qualification de service public en tant qu'action de *prestation directe* est influencée par des facteurs exogènes et normatifs, plus ou moins circonstanciels. Mentionnons, d'une part, l'identification du service public à la *propriété exclusive* (monopole) de l'activité en question par l'Administration, une caractéristique

---

400 GARCÍA DE ENTERRÍA (1981: 60).
401 VILLAR (1968: 149).
402 VILLAR (1968: 152).
403 JORDANA (1949: 46).
404 Sur le sujet, voir FERNÁNDEZ FARRERES (2016: 81).
405 JORDANA (1949: 44).

traditionnellement considérée comme essentielle en droit espagnol[406] mais absente dans d'autres droits, comme le droit français[407] ou le droit allemand. L'acception du service public a également été influencée par une compréhension très large (pratiquement équivalente à l'activité administrative) élaborée en France au milieu du XXe siècle par l'"École du service public"[408]. Bien que cette conception extensive du service public ait perdu de son acuité, elle ne s'est pas complètement éteinte. Elle est encore présente dans le droit positif, comme dans l'article 26.1 LBRL (loi espagnole réglementant les bases du régime local) où "service public local" est synonyme d'activité administrative[409]. Enfin, sous l'influence de la notion de *public utility* typique du droit nord-américain et de la réglementation européenne du "service d'intérêt économique général", on finit par comprendre qu'un service public peut aussi être une activité privée payante et contrôlée (service universel), ce qui complique encore davantage la compréhension de celui-ci. Cette notion de service public n'est évidemment pas celle de la classification tripartite traditionnelle. Elle est différente et parallèle à cette dernière.

46. Les objections à l'encontre des classifications bipartite (intervention *versus* prestation) et tripartite (police, incitation [*fomento*] et service public) de l'activité administrative sont aujourd'hui nombreuses. On leur reproche notamment d'être insuffisantes pour appréhender des phénomènes contemporains[410] tels que l'activité administrative arbitrale[411], l'activité industrielle de l'État[412], la gestion patrimoniale[413], ou encore la gestion de l'information dans des bases de données publiques. Il paraît également évident qu'il est difficile de considérer en tant que service public une activité de prestation (comme le service postal) qui a pendant longtemps été exercée par l'Administration - directement ou indirectement - et qui, plus récemment, est devenue une activité économique libre bien

---

406 FERNÁNDEZ FARRERES (2016: 86).

407 E. MALARET (2004), «Requeriments constitucionals i comunitaris en la creació y gestió del serveis públics locals », dans *La pluralitat i diversitat en la gestió dels serveis públics locals*, Barcelona, Fundació Carles Pi i Sunyer d'Estudis Autonòmics i Locals, pp. 15-29, spéc. p. 16.

408 DUGUIT (1915: 115) ; CASSESE (2014: 79).

409 Sur l'Italie, voir également G. PIPERATA (2006), « Servizi pubblici local », dans S. CASSESE (dir.), *Dizionario di diritto pubblico*, vol. VI, Milano, Giuffrè, pp. 5527-5536, spéc. p. 5528.

410 PAREJO (2016b: 348).

411 R. PARADA VÁZQUEZ (1999), « Arbitraje y derecho administrativo. La actividad arbitral de la Administración », *Revista Galega de Administración Pública*, n° 23, pp. 13-43.

412 J. L. VILLAR PALASÍ (1950), « La actividad industrial del Estado en el Derecho administrativo », *Revista de Administración Pública*, n° 3, pp. 60 et ss.

413 M. A. FERNÁNDEZ SCAGLIUSI (2015), *El dominio público funcionalizado: la corriente de valorización*, Madrid, INAP, p. 122.

qu'assortie de "charges de service public" et sous contrôle administratif[414]. Comme alternative, il a été proposé un retour à une réflexion en modes ou formes juridiques de l'action administrative plutôt qu'en types fonctionnels[415].

47. De nos jours, l'affaiblissement le plus significatif de la distinction fondamentale entre intervention et prestation ou entre police, incitation (*fomento*) et service public provient de la théorisation progressive de l'"*Administration garante*". Celle-ci ne fournirait pas de services (ni directement ni indirectement) mais veillerait à ce que la société elle-même (les sujets privés en concurrence sur le marché) accomplisse effectivement les tâches considérées comme d'intérêt général[416]. Sans aucun doute, l'idée de "garantie" est utile pour comprendre et décrire les phénomènes contemporains de retrait de l'État s'agissant de la fourniture d'une grande partie des services publics établis après la Seconde Guerre mondiale dans le cadre de l'État social émergent. Toutefois, il est douteux que l'"Administration garante" soit un type alternatif d'activité administrative. En effet, à proprement parler, l'Administration garante se caractérise par la substitution progressive de l'activité de prestation administrative (directe ou indirecte) par une activité de *police* renouvelée quant à ses instruments (puisqu'elle inclurait désormais, à côté des techniques traditionnelles de régulation, d'inspection ou de sanction, d'autres procédés plus actuels telle l'information administrative du public).

48. Il en va de même pour ce que le droit nord-américain dénomme, depuis le début du XIXe siècle, la *regulation*[417]. Il s'agit d'une intervention administrative (aussi bien normative que de contrôle, d'arbitrage, d'information ou de discipline) visant à assurer une concurrence effective sur les marchés où sont fournis des services d'intérêt économique général[418]. Le principal objectif est ici de garantir la concurrence sur le marché (le champ d'application empirique de la régulation est donc beaucoup plus limité que celui de l'Administration garante)[419]. Cependant, dans tous les cas, les techniques de *regulation* peuvent être ramenées à une idée renouvelée de police[420].

---

414 MALARET (2004: 16) ; FERNÁNDEZ FARRERES (2016: 81).

415 MALARET (2008: 560).

416 PAREJO (2016a: 65). Pour une approche *plus politique*, se référant à l'État garant, dans laquelle le concept de garantie ne désigne pas tant les formes d'action publique que la position actuelle de l'État en tant que responsable de la cohésion sociale et de la sécurité, voir CHEVALLIER (2017: 66).

417 R. RABIN (1986), « Federal Regulations in Historical Perspective », *Stanford Law Review*, vol. 38, n° 5, pp. 1189 et ss., spéc. p. 1197.

418 J. CHEVALLIER (2017), *L'État postmoderne*, Paris, LGDJ, p. 78.

419 BURGI (2014: 336).

420 Dans le même sens, voir FERNÁNDEZ FARRERES (2016: II-99). En revanche, pour une conception différente de la « régulation » envisagée en tant que type d'activité administrative,

49. Il est difficile de nier les insuffisances qui affectent les différentes typologies fonctionnelles de l'Administration. Pour autant, cela ne justifie pas leur abandon, pour le moment, en tant qu'idées ordonnatrices du droit administratif dans l'espoir que la réalité juridique finira par définir d'autres critères d'ordonnancement avec une plus grande capacité explicative. La typologie fonctionnelle, bien qu'imparfaite, nous offre un premier *locus* logique pour l'analyse de tout phénomène. Ainsi, par exemple, s'agissant de l'analyse juridique de l'ouverture des bases de données administratives dont bénéficient les stratégies commerciales de nombreuses entreprises, la typologie mettant en avant trois catégories nous offre une première piste de réflexion pour déterminer si la mise à disposition de ces données constitue une nouvelle forme de service public[421] ou un type d'aide d'État (une activité d'incitation [*fomento*]). Le résultat de l'analyse peut être qu'une certaine activité n'est pas précisément rattachable à l'un des types de base de l'activité administrative et donc que l'élaboration de nouvelles catégories est nécessaire. Toutefois, même dans ce cas, la typologie initiale n'aura pas été inutile. En effet, le caractère non-limitatif des types - contrairement aux concepts au sens strict - est précisément ce qui fait leur spécificité. En d'autres termes, l'émergence de certains traits juridiques relatifs à une certaine activité administrative peut signifier que cette dernière ne peut plus être suffisamment expliquée par la typologie fonctionnelle existante. Il se peut alors que de nouveaux types soient proposés qui, coexistant avec les précédents et partageant même certains de leurs éléments caractéristiques, permettent une compréhension plus aisée de la réalité juridique.

IV. *AD INTRA VERSUS AD EXTRA*

50. La distinction élémentaire entre droit *ad extra* et droit *ad intra* de l'organisation administrative est une idée immanente au droit administratif, dotée d'une certaine capacité ordonnatrice et heuristique. Cette distinction est également exprimée à travers l'opposition entre droit administratif organisationnel et droit administratif fonctionnel[422]. Le droit *ad extra* traite des relations de l'Administration avec les particuliers, qu'il s'agisse de citoyens ou de personnes morales. Le droit *ad intra*, également qualifié de *droit d'organisation*, traite des structures internes de chaque Administration

---

voir : J. ESTEVE PARDO (2009), « El encuadre de la regulación de la economía en la sistemática del Derecho público », dans S. MUÑOZ MACHADO et J. ESTEVE PARDO (dir.), *Derecho de la regulación económica*, vol. I, *Fundamentos e instituciones de la regulación*, Madrid, Iustel, pp. 387-405 ; PAREJO (2016a: 127 et 154).

[421] G. GUGLIELMI (2015), « *Open data* y servicio público. Los datos públicos abiertos son un servicio público », *Revista Española de Derecho Administrativo*, n° 174, pp. 387-400.

[422] VILLAR PALASÍ (1968: 66).

publique ainsi que des relations entre les différentes Administrations et les autres organes publics.

51. La distinction ne se retrouve pas de la même manière dans tous les ordres juridiques et, dans chaque cas, elle présente des nuances caractéristiques. Le peu de pertinence formelle de la distinction entre droit *ad intra* et droit *ad extra* en droit administratif nord-américain est ainsi remarquable. En revanche, la distinction est beaucoup plus intéressante en droit allemand, qui consacre un droit d'organisation (*Verwaltungsorganisationsrecht*)[423], en droit français[424] ou en droit espagnol. Au-delà des apparences, le droit organisationnel (à l'instar du droit procédural et du droit budgétaire) *n'est pas un droit accessoire ou instrumental* au regard du droit substantiel[425]. De plus, nous savons aujourd'hui qu'il existe des domaines entiers caractérisés par des relations entre les citoyens et l'Administration qui ne sont pas régies par des règles de conduite (des individus ou de l'Administration) mais par des procédés organisationnels ou procéduraux appropriés pour produire de bonnes décisions administratives[426]. Selon cette perspective, l'efficacité immanente de la distinction entre droit *ad extra* et droit *ad intra* doit être remise en question et avec elle sa propre capacité d'ordonnancement systématique du droit administratif.

52. La distinction entre l'organisationnel (interne) et le relationnel (externe) est un héritage théorique d'un *équilibre historique complexe de légitimités*, en Allemagne (à la fin du XIXe siècle), entre l'empereur et l'assemblée parlementaire. L'équilibre entre le principe monarchique et le principe démocratique s'est provisoirement construit sur une répartition des domaines et des fonctions entre l'exécutif et le parlement : au parlement revenait la tâche d'élaborer les lois mais la réglementation interne du pouvoir exécutif n'était pas une loi (au sens formel) ; le pouvoir exécutif - dirigé par l'empereur - était chargé de réguler son propre fonctionnement interne, généralement au moyen de "règlements administratifs", qui n'étaient pas juridiques à proprement parler (*Verwaltungsverordnungen*)[427]. Cette distinction entre régulation *ad intra* et *ad extra*, purement instrumentale pour la résolution d'un conflit normatif constitutionnel, a eu de nombreux effets

---

[423] T. GROSS (2012), « Die Verwaltungsorganisation als Teil organisierter Staatlichkeit », dans W. HOFFMANN-RIEM, E. SCHMIDT-AßMANN et A. VOSSKUHLE, *Grundlagen des Verwaltungsrechts*, vol. I, München, C. H. Beck, pp. 905-952.

[424] FROMONT (2010: 553).

[425] PAREJO (2009: 28).

[426] J. BARNES (2006), « Sobre el procedimiento administrativo: evolución y perspectivas », dans J. BARNES (dir.), *Innovación y reforma en el Derecho administrativo*, Sevilla, Global Law Press, pp. 263-341, spéc. p. 271.

[427] Pour une analyse détaillée, voir F. OSSENBÜHL (1968), *Verwaltungsvorschriften und Grungesetz*, Bad Homburg v.d.H., Gehlen, p. 35 ; GALLEGO (1971: 280) ; L. PAREJO ALFONSO (2009), *Organización y poder de organización*, Madrid, Iustel, p. 21.

en dehors de son contexte initial. Elle a donné naissance à l'idée - d'une grande portée - que le droit interne est spécifique au regard de celui qui régit les relations entre l'Administration et les particuliers. En droit interne ou organisationnel, il n'y aurait pas de lien positif avec la loi (ou un lien plus faible), des relations de pouvoir intenses seraient possibles (comme les relations spéciales de sujétion) et certaines rigueurs procédurales quant à l'élaboration normative seraient assouplies. Il n'est donc pas nécessaire d'expliquer en détail pourquoi une construction juridique aussi favorable au pouvoir exécutif - et limitant le pouvoir parlementaire - a été bien accueillie dans des *contextes autocratiques* ultérieurs telle la dictature de Franco en Espagne.

53. Le droit espagnol contemporain, clairement influencé par la doctrine allemande, reflète de diverses manières la distinction ordonnatrice entre le droit administratif *ad intra* et le droit administratif *ad extra* : il distingue les "règlements organisationnels" des autres ; il établit des réserves de loi spécifiques en matière d'organisation (comme celle de l'article 103.3 de la Constitution espagnole) ; il prévoit des conséquences juridiques singulières pour lesdites "relations spéciales de sujétion" (qui se produisent normalement au sein d'une Administration publique). Si nous examinons le *droit public espagnol historique*, qui existait avant la naissance du droit administratif au sens strict, nous constatons qu'il ne faisait pas de véritable distinction entre le droit interne ou organisationnel et le droit externe ou relationnel. Le droit public comportait aussi bien des règles sur les intendants et les *corregidores*[428] que d'autres destinées aux sujets. Même lorsque le constitutionnalisme libéral s'est installé, au début du XIXe siècle, le droit public espagnol ne faisait pas usage - du moins pas de manière pertinente - de la distinction entre le droit interne et le droit externe[429].

54. La disparition du substrat constitutionnel sur lequel s'est formée la distinction entre le droit administratif *ad intra* et le droit administratif *ad extra* limite aujourd'hui la portée pratique d'une telle différenciation. La consécration définitive du *principe démocratique*, d'abord à l'encontre du principe monarchique, puis des pouvoirs autocratiques, a privé la distinction entre droit interne et droit externe d'une partie de son sens. La pleine soumission constitutionnelle de l'Administration au droit, commune à une grande partie des pays disposant d'un droit administratif, brouille l'existence et la portée d'un droit administratif singulier pour l'organisation administrative. Néanmoins, il convient de reconnaître qu'aujourd'hui encore, la distinction entre le droit interne et le droit externe continue d'être une idée ordonnatrice présente dans les droits administratifs nationaux[430].

---

[428] Un *corregidor* était un officier de la monarchie hispanique de l'Ancien Régime qui exerçait le pouvoir royal dans les territoires (provinces et villages) où il rivalisait avec les entités locales (*ayuntamientos*).
[429] A. GALLEGO ANABITARTE (1971b), *Derecho general de organización*, Madrid, IEA, p. 25.
[430] MAURER (2002: 38).

55. Ainsi, par exemple, dans la sphère interne de l'Administration publique espagnole, il n'y a pas de place pour des restrictions aux droits fondamentaux des individus autres que celles expressément prévues par la Constitution (Tribunal constitutionnel, STC 132/2001, FJ 4), ce qui a pour conséquence que les "relations spéciales de sujétion" ont perdu une partie de leur sens et de leur portée. Cependant, bien que le fondement constitutionnel de la distinction entre le droit administratif interne et le droit administratif externe ait été atténué, il n'en a pas été de même pour la distinction elle-même. Il existe encore aujourd'hui une jurisprudence abondante qui affirme que les règlements "organisationnels" du Gouvernement ne requièrent pas un avis préalable du Conseil d'État[431], ou encore que les dispositions administratives "non-réglementaires" peuvent ne pas produire d'effets externes à l'égard des citoyens[432]. Par ailleurs, la jurisprudence constitutionnelle considère que la compétence étatique en matière de régime juridico-administratif est plus importante lorsqu'elle concerne les relations avec les citoyens que lorsqu'elle vise l'organisation administrative (STC 50/1999, FJ 2).

V. TYPES ORGANISATIONNELS D'ADMINISTRATION

56. Le droit administratif est aussi parfois analysé en termes de *types ou formes d'organisation* de l'Administration publique en partant du principe que ceux-ci traduisent des régimes juridiques distincts et singuliers. Nous allons à présent examiner deux approches organisationnelles disposant d'une capacité ordonnatrice : la typologie des Administrations publiques et la typologie des formes organisationnelles au sein de chaque Administration publique.

1. Types d'Administrations publiques

57. Abordons, tout d'abord, la *typologie des Administrations publiques*. Au cours du XXe siècle, la distinction fondamentale entre les organisations ayant une base associative (corporations) et les organisations ayant un substrat patrimonial (fondations) ou fonctionnel (établissements) s'est imposée dans certains pays d'Europe continentale. Cette distinction est clairement ancrée dans le droit allemand, qui distingue encore les *Körperschaften des öffentlichen Rechts*, *Stiftungen* et *öffentliche Anstälte*[433]. Le critère distinctif était l'association de personnes (typique de la corporation) par opposition à l'élément de mission ou fin caractéristique, typique des fondations et des établissements publics. Sans avoir complètement perdu son utilité originelle, l'opposition entre association et mission a cependant progressivement perdu son efficacité ordonnatrice.

---

431 Par exemple, voir la décision STS du 4 novembre 2008 (RC 191/2007).

432 Par exemple, voir la décision STS du 21 juin 2006 (RC 3837/2000).

433 MAURER (2002: 524 § 8). Pour la Suisse également, voir TSCHANNEN, MÜLLER et M. KERN (2022: 62).

58. En droit espagnol, historiquement, la distinction manque de réelles racines, car le terme "*corporación*" englobe souvent toutes les entités publiques, qu'elles soient personnifiées ou non[434]. Toutefois, la distinction tripartite était bien connue et utilisée au XXe siècle, par exemple dans la célèbre classification de l'article 67 du règlement sur les services des corporations locales (1955)[435]. La distinction n'existe pas dans les droits administratifs anglo-saxons.

59. De nos jours, la distinction entre les Administrations *territoriales*, aux finalités étendues ou quasi-universelles, et les Administrations *instrumentales*, fonctionnelles, spéciales ou "de mission" (dont certaines sont des fondations et d'autres des corporations) a pris de l'ampleur[436]. Plus récemment, une simple différenciation entre Administrations *générales* et Administrations *spéciales* a également été proposée. À travers elle, on prétend éviter à la fois l'opposition entre corporation et fondation ainsi que la distinction entre Administrations territoriales et Administrations instrumentales[437].

60. Comme nous l'avons déjà noté, la distinction ontologique entre différents types d'Administrations publiques est inconnue ou secondaire dans une grande partie des droits administratifs, surtout dans ceux de tradition ou sous *influence anglo-saxonne* où un concept unitaire d'Administration publique, entendue comme une organisation unitaire, subjectivée et composée d'une pluralité d'organes internes, n'est guère identifiable. Dans ces autres droits administratifs, plutôt que des Administrations publiques subjectivées, on trouve une pléthore d'organes, de commissions, de conseils, de *bodies* et d'autorités administratives très divers qui sont liés de multiples façons aux organes politiques du pays en question. Dans ce cas, plus qu'une éventuelle typologie des Administrations publiques, l'accent est mis sur les types d'organes administratifs. Une distinction structurelle est ainsi faite entre *les départements (ministériels) et les agences* ou entre les différents types d'agences (régulatrices, exécutives, etc.). Les départements (ministériels) sont des structures organisationnelles primaires, bureaucratiques, symétriques, hiérarchisées, essentiellement d'application et souvent étroitement liées aux structures corporatives de la fonction publique. Les agences sont des organisations dérivées et

---

434 A. GALLEGO ANABITARTE (1987), « De los establecimientos públicos y otras personas jurídico-públicas en España », dans F. J. JIMÉNEZ DE CISNEROS CID, *Los organismos autónomos en el Derecho público español: tipología y régimen jurídico*, Madrid, INAP, p. XXXIV.

435 Sur le sujet, voir F. ALBI (1960), *Tratado de los modos de gestión de las corporaciones locales*, Madrid, Aguilar, pp. 329 et ss.

436 À ce propos, voir : SÁNCHEZ MORÓN (2016: 238) ; FERNÁNDEZ FARRERES (2016: I-118) ; CAILLOSSE (2011: 160).

437 F. LÓPEZ-JURADO (2020), « Los criterios doctrinales de clasificación de las organizaciones administrativas », *Revista de Derecho Público: Teoría y Método*, n° 1, pp. 101-146, spéc. p. 142.

asymétriques généralement rattachées à un département ministériel pour assurer des tâches ou des fonctions très spécifiques et délimitées mais plus flexibles quant à leur organisation et fonctionnement.

2. Départements ministériels et agences

61. À proprement parler, la distinction organisationnelle entre *départements (ministériels) et agences* n'est pas une alternative conceptuelle à la distinction entre types d'Administrations. Il s'agit plutôt de typologies concurrentes. En effet, les types d'Administrations publiques incluent traditionnellement les établissements publics ou ce que l'on appelle aujourd'hui les Administrations instrumentales (ou fonctionnelles, ou institutionnelles), des entités qui répondent aux caractéristiques propres aux agences. Ainsi, la typologie des Administrations et la typologie des organes administratifs sont des références ordonnatrices complémentaires ou concurrentes, non alternatives. Il se trouve, tout simplement, que certains droits (ceux d'origine anglo-saxonne) sont moins enclins à distinguer les Administrations et s'intéressent plus directement à ce que sont les organes administratifs. Certains droits (traditionnellement ceux d'Europe continentale) utilisent deux niveaux ou critères d'ordonnancement complémentaires : le premier distingue les types d'Administrations publiques (et parmi elles, les établissements ou "agences" constituent un type) et le second différencie l'organisation interne plus ou moins centrée sur le département (ministériel) ou l'agence de chaque Administration publique.

62. À la différence de la typologie traditionnelle des Administrations publiques (corporations, fondations et établissements), qui explique la pluralité des sujets administratifs par leur *élément constitutif déterminant* (personnes, biens ou finalités), et à la différence aussi de la distinction entre Administrations territoriales et Administrations instrumentales, qui repose également sur un facteur déterminant pour chaque type d'Administration (le territoire ou une fonction spécifique sur un territoire), la distinction entre département (ministériel) et agence (et même entre agence d'exécution et agence de régulation) repose sur le *degré d'autonomie* ou de séparation d'une structure organisationnelle par rapport à un organe de gouvernement politique doté d'une légitimité démocratique. Selon ce critère, la réalité administrative s'explique par le degré d'autonomie de chaque organe administratif par rapport à un gouvernement (qu'il soit supra-étatique, fédéral, étatique ou local). Au service de chaque gouvernement politique, il existe une série d'organes, de *bodies* ou d'autorités administratives. Certains, les plus étroitement liés au gouvernement politique, sont des *départements (ministériels)* ; d'autres, plus autonomes fonctionnellement (voire parfois

indépendants), sont des *agences*[438]. Toutefois, nous verrons plus loin qu'il existe des "agences" qui, en raison de leur absence totale d'autonomie (du fait de leur caractère purement exécutif), s'apparentent davantage à des départements (ministériels). En d'autres termes, derrière l'opposition entre département (ministériel) et agence se cache la question de savoir dans quelle mesure une structure administrative s'insère dans une chaîne de légitimité (*Legitimationskette*)[439] qui, dans les États démocratiques, commence par les assemblées directement élues (parlements, *local councils*), passe par les gouvernements (élus par les assemblées démocratiques devant lesquelles ils sont responsables) et finit par les plus petits bureaux administratifs sous la conduite de la loi et des organes du gouvernement.

63. Le *droit nord-américain* connaît la distinction entre *department* (ministériel) et agence. Il s'agit peut-être du droit qui a fait l'usage le plus intensif de l'agence en tant que catégorie organisationnelle, cependant l'emploi très répandu du terme agence ne renvoie pas toujours à une organisation administrative proprement autonome. Sur ce point, les agences nord-américaines ne sont pas équivalentes aux agences d'Europe continentale. Aux États-Unis, ce qui concrètement singularise chaque agence est le type de fonctions qu'elle exerce (de régulation ou d'application) ainsi que le niveau d'indépendance dont elle bénéficie (à l'égard des gouvernements politiques). Ainsi, nous pouvons distinguer les types empiriques suivants : les *Regulatory Commissions* avec des fonctions aussi bien normatives - par délégation - que d'application et qui jouissent d'un niveau élevé d'indépendance fonctionnelle et les *Executive Branch Agencies* dont l'action est essentiellement axée sur l'application et qui disposent d'une faible autonomie en matière de régulation[440] mais d'un haut degré de neutralité et d'objectivité dans l'exercice de leurs fonctions de décision (*adjudication*)[441]. Ce schéma typologique n'est pas exclusif à l'Administration fédérale ; il est également présent dans les États et les gouvernements locaux. En outre, la typologie des agences présente une grande pertinence s'agissant du droit administratif des États-Unis, pour deux raisons : d'une part, en raison de l'accent doctrinal (très typique du droit administratif nord-américain) mis sur *les pouvoirs et les procédures* plutôt que sur la réglementation matérielle de chaque sujet (*supra* § V 4), ce qui donne logiquement une grande importance explicative à la forme d'organisation de chaque agence ; d'autre part, parce que dans chaque type organisationnel sont présents, dans une mesure plus ou moins grande, les différents éléments propres au droit administratif nord-américain. Par exemple, un facteur distinctif des *Social Service Agencies* est leur forte structure inter-administrative et leur action de préférence indirecte par le biais d'entités à but non-lucratif[442]. Ainsi, à partir de la diversité typologique des agences nord-américaines on peut observer les singularités substantielles de chaque champ du droit administratif nord-américain.

---

[438] SEERDEN (2018: 420).
[439] TRUTTE (2006: 309).
[440] COOPER (2007: 9 et ss.).
[441] SUNSTEIN et VERMEULE (2020: 87).
[442] L. M. SALOMON (2003), *Resilient Sector: The State of Nonprofit America*, Washington D. C., Brookings Institution Press.

64. Au *Royaume-Uni* également, la distinction entre départements (ministères) et agences, bien que relativement récente (depuis le milieu des années 1960), possède une valeur structurelle ; du moins pour une compréhension du droit administratif qui ne se limite pas au contrôle juridictionnel de l'Administration. Cependant, les traits caractéristiques des départements et des agences britanniques ne sont pas similaires à ceux de leurs homologues nord-américains. Le droit administratif britannique établit une distinction entre les départements, les agences exécutives et les "entités publiques non-départementales" (*Non-departmental Public Bodies*, NDPB)[443]. Les *departments* (ministères) font partie de la Couronne, n'ont pas de personnalité juridique propre, disposent normalement de fonctionnaires (plutôt que d'agents contractuels) et exercent des pouvoirs par délégation (du ministre responsable). Les *agences exécutives* (telles que *Highways England*, *Intellectual Property Office*, *Pension Office* ou *Metorological Office*) disposent d'une personnalité juridique propre, bien qu'elles dépendent toujours d'un département ministériel. Enfin, les entités non-ministérielles, pour lesquelles la terminologie initiale de "*Quangos*" (*Quasi-autonomous non-governmental organisations* n'est plus utilisée, ne font pas partie de la Couronne (ce qui signifie qu'elles n'agissent pas avec des pouvoirs ou des prérogatives royales). Créées et réglementées par une loi (et non par une décision gouvernementale) elles sont dotées d'employés contractuels, non de fonctionnaires. Toutefois, il s'agit de types normatifs et la réalité organisationnelle est très diverse. Il existe à la fois des agences exécutives dotées d'une autonomie et d'un fonctionnement similaires à ceux d'un NDPB et inversement. Par exemple, plusieurs NDPB (*Environment Agency*, *British Museum*, *Pensions Regulator* ou *Independent Police Complaints Commission*) sont davantage, dans la pratique, des agences exécutives. La distinction typologique entre les départements (ministères), les agences et les NDPB a une valeur d'ordonnancement structurelle, car elle permet de percevoir certaines des caractéristiques organisationnelles et normatives de l'Administration britannique. D'une part, la distinction entre départements ministériels et agences marque également la diversité fonctionnelle entre les organes administratifs qui définissent les politiques publiques (départements) et les organes qui fournissent des services publics matériels (agences exécutives). D'autre part, derrière la distinction typologique on trouve une forme différente de responsabilité démocratique (*accountability*) de l'Administration devant le Parlement : l'action des ministères est entièrement soumise à un contrôle parlementaire, par l'intermédiaire du ministre concerné ; les agences exécutives, étant donné que leur autonomie par rapport au département (ministère) correspondant n'est que relative ou partielle, sont également responsables devant le Parlement par l'intermédiaire du ministre ; la responsabilité parlementaire des NDPB est beaucoup plus limitée - et controversée -, car ils ne font pas partie du Gouvernement[444].

65. Toujours dans l'orbite de la *common law* mais en Afrique, relevons que le droit administratif de la *Tanzanie* fait également une distinction entre les ministères et les agences exécutives. Cependant, dans ce cas, les agences ont un caractère plus complémentaire et moins alternatif au regard des ministères. Les agences sont chargées de la fourniture efficace de services publics (sous la direction stratégique

443 CRAIG (2016a: 74).
444 CRAIG (2016b: 89).

de chaque ministère) plutôt que de la réglementation ou de l'intervention dans des secteurs économiques ou sociaux spécifiques. Par conséquent, une agence peut être créée directement par chaque ministre et placée sous le contrôle d'un "secrétaire ministériel" (section 5 de l'*Executive Agencies Act*, n° 18 de 2002, incorporé dans le chapitre 245 du droit codifié : *Revised Laws of Tanzania*).

66. Les différentes formes d'organisation de l'Administration ont surgi dans des contextes politico-juridiques spécifiques et répondent à ces cadres particuliers. Cependant, les formes d'organisation, une fois pratiquées dans un État ou une organisation internationale spécifique, peuvent être généralisées. En science de l'Administration, cette transposition est qualifiée d'*isomorphisme* et se fait souvent par le biais de lois et de règlements administratifs. Les vertus de l'isomorphisme résident dans les économies réalisées en termes de coûts d'innovation, parce que les formes d'organisation expérimentées avec succès dans certains États sont transposées dans d'autres pays. Le problème, commun à tout le droit comparé (*infra* § VI.61), réside dans l'éventuelle *non-pertinence* d'une forme d'organisation en dehors de l'écosystème politique, juridique et social spécifique dans lequel elle est née[445]. C'est le cas en Europe continentale où les ministères, forme d'organisation traditionnelle des Administrations publiques depuis le début du XIXe siècle, coexistent aujourd'hui avec des agences indépendantes (principalement inspirées des États-Unis). Néanmoins, cette transposition est problématique dans la mesure où le modèle nord-américain des agences indépendantes repose sur trois piliers : une double relation institutionnelle de l'agence avec le Congrès fédéral (ou avec les assemblées législatives correspondantes des États fédérés) et avec la présidence ou le gouverneur de l'État ; le caractère souvent bipartisan de sa gestion ; un contrôle judiciaire très limité. Ce modèle de légitimité institutionnelle est difficilement transposable en tant que tel en Europe continentale où l'Administration est fondée sur le principe de légalité (plus son fondement juridique est important, plus sa légitimité est grande) et sur un contrôle juridictionnel poussé (en fonction de la densité de la régulation juridique). L'exigence d'un large pouvoir de discrétion dans le fonctionnement d'une Administration indépendante, à laquelle la Cour de justice de l'Union européenne fait explicitement référence[446], dépasse le concept même d'Administration publique dans les États de droit continentaux. Cela entraîne la recherche de nouveaux instruments de légitimation du pouvoir (*supra* § I 43).

---

[445] P. J. DIMAGGIO et W. W. POWELL (1983) « The Iron Cage Revisited: Institutional Isomorphism and Collective Rationality in Organizational Fields », *American Sociological Review*, vol. 48, n° 2, pp. 147-160.
[446] CJUE, 8 avril 2014, *Commission contre Hongrie* (affaire C-288/12).

CHAPITRE VI

GÉRER LA DIVERSITÉ : MÉTHODOLOGIE COMPARATIVE

I. INTRODUCTION

1. Jusqu'à présent, nous avons taché de montrer que le droit administratif, bien qu'étant une réalité juridique universelle, se présente sous des formes très diverses. Après avoir posé le postulat d'une telle *diversité du droit administratif*, il convient de réfléchir à la manière de la gérer, d'identifier les similitudes et les disparités entre les différents droits administratifs, de déterminer ce qui est distinct et ce qui est commun ainsi que de se poser la question de la transposition d'éléments d'un droit à l'autre. Tout cela relève de la méthodologie comparative, qui sera exposée ci-dessous.

2. Tout d'abord, il importe de reconnaître qu'il n'existe pas une seule manière ou méthode pour comparer les droits administratifs. Comme nous l'analyserons plus loin, il est possible de faire une distinction entre la comparaison d'ordres juridiques et la comparaison de théories juridiques. De plus, on peut distinguer la comparaison verticale (un observateur extérieur compare en prenant de la hauteur, de la distance, plusieurs droits) et la comparaison horizontale (qui consiste à comparer à partir d'un système juridique particulier). La comparaison horizontale peut être à double sens ou à sens unique (également qualifiable de réception de droits étrangers).

3. Bien que la comparaison ne soit pas en soi une méthodologie univoque, tout regard sur le droit étranger n'est pas non plus en soi du droit comparé. La simple description ou illustration d'un droit étranger (*Auslandsrechtskunde*), même si cette description est précise et complète, n'est pas du droit comparé[447]. Il s'agit, bien sûr, d'une activité intellectuelle très utile et même d'une étape essentielle pour la comparaison mais ce n'est

---

[447] K. ZWIGERT et H. KÖTZ (1996), *Einführung in die Rechtsvergleichung*, 3e éd., Tübingen, Mohr Siebeck, p. 6 ; E. SCHMIDT-AßMANN (2018), « Zum Standort der Rechtsvergleichung im Verwaltungsrecht», *Zeitschrift für ausländisches öffentliches Recht und Völkerrecht* (ZaöRV), vol. 78, n°. 4, pp. 807-862, spéc. p. 850. Pour une description complète (bien que non-comparative à proprement parler) des différents régimes municipaux en Amérique latine, expliqués par des auteurs de chaque pays, voir D. CIENFUEGOS SALGADO (2008), *Régimen Jurídico Municipal en Iberoamérica*, México, Instituto de Investigaciones Jurídicas, Universidad Nacional Autónoma de México. Pour un exemple plus récent d'illustration juridique internationale, mais non de droit comparé (à l'exception de son étude introductive), on peut consulter l'ouvrage suivant : ROSE-ACKERMAN (2010).

pas du droit comparé. La méthodologie comparative comporte certaines exigences quant à la manière de procéder avec un droit étranger (sélection, fonctionnalisation, contextualisation). Elle exige également que des droits différents soient mis en relation. Sur cette base, des énoncés conclusifs peuvent être formulés[448]. Bien entendu, la simple inclusion, dans l'exposé de son propre droit, de données ou de références ponctuelles à d'autres droits n'entre pas dans le champ de la méthodologie comparative. Il ne fait aucun doute que ces références ponctuelles, notamment dans des études doctrinales, ont une réelle efficacité argumentative. Elles contribuent à donner une image de rationalité, de normalité ou d'universalité à un énoncé juridique spécifique, qu'il soit normatif ou théorique. Mais aussi utile que ce procédé puisse être en matière d'argumentation, il s'agit plus d'une forme de *rhétorique* juridique que d'un instrument méthodologique pour l'analyse du droit.

4. Nous avons déjà souligné que le droit comparé est lié à la *diversité* des droits. En prenant l'Europe comme référence principale - faute de sources historiques précises relatives à d'autres continents - on peut affirmer que le droit comparé n'a eu de véritable sens qu'à partir du processus de création des États modernes, dès le XVIe siècle, durant lequel se sont développés des droits territoriaux émancipés d'un droit prétendument universel : droit naturel, droit divin ou *ius commune*[449]. Ce processus de territorialisation du droit a été plus visible et plus précoce pour ce que nous appelons aujourd'hui le droit public que pour le droit privé[450]. En effet, avant que le droit ne soit territorialement diversifié, il n'y avait pas, à proprement parler, de droit comparé. Il existait, comme nous l'avons relevé en Europe, une communauté juridique étendue construite sur le *ius commune*. Les juristes de l'époque ne comparaient pas : ils interagissaient à partir de perspectives parfois locales autour d'un droit unique, supposé universel et rationnel[451]. Avec la formation des droits territoriaux, parallèlement à la formation des monarchies absolues à l'ère moderne, la comparaison a également surgi.

5. À la fin de l'Ancien Régime, la comparaison en droit public est devenue une réalité incontestable. Dans les processus révolutionnaires, à partir de la fin du XVIIIe siècle, les analyses comparatives

---

[448] J. BELL (2006), « Comparative administrative law », dans M. REIMANN et R. ZIMMERMANN, *The Oxford Handbook of Comparative Law*, Oxford, Oxford University Press, pp. 1259-1289, spéc. p. 1265.
[449] J. DOMAT (1985: 85-86 et 176-177).
[450] DOU Y DE BASSOLS (1800: 12) ; O. GRIMM (2012), *Das Öffentliche Recht vor der Frage nach seiner Identität*, Tübingen, Mohr Siebeck, p. 9.
[451] H. COING (1985), *Europäisches Privatrecht*, vol. I, München, C. H. Beck, p. 208 ; P. GROSSI (2003), *Mitología jurídica de la modernidad*, Madrid, Trotta, p. 24.

"constitutionnelles" sont manifestes[452]. Puis, au cours du XIXe siècle, on peut noter la fluidité avec laquelle les différents droits étatiques ont été comparés avec (et ont utilisé) le nouveau droit publico-politique français[453]. C'est alors que l'opposition fondamentale entre les pays de *common law* et les pays de *droit administratif* a été théorisée[454]. Un peu plus tard, la comparaison s'est ouverte à d'autres droits administratifs étatiques tel le droit nord-américain[455].

6. La période qui a suivi la Première Guerre mondiale, en particulier caractérisée par le rôle international important de la Société des Nations (1919), a été décisive pour l'expansion du droit comparé en général et du droit administratif comparé en particulier. La méthodologie comparative en droit est liée à cette époque aux mouvements *internationalistes*, universalistes ou fédéralistes[456]. Depuis lors, et assurément dans le nouvel ordre international issu de la Seconde Guerre mondiale, la méthodologie comparative est devenue une réalité culturelle du droit. Avant tout, par le biais d'organisations supra-étatiques - en particulier l'Union européenne - qui disposent d'importants pouvoirs normatifs dont l'exercice nécessite l'analyse préalable et la compréhension comparative des droits étatiques qui seront ensuite à leur tour influencés par le droit supranational. Plus récemment, l'expansion mondiale considérable du modèle de l'*État de droit*, qui comprend à la fois la garantie des droits fondamentaux et un modèle de relations équilibrées entre l'Administration et le secteur privé, a encouragé l'usage de la méthodologie comparative à l'égard de pays d'Asie et d'Amérique qui, jusqu'à récemment, échappaient à toute analyse comparatiste.

7. Nous arrivons à la conclusion que le droit administratif comparé est aujourd'hui une *pratique* juridique aussi réelle que fondamentale. Néanmoins, il n'existe pas de méthodologie comparative uniforme, générale ou spécifique pour le droit administratif. Le droit comparé comprend plutôt *diverses méthodologies* plus ou moins adaptées à l'objet et à la finalité de la

---

[452] Par exemple, voir A. DE TOCQUEVILLE (1982), *El Antiguo Régimen y la revolución* (traduction en espagnol de l'original en français de 1856 par D. Sánchez de Aleu), Madrid, Alianza Editorial, *in toto*.

[453] GALLEGO ANABITARTE (2002: 155).

[454] A. VENN DICEY (1885), *Introduction to the Study of the Law of the Constitution*, London, Macmillan. Sur le sujet, voir CASSESE (2014: 143).

[455] GOODNOW (1890).

[456] GONZÁLEZ-VARAS IBÁÑEZ (1998: 129-173). Voir également les étapes identifiées par S. DE LA SIERRA (2016), « Límites y utilidades del derecho comparado en el derecho público. En particular, el tratamiento jurídico de la crisis económico-financiera », *Revista de Administración Pública*, n° 201, pp. 69-99, spéc. p. 73.

comparaison[457]. À partir de cette remarque, il est possible d'identifier les *éléments pertinents* qui donnent sens aux différentes méthodologies comparatives. Nous examinerons ici les types, les fonctions, les objets, les sujets ainsi que les procédures de comparaison. Tous ces éléments méthodologiques seront considérés à la fois de manière abstraite et concrètement en examinant comment ils sont spécifiquement appliqués au droit administratif.

II. TYPES MÉTHODOLOGIQUES

8. Nous parlons de "types" comparatifs pour désigner les approches comparatives élémentaires, les propositions fondamentales en matière de comparaison juridique. Dans cette perspective, nous distinguerons ci-dessous la "macro-comparaison" et la "micro-comparaison" ainsi que la comparaison horizontale et la comparaison verticale. Parmi les types basiques de comparaison, nous pourrions également inclure ici l'approche prescriptive (comparaison en vue de transposer des normes d'un ordre juridique à l'autre) par opposition à l'approche explicative (recherche de concepts et de théories formulés pour expliquer les droits étrangers). Il serait aussi possible de parler, en tant que "types" méthodologiques, de l'approche positive (comparaison de règles) par opposition à la comparaison théorique (comparaison de concepts et de théories). Toutefois, par souci d'utilité explicative, ces deux dernières approches seront abordées dans cette étude sous l'angle des *fonctions* (*infra* § VI.17) et des *objets* (*infra* § VI.24) de la méthodologie comparative.

1. "Macro-comparaison" et "micro-comparaison"

9. Une distinction traditionnelle en matière de comparaison juridique oppose la "macro" et la "micro"-comparaison[458]. La macro-comparaison a pour objet des ordres étatiques conçus dans leur intégralité (ou des secteurs entiers de ces droits) et souligne leurs différences et similitudes générales. En revanche, la micro-comparaison se concentre sur des dispositions, des règles ou des institutions spécifiques de divers droits. La macro-comparaison présente une utilité plus théorique que pratique. Elle sert à encadrer ou à fournir des références systématiques à des comparaisons particulières, de moindre envergure. La micro-comparaison, quant à elle, n'est vraiment utile que si elle est basée sur une comparaison préalable réalisée à plus grande

---

457 M. RUFFERT (2007), « The transformation of Administrative Law as a Transnational Methodological Project », dans M. RUFFERT (dir.), *The Transformation of Administrative Law in Europe*, München, Sellier European Law Publisher, pp. 3-54, spéc. p. 7.
458 ZWIGERT et KÖTZ (1996: 6).

échelle (macro-comparaison) qui structure la comparaison de règles ou d'institutions spécifiques de plusieurs ordres juridiques[459]. Cela dit, la distinction entre macro et micro-comparaison ne présente guère d'autre intérêt méthodologique.

2. Comparaison verticale *versus* comparaison horizontale

10. Une autre distinction typologique, qui différencie la *comparaison verticale* de la *comparaison horizontale*, a une plus grande utilité méthodologique. S'agissant de la comparaison *verticale*, le sujet qui observe, analyse et compare se situe dans une position élevée et étrangère aux différents ordres juridiques. Il identifie les solutions distinctes qui sont apportées par ces derniers à un même type de problème ou de réalité. Dès lors, la comparaison verticale peut être autant *prescriptive* (dans un ensemble de droits analysés, on recherche des solutions normatives à des problèmes spécifiques) qu'*explicative* (plusieurs droits sont pris comme matériaux empiriques et des énoncés théoriques sont proposés pour expliquer ou justifier les similitudes et les différences entre eux).

11. Dans son versant normatif ou prescriptif (*infra* § VI.17), la comparaison *verticale* est essentielle dans la formation du *droit international* et du droit de l'Union européenne[460]. En effet, si tout traité ou norme émanant d'une organisation internationale exprime un choix politique propre, cela ne se fait pas *ex nihilo* mais souvent à la lumière des différents droits étatiques qui traitent de la question (généralement ceux des pays les plus développés).

12. Le *droit de l'environnement* de l'Union européenne en est une bonne illustration. Bien que tous les États membres participent à son élaboration (par l'intermédiaire des institutions européennes), on constate que les différents règlements, directives et décisions utilisent des formes juridiques qui existent déjà et qui ont été mises en œuvre dans plusieurs pays de l'Union. De manière générale, une partie importante du droit européen de l'environnement (comme le droit à l'information environnementale) s'inspire des législations antérieures des pays du Nord de l'Union (comme l'Allemagne, le Royaume-Uni et les pays scandinaves)[461].

---

[459] KISCHEL (2015: 1 § 1).

[460] SCHMIDT-AßMANN (2018: 852).

[461] S. AGUILAR FERNÁNDEZ (1997), *El reto del medio ambiente. Conflictos e intereses en la política medioambiental europea*, Madrid, Alianza Editorial, pp. 56 et 95 ; S. BALL et S. BELL (1994), *Environmental Law*, 2e éd., London, Blackstone Press, p. 42 ; M. RUFFERT (2017), « Rechtsvergleichung als Perspektivenerweiterung », *Die Verwaltung*, vol. 12, pp. 165-175, spéc. p. 167.

13. La comparaison verticale peut également avoir une simple fonction *explicative* (*infra* § VI.19), non-normative. Dans ce cas, il n'est recherché aucune règle ou solution normative dans les droits étatiques. Ces derniers sont pris comme une réalité ou comme un simple matériau juridique (*Rechtsstoff*) qui peut être expliqué. Par exemple, la théorie générale de l'État de Georg JELLINEK a porté son attention sur la réalité des États existant à son époque et, sur la base de celle-ci, a théorisé une typologie des États : unitaires, fédéraux et confédéraux[462]. Par ailleurs, plus récemment, on a prétendu expliquer le contrôle juridique de l'Administration à travers cinq types ou modèles de contrôle[463].

14. De fait, il existe une autre forme de comparaison juridique plus fréquente que la comparaison verticale déjà décrite : la comparaison *horizontale*, qui peut être aussi bien à double sens qu'à sens unique ou "réceptive"[464]. Concrètement, ce que j'appelle ici la "comparaison réceptive" s'intéresse à un droit en vue d'en tirer des solutions ou des explications pour un autre droit. Dans ce cas, celui qui compare n'analyse pas deux droits d'en haut ; il étudie un droit à partir d'un autre droit avec la finalité instrumentale d'incorporer des éléments normatifs ou explicatifs d'un droit étranger dans son propre ordre juridique[465]. Il ne s'agit donc en aucun cas d'un "*gemeinsamer Lernen*" (*apprentissage commun*)[466] mais d'une forme de droit comparé. Ainsi, le droit constitutionnel contemporain est, dans une large mesure, un jeu de réceptions multiples[467].

15. Un exemple actuel de réception peut être trouvé dans ce que l'on appelle les "*sunset clauses*". Issues du droit nord-américain, elles sont aujourd'hui présentes dans de nombreux droits nationaux (entre autres, dans le droit administratif allemand). Ces "*clauses de caducité*" consistent à déterminer une date d'expiration

---

462 G. JELLINEK (1981), *Teoría General del Estado* (traduction en espagnol de la deuxième édition allemande de 1911 par F. de los Ríos), Buenos Aires, Albatros, pp. 555-590.
463 ASIMOW (2015).
464 Sur le sujet, voir notamment : J. ESTEVE PARDO (2010), « La recepción en la Europa continental del Derecho de la regulación de la economía », *Revista de Administración Pública*, n° 183, pp. 295-307, spéc. p. 295 ; E. SCHMIDT-AßMANN (2013), *Verwaltungsrechtliche Dogmatik: Eine Zwischenbilanz zu Entwicklung, Reform und künftigen Aufgaben*, Tübingen, Mohr Siebeck, p. 26.
465 F. VELASCO CABALLERO (2015a), « Die Rezeption des deutschen Verwaltungsrechts in der spanischen Rechtsordnung. Zugleich eine Darstellung der Gründe, Etappen und Probleme des unidirektionalen Rechtsvergleichs », *Die Verwaltung*, vol. 48, n° 3, pp. 383-404.
466 Cette expression est de E. SCHMIDT-AßMANN et S. DAGRON (2007), « Deutsches und französisches Verwaltungsrecht im Vergleich ihrer Ordnungsideen —Zur Geschlossenheit, Offenheit und gegenseitigen Lernfähigkeit von Rechtssystemen— », *ZaöRV*, vol. 67, pp. 395 et ss.
467 P. CRUZ VILLALÓN (2013), « Rasgos básicos del Derecho Constitucional de los Estados en perspectiva comparada », dans A. VON BOGDANDY, P. CRUZ et P. HUBER, *El Derecho Constitucional en el espacio jurídico europeo*, Valencia, Tirant lo Blanch, pp. 15-68, spéc. p. 25.

pour les lois qui les contiennent, obligeant ainsi le Parlement à décider expressément de les prolonger ou non le moment venu[468].

16. Le phénomène de réception ou de "comparaison à sens unique" est commun à toutes les époques. Nous faisons "philanthropiquement" l'éloge de la comparaison verticale, parce que la comparaison horizontale, généralement réceptive, est la plus couramment pratiquée. La comparaison à double sens est plus l'exception que la règle même si elle n'est pas totalement inexistante. Historiquement, et grâce au substrat culturel commun offert par le *ius commune*, la réception d'éléments d'un droit public étatique dans un autre était un phénomène courant sous l'Ancien Régime[469]. En ce qui concerne le droit administratif lui-même, elle est inhérente à son émergence à la fin du XVIIIe siècle[470]. Aujourd'hui, une telle réception juridique continue d'être un phénomène courant mais également asymétrique. À proprement parler, la comparaison horizontale à sens unique est orientée vers quelques droits qui, pour diverses raisons, sont communément considérés comme *meilleurs* (plus élaborés techniquement, correspondant à des sociétés plus développées économiquement). Ainsi, dans les pays *post-coloniaux*, le droit public de l'ancien pays colonisateur européen est généralement repris[471]. Les pays d'Extrême-Orient orientent leur attention vers le droit nord-américain et, dans une moindre mesure, celui de l'Union européenne. Alors que dans le passé, le droit administratif des États européens était toujours repris, à présent le droit nord-américain fait également l'objet d'une réception dans plusieurs pays[472].

III. FONCTIONS

17. Basiquement, comme cela a déjà été évoqué de manière incidente, le droit comparé peut avoir des finalités aussi bien prescriptives qu'explicatives[473]. Dans sa version *prescriptive*, il permet de chercher des solutions ou des règles juridiques dans d'autres droits afin de les faire siennes. Cette recherche de normes étrangères peut se faire aussi bien *horizontalement* (le droit d'un État est consulté dans le droit d'un autre État) que *verticalement* (pour la formation d'un droit supra-étatique ou international, un ou plusieurs droits nationaux sont observés et analysés). Cette dernière démarche est très fréquente s'agissant de la formation du

---

[468] M. SECKELMANN (2019), *Evaluation und Recht*, Tübingen, Mohr Siebeck, p. 113.

[469] Voir notamment les références comparées de DOU Y DE BASSOLS (1800).

[470] E. GARCÍA DE ENTERRÍA (1984), *Revolución francesa y Administración contemporánea*, Madrid, Taurus, p. 64. Au sujet de l'« acte administratif » et son passage de la France à l'Allemagne, voir : GONOD (2016: 17).

[471] Par exemple, voir KATABARO (2014: 14).

[472] OHNESORGE (2006: 103).

[473] Ch. STARCK (1997), « Rechsvergleichung im öffentlichen Recht », *Juristen Zeitung*, année 52, n° 21, pp. 1021-1030, spéc. p. 1023.

droit communautaire européen[474]. Nous reviendrons plus en détail sur les procédés comparatifs verticaux et horizontaux (*infra* § VI.52).

18. La création d'agences ou d'*autorités administratives indépendantes* dans le cadre du marché intérieur européen est un bon exemple de la recherche d'éléments dans un droit étranger en vue de former un droit propre. Pour la création du marché intérieur européen, on s'est tourné vers les agences de régulation indépendantes nord-américaines qui avaient déjà une certaine expérience et un fonctionnement bien établi[475]. Bien entendu, la référence comparée nord-américaine n'a pas été prise au pied de la lettre et n'a pas non plus été la seule source d'inspiration. En outre, depuis leur création, les agences européennes de régulation ont évolué pour s'adapter aux singularités institutionnelles de l'Union européenne. Cependant, la méthodologie comparative est certainement l'une des sources d'inspiration des agences européennes de régulation.

19. Dans sa seconde version, la comparaison juridique sert à *expliquer* et à comprendre son propre droit. L'utilité explicative de la comparaison se manifeste de deux manières : par opposition ou par imitation[476]. En ce qui concerne la première, un droit étatique se comprend d'autant mieux s'il est *mis en opposition avec* un autre droit, car cette opposition permet d'identifier plus clairement les traits caractéristiques de ce droit. Ainsi, dans l'étude de VENN DICEY (1885), opposer le droit administratif français au droit commun anglais a servi précisément à réaffirmer la singularité (et, selon l'auteur, la plus grande vertu) du droit anglais. De même, les systèmes électoraux proportionnels se comprennent mieux (et leurs effets sont mieux appréciés) si on les confronte aux systèmes électoraux majoritaires. Le premier ouvrage comparatif de GOODNOW (1890) est, à proprement parler, un exposé centré sur le droit administratif nord-américain mais expliqué en contrepoint des droits administratifs français, anglais et allemand. La comparaison a précisément servi ici à l'auteur à mettre en évidence les règles et les formes juridiques proprement originales des États-Unis (comme l'existence d'un nombre important de fonctionnaires élus)[477].

20. Un exemple concret de la manière dont la comparaison permet de mieux comprendre un droit peut être trouvé dans le domaine du financement local. Ainsi, une analyse des instruments financiers des municipalités dans le *droit local canadien* met en évidence le rôle prépondérant, en termes de recouvrement, de l'impôt sur les immeubles (*property tax*). Cela conduit au fait que les études juridiques se concentrent sur les procédures administratives de quantification de la base imposable de l'impôt. Au-delà d'une compréhension purement endogène du financement municipal, une comparaison avec le monde extérieur permet de prendre conscience des limites et des lacunes du régime de financement canadien.

---

[474] SCHMIDT-AßMANN (2018: 839).

[475] M. SHAPIRO (1997), « The problems of Independent Agencies in the United States and the European Union », *Journal of European Public Policy*, vol. 4, n° 2, pp. 276-291.

[476] ASIMOW (2015: 5).

[477] GOODNOW (1890: 16).

Il s'avère que dans plusieurs pays de la « famille latine », parmi lesquels figure l'Espagne, le financement local ne repose pas sur un impôt municipal hégémonique (*property tax*) mais sur une variété d'impôts qui grèvent différentes capacités contributives et sur un volume important de transferts étatiques ou régionaux. La diversité des sources de financement confère aux recettes municipales une grande stabilité, car chaque source de revenu joue un rôle plus ou moins important dans chaque phase du cycle économique, ce qui entraîne une stabilisation naturelle. L'analyse du rendement et de la stabilité du système financier canadien et, par conséquent, la perception de ses limites s'est réalisée à travers la comparaison qui a permis de constater que d'autres systèmes financiers présentaient moins de problèmes cycliques que le système canadien[478].

21. La seconde utilité explicative de la comparaison se manifeste lorsque l'*on extrait* d'un droit étranger des *théories* qui, dûment examinées, peuvent être utilisées pour expliquer le droit positif d'un autre pays (*infra* § VI.26). Dans ce cas, ce qui est recherché dans un autre droit, ce ne sont pas ses solutions normatives ou jurisprudentielles mais les éventuelles constructions *théoriques* auxquelles elles ont donné lieu sachant que ces théories pourraient également être utiles (plausibles, convaincantes) pour expliquer d'autres droits positifs. Ainsi, la théorie de l'*État garant*, proposée en Allemagne pour expliquer la substitution de l'Administration par des particuliers s'agissant de l'exercice de certaines activités d'intérêt économique général, a dépassé son ordre juridique positif d'origine et a servi à expliquer d'autres ordres juridiques (dans lesquels des phénomènes normatifs comparables se sont également produits)[479].

22. La distinction ci-dessus analysée entre fonction prescriptive et utilité explicative de la comparaison juridique n'occulte pas le fait que l'emploi de théories explicatives étrangères a également *une importance heuristique*. En effet, elles ont également des effets normatifs sur le droit dans lequel elles sont reçues, car toute théorie, même si elle a pour but l'explication cohérente et vraisemblable d'un phénomène juridique, donne implicitement une image de la réalité juridique qu'elle explique.

23. Par exemple, si l'on considère la théorisation des agences administratives de régulation qui les conçoit comme un « quatrième pouvoir » (distinct des pouvoirs législatif, judiciaire et exécutif)[480], implicitement on envisage aussi la *légitimité* constitutionnelle de la loi qui attribue à ces agences à la fois des pouvoirs normatifs et d'intervention (*regulation*) ainsi que des pouvoirs de résolution des litiges (*adjudication*). Par conséquent, lorsque cette théorie est transférée à d'autres droits étatiques, elle ne sert pas seulement à expliquer l'existence possible d'autorités ou

---

[478] H. KITCHEN et E. SLACK (2016), « More Tax Sources for Canada's Largest Cities: Why, What, and How », *IMFG Papers on Municipal Finance and Government*, vol. 27, Toronto, University of Toronto, pp. 1-33, spéc. p. 8.

[479] ESTEVE (2013: 167).

[480] P. L. STRAUSS (1984), « The Place of Agencies in Government: Separation of Powers and the Fourth Branch », *Columbia Law Review*, vol. 84, n° 3, pp. 574-634.

d'agences administratives indépendantes mais transpose également implicitement une appréciation constitutionnelle initialement favorable à leur existence. De la même manière, la théorie de l'État garant déjà mentionnée, lorsqu'elle est transposée du droit de l'État dans lequel elle est née à un autre droit étatique, non seulement déploie son potentiel explicatif mais projette également un critère de légalité s'agissant de la substitution progressive de l'Administration prestataire de services publics par des particuliers.

IV. DROITS COMPARABLES

24. Dans la présente étude, les divers droits administratifs constituent l'objet de la comparaison ; qu'ils soient de même niveau ("droits étatiques") ou que certains soient de nature étatique et d'autres de nature internationale ou supranationale comme c'est le cas aujourd'hui lorsque l'on compare - très souvent - le droit de l'Union européenne avec celui des États-Unis ou de la Chine. Si l'on porte notre attention sur l'objet de la comparaison (les droits comparables), plusieurs précisions méthodologiques nous semblent nécessaires. En premier lieu, pour définir l'*objet de* la comparaison, il est utile de distinguer deux types de contenus propres aux droits : leurs règles (légales ou jurisprudentielles) et leurs théories (*infra* § VI.25). D'autre part, la comparaison présuppose toujours un choix objectif déterminant : la *sélection* des droits sujets de la comparaison. En effet, c'est en fonction de ce choix que les résultats de la comparaison seront plus ou moins utiles (*infra* § VI.34). Enfin, la méthodologie comparée ne considère pas le droit étranger comme quelque chose de donné et d'achevé. Au contraire, celui qui compare doit *localiser, fonctionnaliser et contextualiser* le matériel juridique comparable (*infra* §§ VI.47 et 48).

1. Comparaison positive *versus* comparaison théorique

25. Lorsque nous avons évoqué les *fonctions de* la méthodologie comparative, une distinction a été faite entre la fonction prescriptive et la fonction théorique. Du point de vue de l'*objet de* la comparaison, une distinction analogue mais différente sera utilisée : comparaison positive *versus* comparaison théorique. En effet, d'un point de vue méthodologique, il est judicieux de distinguer entre la comparaison de *droits positifs* et la comparaison de *théories* élaborées pour expliquer ces derniers. La comparaison « juridico-positive » consiste à *interroger* un ou plusieurs droits quant à la manière dont ils régulent une question ou un problème déterminé ; c'est-à-dire *analyser* ce que les lois ou la jurisprudence d'un pays prescrivent. Cette comparaison est différente de ce que nous avons qualifié dans cette étude de *comparaison théorique*. Le regard curieux porté envers un ou plusieurs autres droits administratifs nationaux recherche alors les élaborations théoriques formées à partir des normes et de la jurisprudence

d'un pays spécifique. Nous pouvons mentionner, par exemple, la théorie du *service public* en France (au début du XXe siècle) avec laquelle on a prétendu expliquer un ordre juridico-administratif dans son ensemble qui s'est progressivement orienté vers une amélioration des conditions de vie des citoyens[481].

26. De notre point de vue, à la différence de ce qui se passe avec la comparaison positive, la comparaison théorique ne peut être qu'à *sens unique ou réceptive.* Ce qui caractérise une théorie est sa capacité explicative, sa faculté d'organiser la réalité (juridique) de manière synthétique, en réduisant la pluralité et la complexité normatives à des concepts, catégories, types ou institutions[482]. Une fois formulée, la théorie est un simple *énoncé logique* sans capacité prescriptive propre et directe. En d'autres termes, elle ne résout en soi aucun problème ou réalité sociale. Cependant, en raison de ses qualités rationnelles intrinsèques, une théorie peut être *utilisée dans un autre ordre* juridique étatique ; soit pour expliquer une réalité normative similaire à celle pour laquelle la théorie a été formulée, soit pour expliquer une réalité différente mais susceptible d'être entendue avec les mêmes énoncés logiques, éventuellement avec une certaine adaptation.

27. Bien que les théories juridiques soient formulées pour expliquer une réalité spécifique (normative et jurisprudentielle), dans le cadre du processus de comparaison, elles s'émancipent donc de leur substrat positif d'origine. Leur qualité rationnelle, capable de générer la conformité et l'acceptation, favorise cette émancipation. De surcroît, certaines théories possèdent une *capacité esthétique* qui favorise leur compréhension et leur réception au-delà du substrat empirico-positif qui leur a donné vie. Par exemple, la distinction allemande entre *Rechtsvorschriften* (normes juridiques) et *Verwaltungsvorschriften* (normes administratives), à l'origine au service d'une répartition historique particulière de la puissance publique mais aujourd'hui dépassée[483], est caractérisée par une simplicité cognitive et une esthétique théorique qui ont favorisé sa diffusion en dehors du contexte politico-juridique spécifique pour lequel elle a été originellement formulée[484]. Pour cette raison, il se peut qu'une théorie qui, en raison de

---

481 L. DUGUIT (1915), *Las transformaciones del Derecho público*, Madrid, Francisco Beltrán, pp. 85-86.

482 DÍEZ SASTRE (2018: 108).

483 OSSENBÜHL (1968: 42).

484 SANTAMARÍA PASTOR (1986: 727) ; J.M. RODRÍGUEZ DE SANTIAGO (2021), « Sistema de fuentes del Derecho administrativo », dans J.M. RODRÍGUEZ DE SANTIAGO, G. DOMÉNECH PASCUAL et L. ARROYO JIMÉNEZ, *Tratado de Derecho administrativo*, Vol. 1, pp. 777-860, spéc. p. 840.

l'évolution du droit positif de son pays d'origine, y a perdu sa capacité explicative la conserve encore à l'égard d'un autre droit[485].

28. C'est le cas en Espagne et en Colombie, par exemple, avec la théorie de l'*autonomie locale* en tant que garantie institutionnelle venue d'Allemagne, puis introduite en Espagne[486], avant d'être exportée en Colombie cataloguée comme étant espagnole[487]. Dans le cadre de ce processus de transplantations successives, on observe qu'en Espagne et en Colombie, la garantie institutionnelle de l'autonomie locale s'est figée dans sa formulation et dans son contenu, contrairement à son évolution vers un caractère plus subjectif dans son pays d'origine. Dans le droit public allemand actuel, la théorie de la « garantie institutionnelle » a progressivement changé de sens et de portée. Aujourd'hui, on préfère parler d'une pluralité de « garanties constitutionnelles de l'autonomie locale » (*Verfassungsgarantien der kommunalen Selbstverwaltung*) plutôt que de « garantie institutionnelle » de l'autonomie locale[488]. Précisément, la doctrine contemporaine parle d'une "triade de garanties"[489] : garantie d'existence (*Rechtssubjektsgarantie*) ; garantie institutionnelle (*Rechtsinstitutionsgarantie*) ; garantie subjective (*Subjektive Rechtsstellungsgarantie*). La théorie traditionnelle de la garantie institutionnelle de l'autonomie locale a évolué vers des énoncés subjectivants afin d'expliquer une réalité normative selon laquelle les entités locales se voient garantir constitutionnellement certains pouvoirs concrets et peuvent immédiatement les défendre au moyen de *recursos de amparo* (recours qui vise à défendre les droits constitutionnels des citoyens). Or, si telle est l'évolution de la théorie de la "garantie institutionnelle de l'autonomie locale" en Allemagne, nous assistons en Espagne à une pétrification de la formulation théorique originelle, qui correspond de moins en moins à une réalité jurisprudentielle matérialisant progressivement l'autonomie locale dans des pouvoirs spécifiques pouvant être défendus devant les tribunaux ordinaires et même devant le Tribunal constitutionnel[490]. La "garantie institutionnelle de l'autonomie locale" s'est ainsi convertie en Espagne en une relique théorique qui n'explique plus de manière suffisante une réalité juridique qui a beaucoup évolué au cours des vingt dernières années.

---

[485] En ce qui concerne le droit pénal et la manière dont la doctrine élaborée pour le Code pénal allemand de 1871 s'est répandue en Amérique latine, en s'affranchissant de son substrat positif initial et en la supplantant en termes de longévité, voir E. BACIGALUPO (2019), « La recepción de la dogmática penal alemana en España y Latinoamérica », *Indret: Revista para el Análisis del Derecho*, n° 2, pp. 1-21, spéc. p. 14.

[486] L. PAREJO ALFONSO (1981), *Garantía institucional y autonomías locales*, Madrid, IEAL ; A. J. GÓMEZ MONTORO et F. SIMÓN YARZA (2016), « La influencia del derecho extranjero en el derecho público español », *Revista Española de Derecho Constitucional*, n° 106, pp. 73-118, spéc. p. 93.

[487] P. ROBLEDO SILVA (2010), *La autonomía municipal en Colombia*, Bogotá, Universidad Externado, p. 192.

[488] J. IPSEN (2006), *Niedersächsisches Kommunalrecht,* 3e éd., Stuttgart, Boomberg, p. 29.

[489] Sur le sujet, voir E. SCHMIDT-AßMANN (2003), dans E. SCHMIDT-AßMANN et F. SCHOCH, *Besonderes Verwaltungsrecht*, 13e éd., München, C. H. Beck, p. 15.

[490] F. VELASCO CABALLERO (2009), *Derecho local. Sistema de fuentes*, Madrid-Barcelona-Buenos Aires-São Paulo, Marcial Pons, p. 44.

29. Bien entendu, la comparaison "positive" et la comparaison "théorique" sont des orientations méthodologiques qui, en réalité, sont fréquemment entremêlées. Souvent, lorsque l'on consulte un droit étranger, on s'interroge sur ses solutions ou mandats de conduite ainsi que sur les énoncés théoriques qui les expliquent. Ceci est particulièrement vrai lorsque l'approche du droit étranger est *sectorielle.* Toutefois, il arrive parfois - généralement dans des contextes académiques - qu'un droit étranger soit *directement* étudié au regard de ses théories explicatives, et seulement de manière secondaire à travers ses dispositions positives (en tant que substrat empirique de la théorie). En effet, ce ne sont pas tant les solutions d'un droit national spécifique qui sont alors recherchées que ses *énoncés logiques* dans la mesure où ils sont utiles pour expliquer un droit national différent[491]. À mon sens, il est donc méthodologiquement utile de distinguer la consultation (et, le cas échéant, la réception) d'un ou plusieurs ordres administratifs étrangers de la consultation et la réception dans un pays de théories juridiques élaborées dans un autre pays (et à l'origine pour un autre ordre positif).

30. En partant du principe que la comparaison théorique et la comparaison normative ne sont pas des formules méthodologiques pures, il est possible d'émettre l'hypothèse qu'une théorie juridique, qui naît ou est proposée dans un pays spécifique, n'est pas l'explication ou la rationalisation d'un droit qui existe effectivement (dans ce pays) mais *une proposition seulement logique* ou simplement *propositionnelle* totalement indépendante d'un ordre juridique positif spécifique. De mon point de vue, ici la réception ou assimilation horizontale de la théorie en question ne serait pas un cas de comparaison mais autre chose. Il ne fait aucun doute que cela peut exister. En effet, certaines propositions théoriques vivent complètement en marge de tout droit positif concret, national ou international. Ce n'est cependant pas le cas, à mon avis, des théories qui, bien que partant d'un ordre juridique déterminé, cherchent moins à l'expliquer mais plutôt à mettre en évidence ses contradictions ou ses insuffisances et à faire des propositions (« théoriques ») pour le corriger. Nous pensons, par exemple, à la *presentation-reinforcing theory,* une proposition de réinterprétation contemporaine de la Constitution nord-américaine qui a exercé une certaine influence sur le droit constitutionnel de la Nouvelle-Zélande[492]. À mon sens, dans un tel cas, la réception de cette proposition théorique dans un autre droit est bien un cas de comparaison réceptive, bien que ce qui est transféré ne soit pas l'"explication" d'une réalité normative mais une "proposition" de correction de cette réalité.

---

[491] GALLEGO (2002: 51).

[492] Sur le sujet, voir notamment C. GEIRINGER (2011), « When Constitutional Theories Migrate: A Case Study », *American Journal of Comparative Law*, vol. 67, n° 2, pp. 281-326.

31. La distinction primaire entre comparaison "positive" et comparaison "théorique" peut être utile pour comprendre la méthodologie comparée dans le contexte actuel d'un droit public *ouvert sur l'extérieur*. C'est aujourd'hui un lieu commun de dire que le droit administratif, autrefois manifestement national, se développe désormais dans un environnement très ouvert dans lequel les influences et les réceptions réciproques sont abondantes et fréquentes[493]. Les concepts d'européisation et d'internationalisation du droit administratif décrivent cette réalité[494]. Ce phénomène peut être attribué, je crois, à une comparaison à la fois positive et théorique avec cependant des différences méthodologiques et formelles notables.

32. La comparaison *positive*, verticale comme horizontale, peut se référer à *n'importe quel* droit étatique. Tout droit administratif, même le plus primaire ou élémentaire, contient des éléments normatifs et jurisprudentiels susceptibles d'être comparés à d'autres droits administratifs. À travers la comparaison positive, il est possible aussi bien de *confronter* des solutions différentes à des problèmes similaires que d'importer et d'exporter des modèles de régulation. La limite de l'imitation réside dans les critères de *validité* (généralement constitutionnels) de chaque système juridique et dans la *cohérence* des nouvelles règles avec le système juridique dans lequel elles sont insérées (*infra* § VI.48).

33. La comparaison *théorique* est quelque peu différente. Tout d'abord, parce que tous les ordres juridiques ne sont pas accompagnés de théories explicatives. Cela dépend de l'inclination de chaque pays pour la philosophie et la pensée abstraite. À cet égard, la distance traditionnelle du droit britannique à l'égard des explications théoriques est bien connue[495]. Les théories juridico-administratives d'un pays - comme la philosophie - ne sont pas utilisées à la recherche de solutions mais d'*explications* qui nous permettent de comprendre la réalité. Ce qui fait qu'une théorie est acceptée dans un autre pays n'est pas la pertinence de ses solutions aux problèmes de la réalité mais son aptitude rationnelle à expliquer un ordre juridique étranger. À la différence des ordres administratifs, qui sont aussi nombreux que les États, le *catalogue des théories est limité*, parce que tous les droits des États ne sont pas accompagnés de théories dignes de ce nom.

---

493 CASSESE (2014: 30).

494 SCHMIDT-AßMANN (2006: 244).

495 À ce propos, voir en particulier OLIVER (2009), « What, If Any, Public-Private Divides Exists in English Law », dans M. RUFFERT (dir.), *The Public-Private Law Divide: Potential for Transformation?* London, British Institute of International and Comparative Law, pp. 1-16, spéc. p. 2.

2. Choix du droit comparable

34. La comparaison juridique, qu'elle soit verticale ou horizontale, implique toujours un choix de principe : à quel(s) droit(s) doit-on porter attention ? Cette décision, bien que libre en principe, est conditionnée par plusieurs facteurs. Premièrement, il existe des États à vocation *exportatrice* qui encouragent la connaissance (et, si possible, la réception) de leur propre droit. Ce fut le cas du droit administratif français au début du XIXe siècle[496] ou du droit constitutionnel nord-américain au début du XXe siècle[497]. Aujourd'hui, les États-Unis diffusent leur droit économique (en particulier les garanties de la liberté d'entreprise face à l'Administration) dans les marchés émergents[498], comme ceux de l'Extrême-Orient : Japon, Taiwan, Corée du Sud et Chine. Cette vocation exportatrice est souvent canalisée à travers des organisations internationales (telles que l'OMC, le FMI ou la Banque mondiale). Les États-Unis (et d'autres pays développés comme le Canada) exportent également leur organisation administrative décentralisée, en particulier vers les pays en voie de développement[499]. Laissant de côté la question des exportations juridiques, nous considérons à présent le choix du droit comparable qui repose sur certaines *qualités intrinsèques* de l'ordre considéré. Nous nous demanderons, en premier lieu, si les droits comparables appartiennent à une même famille ou un même "espace" juridique, avant, dans un second lieu, d'examiner le système de sources de chaque ordre ainsi que son expression formelle et son degré de théorisation.

2.1. *Les familles et les "espaces" juridiques*

35. Au moment de l'expansion de la comparaison juridique après la Seconde Guerre mondiale, on a commencé à parler de familles de droits ou de « cercles juridiques » (*Rechtskreise*) pour désigner des droits étatiques qui, parce qu'ils sont étroitement liés ou connectés, sont facilement comparables. S'agissant du droit privé, on a parlé de familles latine, anglo-saxonne, germanique, nordique, orientale et religieuse[500]. Plus généralement, une distinction a été faite entre les droits de *common law* et les droits de *civil law*. La construction de familles juridiques est toujours d'actualité, même

496 GARCÍA DE ENTERRÍA (1984: 64).

497 J. KRONCKE (2012), « An early tragedy of comparative constitutionalism: Frank Goodnow and the Chinese Republic », *Pacific Rim Law & Policy Journal*, vol. 21, n° 3, pp. 535-588.

498 CASSESE (2014, 307).

499 Voir notamment BAHL et BIRD (2018).

500 ZWIGERT et KÖTZ (1996: 62).

s'il n'est pas certain que cet outil méthodologique soit encore d'une grande utilité[501].

36. En principe, la différenciation habituelle en matière de droit administratif oppose les pays de *common law* et les pays de *civil law*[502]. Les pays de *common law* (en commençant par le Royaume-Uni) soumettrait encore une partie importante de l'activité administrative à des règles générales ou communes (les mêmes que celles applicables aux particuliers), en grande partie d'origine jurisprudentielle. En revanche, les pays de *civil law,* suivant le modèle français, auraient développé un droit administratif étendu : d'origine parlementaire (et même gouvernementale, par le biais de règlements) et différencié du droit privé (qui aurait déjà pris ses distances par rapport au *ius commune*). Selon cette distinction élémentaire, la comparaison serait plus aisée à l'intérieur de chacune des deux grandes familles juridiques. Par exemple, les droits « administratifs » de l'Angleterre, des États-Unis, de l'Australie, de la Tanzanie et du Canada seraient plus facilement comparables ; de même, les droits administratifs français, espagnol, italien, belge, colombien, vénézuélien, ou encore sénégalais (tous de nature parlementaire et réglementaire) le seraient également. Aux deux familles mentionnées ci-dessus (celle du *common law* et celle du *droit administratif*), avec un biais eurocentrique propre au droit public, s'ajoute parfois la famille du droit administratif *germanique*[503], aujourd'hui caractérisé par une constitutionnalisation intense et qui aurait partiellement adopté les normes et les institutions des deux familles traditionnelles (notamment du droit de la famille français, espagnol ou italien). La pratique montre que la parenté entre droits joue encore un rôle important en matière de comparaison juridique[504]. Toutefois, cela s'affaiblit. Pour deux raisons.

37. En premier lieu, les différences historiques entre *common law* et *civil law* (en ce qui nous concerne ici s'agissant du *droit administratif*) sont de plus en plus ténues. Fondamentalement, parce que dans les pays de *common law*, on constate une augmentation considérable des lois parlementaires (*statutory law*), ce qui a réduit progressivement l'espace du droit commun d'origine judiciaire. Ce phénomène, qui est généralisé s'agissant de la *common law*[505], est particulièrement manifeste dans le domaine spécifique du droit administratif[506].

---

501 DE LA SIERRA (2016: 76) ; A. SOMMA (2019), « Global Legal History, Legal Systemology, and the Genealogy of Law », *American Journal of Comparative Law*, vol. 4, pp. 751-768.

502 Voir, parmi d'autres, DI FALCO (2018: 3).

503 FROMONT (2010: 553) ; SANTOFIMIO (2017: 170).

504 DELLA CANANEA (2016: 26).

505 M. A. GLENDON, P. G. CAROZZA et C. B. PICKER (2008), *Comparative Legal Traditions*, St. Paul, West Academic Publishing, pp. 149 et 171.

506 SCHMIDT-AßMANN (2018: 820).

38. En second lieu, au-delà de la famille traditionnelle de chaque droit étatique *(common law* ou *civil law)* les contenus substantiels de ces droits, pour chaque type de problème ou de besoin, convergent de plus en plus ; soit sous l'influence d'ordres juridiques supranationaux ou internationaux de plus en plus développés[507], soit en raison de la facilité et de la rapidité avec lesquelles une régulation juridique réussie voyage aujourd'hui entre les ordres juridiques, indépendamment de sa structure systématique et de son appartenance à une famille juridique.

39. Alors que les familles juridiques ont donc perdu de leur pertinence en matière de comparaison, les *espaces juridiques* gagnent quant à eux en importance. Cette expression se réfère à l'existence d'organisations internationales (telles que l'OMC, l'OCDE ou le Conseil de l'Europe) ou supranationales (telle l'Union européenne) qui ont créé des cadres normatifs substantiels se superposant au droit des États. Dès lors, les droits nationaux sont liés à ces cadres juridiques et prennent tout leur sens par rapport à eux. Ce cadre partagé, que j'appelle l'"espace juridique", favorise et simplifie la comparaison. Celle des droits administratifs au sein de l'Union européenne en est certainement le meilleur exemple[508]. En effet, les ordres juridiques nationaux européens sont d'autant plus comparables, par exemple en matière d'immigration, qu'il existe un cadre juridique dense et commun (l'acquis de Schengen, le règlement sur les frontières, la directive sur le retour, etc.)[509].

2.2. *Qualités intrinsèques favorisant la comparaison*

40. Sans perdre de vue les familles et les "espaces" juridiques, on peut également identifier certains facteurs juridiques *intrinsèques* à chaque ordre administratif qui conditionnent la comparaison : la fonction de la Constitution dans le système de sources ; l'existence et l'étendue des réserves de loi ; le rôle de la jurisprudence dans le système de sources ; l'existence d'une codification ; ou encore le niveau de théorisation.

41. Une comparaison peut effectivement être réalisée entre des droits administratifs fondés sur le *même type de Constitution*[510]. Ainsi, les droits administratifs disposant de constitutions écrites peuvent être *a priori* plus

---

[507] BELL (2006: 1267).
[508] SCHMIDT-AßMANN (2018: 815).
[509] Respectivement : Accord Schengen du 14 juin 1985 et Convention d'application de l'Accord de Schengen du 19 juin 1990, tous deux aujourd'hui "communaiutarisés" : règlement (UE) 2016/399 du Parlement européen et du Conseil du 9 mars 2016 concernant un code de l'Union relatif au régime de franchissement des frontières par les personnes (code frontières Schengen) et directive 2008/115/CE du Parlement européen et du Conseil du 16 décembre 2008 relative aux normes et procédures communes applicables au retour des ressortissants de pays tiers en situation irrégulière.
[510] SCHMIDT-AßMANN (2018: 823).

facilement comparés. De plus, la comparaison est plus simple lorsque la Constitution est proprement normative, sa suprématie est assurée par des organes juridictionnels particuliers (cours constitutionnelles) et qu'elle contient de manière synthétique tous les principes et valeurs qui doivent ensuite être développés par les lois. Les pays dotés d'une constitution *normative, exhaustive et directive* définissent les contenus et les formes de régulation du droit administratif. Dans cette mesure, ils sont plus facilement comparables. Ainsi, la comparaison entre les droits administratifs allemand, espagnol et italien tend aujourd'hui à être plus simple qu'avec le droit français (précisément parce que la Constitution française actuelle n'est pas homologue à celle des trois autres pays). En outre, certains pays de *common law* (comme l'Australie, les États-Unis ou le Canada) disposant de constitutions écrites et obligatoires, cela facilite la comparaison de leur droit administratif avec celui d'autres pays de *civil law* qui fondent également leur droit administratif sur des constitutions écrites, directives et obligatoires

42. Par ailleurs, les *réserves de loi* (c'est-à-dire, les exigences constitutionnelles qui déterminent que certaines matières sont régulées par une loi et non par un règlement gouvernemental) facilitent la comparaison, parce qu'elles simplifient la *localisation* des règles juridiques. En effet, elles garantissent un certain niveau de *qualité* quant à leur rédaction (fourni par la procédure parlementaire), assurent un certain degré de *stabilité* (les lois n'étant pas aussi facilement modifiables que les règlements) et, lorsqu'il existe une réserve de loi, la marge de discrétion administrative est faible et, par conséquent, la régulation légale de l'activité administrative dans la matière réservée est *plus aboutie*, précise ou exhaustive.

43. La fonction de la *jurisprudence* dans chaque droit rend également la comparaison soit plus facile, soit plus difficile. Les droits dont la jurisprudence est créative - comme c'est le cas dans les pays de *common law* - se prêtent moins bien à la comparaison que les droits dont la jurisprudence applique essentiellement la loi. Il y a deux raisons à cela. Premièrement, les règles jurisprudentielles sont *moins visibles et localisables* que les règles juridiques (les juges n'établissent pas directement de règles mais celles-ci se déduisent des jugements résolvant des litiges). Deuxièmement, les règles jurisprudentielles sont relativement imprécises[511] : elles sont liées à une configuration de faits et leur validité suppose que dans une affaire future il n'y ait aucun fait différent qui, faisant l'objet d'une réflexion *distincte*, conduirait à des conclusions juridiques divergentes par rapport au précédent[512].

---

[511] Par exemple, s'agissant des États-Unis, voir R. ROBERTS (2019), « The Judicial Response to the Presidential Polarization of the Administrative State », *The American Review of Public Administration*, vol. 49, n° 1, pp. 3-20.

[512] Pour une analyse détaillée, voir S. DÍEZ SASTRE, *El precedente administrativo. Fundamentos y eficacia vinculante*, Madrid-Barcelona-Buenos Aires, Marcial Pons, p. 114.

44. L'existence d'une *codification normative* est également un élément favorable à la comparaison. La codification administrative favorise la localisation des règles d'un ordre juridique et facilite leur compréhension systémique. Ainsi, les multiples codifications administratives nord-américaines, aussi bien en droit fédéral que dans les droits des États fédérés et les droits locaux, facilitent notablement la comparaison avec d'autres ordres juridiques étatiques. De plus, comme le montre le projet académique de codification du droit de la procédure administrative de l'Union européenne (ReNEUAL)[513], la comparaison entre ordres administratifs européens est favorisée si la réglementation procédurale nationale est codifiée. Ce fait - entre autres - peut expliquer pourquoi, dans ce projet, les influences des droits administratifs les plus codifiés (tels que ceux de l'Allemagne, de l'Espagne et de l'Italie) ont été particulièrement fortes et, au contraire, moindres s'agissant d'autres pays dont les droits administratifs sont traditionnellement peu ou pas codifiés : la France (bien que la codification s'y soit considérablement développée au cours des dernières décennies) et, surtout, le Royaume-Uni[514].

45. Enfin, les droits administratifs *théorisés* (c'est-à-dire rationalisés ou systématisés à travers des explications théoriques) favorisent la comparaison. Tout d'abord, parce que les exposés théoriques fournissent des informations supplémentaires que les simples règles positives ne donnent pas : la signification contextuelle de chaque norme, ses limites, son application par les tribunaux, son degré d'efficacité. Ensuite, parce que les règles elles-mêmes sont plus faciles à localiser, précisément grâce aux exposés généraux qui les expliquent ou les systématisent. Les concept théoriques (expropriation, contrôle judiciaire, services publics, audience) permettent d'accéder à des informations normatives souvent dispersées, fortement dépendantes de l'interprétation judiciaire, voire partiellement incohérentes.

3. Localisation, contextualisation et fonctionnalisation

46. L'analyse de droits étrangers, en particulier dans le cadre de ce que nous avons appelé la micro-comparaison (*supra* § VI 9), comprend les tâches de localisation, de contextualisation et de fonctionnalisation. La *localisation* consiste à identifier où se trouve une règle juridique ou une institution dans un droit étatique ou supranational particulier. Des règles administratives spécifiques peuvent être localisées, selon le pays, dans la Constitution, dans des lois de diverses natures ou dans la jurisprudence. En outre, selon la *répartition territoriale du pouvoir* dans chaque État (et de

---

[513] ReNEUAL (2014), *Model Rules on EU Administrative Procedure* ; texte complet disponible sur: http://www.reneual.eu.

[514] J.-B. Auby (2020), « Observaciones teóricas, históricas y comparadas sobre la incerteza del Derecho », *Revista de Derecho Público: Teoría y Método*, n° 1, pp. 207-222.

l'intégration éventuelle des États dans des organisations supranationales), des règles spécifiques peuvent être localisées dans les différentes strates normatives de cet ordre étatique. Dans un État centralisé, le droit est encadré par des lois du parlement national (comme le régime local en France, en Pologne ou en Colombie)[515] ; dans un État décentralisé, il peut y avoir une régulation à deux niveaux (fédéral et régional), comme c'est le cas pour le régime local en Espagne ou en Italie ; dans un État fédéral, elle peut entièrement provenir des parlements territoriaux (comme c'est le cas pour le régime local en Allemagne ou aux États-Unis). En outre, les normes qui, dans un État fédéral, émanent du parlement central (comme le système de planification urbaine en Allemagne) peuvent, dans un autre État fédéral, provenir des parlements territoriaux ou même des gouvernements locaux (comme c'est le cas pour la planification urbaine aux États-Unis)[516].

47. La *contextualisation* suppose que la signification précise des énoncés juridiques spécifiques d'un droit étranger résulte du contexte général de ce droit[517]. En droit administratif, ce cadre contient des éléments politiques et se définit surtout au regard d'un *système institutionnel* ou constitutionnel[518]. Ainsi, la forme du gouvernement (présidentiel ou parlementaire) ou la répartition territoriale du pouvoir (fédéralisme ou unitarisme) donnent un sens précis à des domaines très différents du droit administratif telle la portée du principe de légalité, du pouvoir réglementaire ou du contrôle juridictionnel de l'Administration. Dès lors, pour pouvoir comparer les normes réglementaires en Allemagne, aux États-Unis, en Espagne ou en France, il convient de prêter attention à l'auteur de ces normes (les gouvernements dans le cas de l'Espagne ou de l'Allemagne ; le président de la République et le Conseil des ministres dans le cas de la France ; diverses agences de régulation indépendantes dans le cas des États-Unis) et à la position constitutionnelle de ces organes ou agences (plus ou moins liés par la loi et plus ou moins contrôlés par les tribunaux). Ainsi, par exemple, ce n'est qu'en tenant compte de la légèreté de la réglementation juridique des agences de régulation nord-américaines ainsi que d'un contrôle juridictionnel généralement très modeste qu'il est possible de comprendre l'importance réelle du processus juridique des auditions publiques dans l'élaboration des réglementations par ces agences[519]. De plus, si nous voulons comparer, par exemple, le contrôle juridictionnel de

---

515 P. Robledo Silva, « El municipio en Colombia y las dificultades para su creación », dans P. Robledo Silva, H. Santaella Quintero et J. C. Covilla Martínez (2018), *Derecho de las entidades territoriales*, Bogotá, Universidad Externado de Colombia, pp. 55-85.
516 Schmidt-Aßmann (2018: 812).
517 Par exemple, voir : S. De la Sierra (2004), *Una Metodología para el Derecho Comparado Europeo*, Civitas (*in toto*) ; Cassese (2014: 309) ; Plebuch et Pielhoff (2022: 171).
518 Schmidt-Aßmann (2018: 824).
519 Di Falco (2018: 5).

l'Administration en droit chilien et en droit espagnol ou allemand, nous ne pouvons pas seulement considérer le fait qu'au Chili un tel contrôle revient normalement aux juges civils (et, par conséquent, non à un ordre juridictionnel spécialisé, comme en Allemagne ou en Espagne) ; nous devons aussi contextualiser cette réalité normative chilienne en tenant compte du rôle très important joué dans ce droit par le contrôle de légalité interne préventif réalisé à travers l'action de la *contraloría*[520].

48. Par ailleurs, l'analyse d'un droit étranger comprend également une opération de *fonctionnalisation.* En d'autres termes, on ne recherche pas dans le droit étranger les mêmes règles, institutions ou concepts que dans son propre droit mais uniquement les énoncés juridiques qui remplissent une *fonction semblable*[521].

49. Ainsi, par exemple, c'est une comparaison erronée que de chercher dans le droit procédural anglais une similitude avec le recours contentieux administratif espagnol, français ou italien tout simplement parce que le contrôle de légalité ordinaire de l'Administration anglaise est rarement exercé par des organes proprement juridictionnel (*courts*) mais beaucoup plus fréquemment par l'intermédiaire d'organes administratifs dotés d'une indépendance fonctionnelle (*tribunals*)[522]. Par ailleurs, il n'existe pas de correspondance entre la "*regulation*" nord-américaine (intervention administrative sur le marché) et la "*Regulation*" du droit allemand (réglementation des réseaux de services de base fournis par des particuliers). L'homonymie ne rend pas toujours compte de réalités juridiques semblables[523]. Enfin, les agences nord-américaines ne sont pas comparables à d'autres agences qui sont récemment devenues communes en Europe continentale et dans l'Union européenne. Si en Europe les agences sont un phénomène organisationnel typiquement administratif, aux États-Unis, l'idée d'agence va bien au-delà d'une simple organisation administrative. Le concept d'agence est, depuis le début, un concept constitutionnel avec lequel est expliquée la relation entre le peuple (constituant) et le gouvernement : "*all governments are limited agencies of the people*"[524]. Partant, l'idée d'agence est facilement transposable à tous les phénomènes dans lesquels il existe un sujet principal (détenteur d'un pouvoir ou d'une compétence) et un sujet secondaire, instrumental ou auxiliaire par rapport au premier. Enfin, comme on peut à nouveau le constater, le langage juridique

---

520 BERMÚDEZ (2010: 235).

521 ZWIGERT et KÖTZ (1996: 33), « Crítica a la búsqueda de esta simetría, como sesgo comparatista», en: F. QUEZADA (2020), « Una aproximación crítica a la comparación de Derechos administrativos », *Revista de Derecho Público: Teoría y Método,* n° 2, pp. 7-28, spéc. p. 14.

522 R. CARNWATH (2009), « Tribunal Justice. A New Start », *Public Law*, vol. 1, pp. 48 et ss.

523 M. BURGI (2014), « Regulierung: Inhalt und Grenzen eines Handlungskonzepts der Verwaltung», *Allgemeines Verwaltungsrecht. Institute, Kontexte, System. Festschrift für Ulrich Battis zum 70. Geburtstag*, München, C. H. Beck, pp. 329-345 ; RUFFERT (2017: 171).

524 G. WOOD (2006), *Revolutionary Characters: What Made the Founders Different*, London, Penguin Press, p. 201.

présente fréquemment des cas de "faux amis" qui déroutent facilement l'analyse comparative[525].

V. LES SUJETS DE LA COMPARAISON : PRATIQUES *VERSUS* THÉORIQUES

50. Historiquement, la comparaison juridique était un privilège d'érudits qui, à ce titre, accomplissaient des tâches aussi bien académiques que gouvernementales, parlementaires ou médico-légales. Progressivement - à partir du début du XXe siècle - une *communauté académique* de plus en plus nombreuse et professionnalisée en est venue à monopoliser la comparaison juridique. Une telle situation a eu deux conséquences : d'une part, le droit comparé a adopté une orientation plus théorique que positive ; d'autre part, la comparaison positive ou normative a été produite par le biais d'une médiation universitaire[526]. Cependant, au cours du dernier tiers du XXe siècle et encore aujourd'hui, des *juristes non-universitaires* (fonctionnaires, juges, avocats) se sont impliqués dans le travail de comparaison. Ainsi, la comparaison juridique est désormais une activité qui s'est généralisée en dehors des contextes académiques[527]. C'est pourquoi il est judicieux de distinguer la comparaison *théorique* (qui est encore principalement le fait de juristes universitaires) de la comparaison *positive* à laquelle participent de nombreux autres juristes (*supra* § VI 25).

51. La généralisation de la *comparaison positive*, ouverte à tous les professionnels du droit, a une relation directe avec la révolution des communications électroniques, l'expansion de l'anglais en tant que *lingua franca*, ou encore l'augmentation des liens et des interactions entre les États dans la sphère internationale. La révolution des *communications électroniques* (parallèlement à l'expansion de l'anglais) permet désormais à tout professionnel du droit d'accéder aux lois et à la jurisprudence de n'importe quel pays (ou organisation internationale). En outre, les *organisations internationales* - de plus en plus importantes en termes de nombre, de matières et de pertinence fonctionnelle - servent de réseaux de connexion pour les juristes qui opèrent dans divers ordres étatiques. L'ampleur prise par la comparaison juridique à travers l'OCDE, l'OIT ou l'OMC est incontestable. Ce phénomène est encore plus marqué dans le cas

---

525 G. MORÁN (2002), « El Derecho comparado como disciplina jurídica: la importancia de la investigación y la docencia del Derecho comparado y la utilidad del método comparado en el ámbito jurídico », *Anuario da Facultade de Dereito da Universidade da Coruña*, n° 6, pp. 501-530, spéc. p. 524; DE LA SIERRA (2004: 102) ; DE LA SIERRA (2016: 80).

526 ESTEVE (2010: 297).

527 À propos de la juridiction constitutionnelle, voir : P. TENORIO (2016), « El Derecho comparado como argumento de las decisiones del Tribunal Constitucional español », *Revista Española de Derecho Constitucional*, n° 108, pp. 275-305, spéc. p. 294.

de l'Union européenne, ce bien que la simplification et la généralisation de la comparaison présentent certains risques, notamment en termes de décontextualisation des règles ou des solutions identifiées dans les droits étrangers. S'il n'est pas difficile aujourd'hui de localiser les règles qui régissent une question particulière dans un pays donné (surtout si le droit de ce pays est fondé sur la loi et est codifié), il est plus difficile de déterminer la signification *fonctionnelle réelle* d'une règle particulière dans son propre ordre juridique. Cette signification fonctionnelle réelle est difficile à apprécier en dehors d'une compréhension systématique ou générale du droit du pays. C'est le cas, par exemple, des règles relatives à la responsabilité patrimoniale. De plus, cette compréhension systématique ou réticulaire peut difficilement être acquise dans le cadre d'activités professionnelles spécifiques qui n'ont pas le droit d'un pays comme objet d'attention mais qui recherchent simplement dans ce droit des solutions spécifiques ou des règles en tant qu'inspiration ou modèle imitable pour la résolution d'un problème particulier dans un autre pays.

VI. PROCÉDÉS COMPARATIFS

52. Depuis le début de ce chapitre, nous avons pris comme axe de réflexion sur la comparaison juridique la distinction entre comparaison verticale et comparaison horizontale en voyant comment chacune de ces deux manifestations méthodologiques présente des singularités quant à l'objet et aux sujets de la comparaison. C'est précisément s'agissant des formes ou des procédures comparatives que les différences entre la comparaison verticale et la comparaison horizontale sont les plus notables.

1. Comparaison verticale

53. Cette forme de comparaison requiert une *pluralité* de droits comparables. Les questions méthodologiques centrales sont alors à la fois le nombre de droits étudiés et le choix de ces droits. Plus le *nombre* d'ordres juridiques analysés est élevé, plus la diversité des informations collectées est grande, plus les questions ou hypothèses de comparaison sont ouvertes et plus les conclusions ont tendance à être abstraites. Par exemple, dans une comparaison portant sur les formes de répartition territoriale du pouvoir, si la comparaison se veut universelle (c'est-à-dire prenant en considération le plus grand nombre possible de pays du monde sur les cinq continents), les questions devront également être très ouvertes (afin qu'il n'y ait pas de biais *ex ante* dans les informations analysées). Finalement, seules des conclusions très abstraites peuvent en être tirées. Par exemple, il n'y a que deux organisations territoriales nécessaires dans le monde (l'État central et les

municipalités), toutes les autres étant circonstancielles et très diverses. La comparaison peut être plus précise si, au lieu de prendre un champ d'étude aussi large, l'analyse se *circonscrit* à un domaine spécifique (par exemple, une comparaison de la répartition territoriale du pouvoir dans les États fédéraux). Cette limitation permet de préciser les questions de recherche et de mieux déterminer les conclusions. En général, il n'est pas possible de spécifier à l'avance quel est l'univers comparable approprié. Cela dépend des *objectifs* de la comparaison elle-même[528]. Une comparaison de nombreux ordres juridiques peut donner des résultats modestes mais très utiles. Par exemple, la comparaison des systèmes de double imposition dans le monde peut conduire à des conclusions peu nombreuses celles-ci peuvent être particulièrement utiles, par exemple, dans le cadre d'un processus d'harmonisation fiscale internationale.

54. Dans le *choix* des droits comparables, les objectifs de la comparaison ne sont pas les seuls à compter. Les caractéristiques *intrinsèques* des droits jouent également un rôle. *L'accès* difficile aux documents juridiques d'un pays peut entraîner des informations partielles, incomplètes ou simplement erronées. De telles carences n'affectent pas seulement la compréhension du droit d'un État mais peuvent également avoir des effets négatifs sur la comparaison dans son ensemble. Elles peuvent créer une fausse apparence de diversité (qui exige que la conclusion finale soit plus ouverte que nécessaire) ou générer une fausse conclusion d'homogénéité (alors que la prise en compte d'informations plus précises sur certains droits aurait conduit à des conclusions moins uniformes). En outre, comme on l'a déjà relevé, les droits sont plus ou moins propices à la comparaison en raison de leur système de sources, de la légitimité de leur production ou du degré de sécurité juridique qu'ils expriment (*supra* § VI 40).

55. La comparaison verticale requiert un *catalogue* préalable et uniforme de *questions*[529]. Ces questions doivent être *concrètes*, précisément afin que le matériel juridique comparable soit relativement homogène, mais pas trop concrètes, afin qu'elles n'offrent pas que des réponses binaires ; à savoir si dans chaque ordre juridique comparé il existe - ou non - une règle, un concept ou une institution spécifique. Dans tous les cas, les questions doivent porter sur des phénomènes *fonctionnels*. Ainsi, si l'objet de la comparaison est la protection administrative de l'environnement, la question comparée ne peut être l'existence ou non, dans chaque pays, d'évaluations de l'impact sur l'environnement (avant l'approbation de plans ou de projets d'infrastructures). En effet, il se peut que dans un pays, la protection de

---

528 R. M. BIRD (2011), « Are there trends in local finance? », *IMFG Papers on Municipal Finance and Governance*, Institute on Municipal Finance and Governance Munk School of Global Affairs, University of Toronto, n° 1 ; DELLA CANANEA (2016: 12).

529 KISCHEL (2015: 5 § 12).

l'environnement soit caractérisée par un fort déploiement social ou judiciaire (plutôt qu'administratif) et la question comparative conduirait alors à des réponses non pertinentes. Les questions comparatives doivent plutôt être fonctionnelles : ne pas porter sur l'existence de techniques juridiques spécifiques dans les différents pays comparés mais sur les formes ou instruments juridiques avec lesquels les différentes Administrations publiques poursuivent (et avec quels résultats) des objectifs déterminés. Autrement dit, la comparaison doit porter sur les techniques ou formes administratives qui, dans différents pays, servent des fins comparables.

56. La réponse à un catalogue structuré de questions peut être faite aussi bien par un seul *observateur que* par une pluralité d'*observateurs*. En effet, les études comparatives à caractère collectif sont fréquentes. Des rapporteurs nationaux répondent alors à un questionnaire commun. C'est le cas, par exemple, des différents volumes du *Handbuch Ius Publicum Europaeum*[530]. Alors, les descriptions des droits nationaux ne sont pas véritablement comparatives. Elles peuvent être structurellement similaires (parce qu'elles se réfèrent au même type de phénomène ou de problème dans plusieurs pays) mais elles ne sont pas comparatives. Par conséquent, de telles descriptions doivent être suivies d'une comparaison ultérieure qui ne peut inéluctablement être effectuée que par une seule personne. L'inconvénient, en l'espèce, est cependant que l'analyse comparative est effectuée à partir de sources secondaires, sans accès direct aux différents droits comparés. S'agissant de l'autre forme de comparaison verticale, un seul sujet (ou plusieurs co-auteurs) accède directement aux différents droits nationaux. Dans ce cas, la comparaison commence dès le stade de l'identification et de la description, puisque la recherche de règles ou de concepts dans les droits étrangers est guidée par l'objectif comparatif lui-même.

57. On l'a déjà relevé, les questions ou indicateurs fonctionnels génèrent des informations comparables. À partir de là, l'activité comparative au sens strict prend place. Elle consiste, en premier lieu, à mettre en évidence les *similitudes et les disparités* entre différents droits quant aux diverses questions comparatives posées. La méthodologie comparative s'ouvre alors à deux possibilités : catégoriser les régulations juridiques et évaluer les symétries ou les asymétries.

58. Il est possible, en premier lieu, de *catégoriser* les données juridiques obtenues, c'est-à-dire que la diversité et la complexité des réponses peuvent être *transcrites* dans des *modèles* ou des types récurrents.

---

[530] S'agissant de cette méthodologie, voir la version en espagnol du chapitre introductif du volume I du *Handbuch* réalisée par P. CRUZ VILLALÓN (2013), « Rasgos básicos del Derecho Constitucional de los Estados en perspectiva comparada », dans A. BOGDANDY, P. CRUZ et P. HUBER, *El Derecho Constitucional en el espacio jurídico europeo*, Valencia, Tirant lo Blanch, pp. 15-68, spéc. p. 17.

Ainsi, par exemple, les différents systèmes de contrôle juridique de l'Administration peuvent être expliqués à travers cinq types ou modèles empiriques[531]. Dans le présent ouvrage, une classification universelle des droits administratifs a ainsi été élaborée à travers un catalogue préliminaire d'indicateurs (*supra* § III.1).

59. Une fois les similitudes et les différences identifiées, il est possible de procéder à une comparaison *évaluative*. Il s'agit alors de vérifier si les solutions d'un droit déterminé (pour un type spécifique de questions) sont comparativement *meilleures* que celles offertes par un autre droit. Par exemple, quel système d'accès à l'emploi public permet une meilleure sélection des fonctionnaires. Une telle évaluation nécessite des informations non seulement normatives mais aussi quant aux résultats empiriques de ces règles dans chaque pays. Ce n'est qu'à partir de cette évaluation comparative objective (étayée par des résultats appréhensibles) qu'il est possible de tirer des conclusions comparatives précises quant aux options juridiques qui produisent, dans des contextes comparables, de meilleurs résultats relatifs.

2. Comparaison horizontale

60. La comparaison horizontale, en particulier celle que nous avons qualifiée de comparaison à sens unique ou réceptive, présente certaines singularités procédurales au regard de la méthode de la comparaison verticale. Tout d'abord, l'identification du corpus juridique dans le droit étranger étudié, ainsi que sa compréhension *contextuelle et fonctionnelle*, sont des tâches particulièrement exigeantes dans la comparaison horizontale. En effet, à la différence de la comparaison verticale, dans le cadre de laquelle une sélection et une compréhension insuffisantes d'un droit national spécifique peuvent être partiellement corrigées à travers une comparaison avec d'autres ordres juridiques, dans la comparaison horizontale, une analyse erronée est difficile à surmonter en l'absence d'autres droits de référence. Sur le plan méthodologique, cela exige que l'exposé du droit étranger analysé fournisse un niveau élevé d'informations systématiques et fonctionnelles sur le contexte juridique général dans lequel les normes spécifiques examinées prennent sens et sur la signification pratique réelle de ces normes.

61. En second lieu, la comparaison horizontale réceptive inclut dans sa méthodologie deux *filtres d'évaluation* qui empêchent que n'importe quel énoncé juridique externe (positif ou théorique) puisse être transposé dans un autre droit. Il s'agit des contrôles de validité et de cohérence.

---

531 ASIMOW (2015:7).

62. Le contrôle de *validité* vise à ce qu'une possible régulation ou explication théorique externe ne soit pas reçue ou transférée à un droit si elle est incompatible avec les règles ou les principes de ce droit récepteur[532]. Pensons, par exemple, aux pouvoirs réglementaires du Premier ministre en France. Un pouvoir réglementaire aussi étendu - sans nécessité de législation préalable - peut être considéré comme positif à une époque où le droit administratif a besoin de constants changements. Néanmoins, un tel modèle de pouvoir réglementaire ne peut être transféré en Allemagne, car il est directement interdit par l'article 80 de la Constitution allemande.

63. Le filtre méthodologique de *cohérence* tend à ce qu'un énoncé juridique étranger, qu'il soit normatif ou explicatif, ne soit transféré en dehors de son droit originel que dans la mesure où il n'est pas incohérent avec la structure du droit récepteur. Ainsi, par exemple, la régulation des *Administrative Law Judges* du droit nord-américain (qui prévoit que des fonctionnaires impartiaux décident dans le cadre des procédures administratives en cas de différend avec des particuliers) ne pourrait être transposée en Espagne que de manière limitée, parce que dans le système juridico-administratif espagnol les fonctionnaires administratifs n'ont pratiquement aucun pouvoirs de décision (ceux-ci sont concentrés entre les mains de hautes autorités politiques ou gouvernementales)[533]. Parfois, dans un souci de cohérence, les énoncés juridiques contenus dans un droit étranger sont adaptés au contexte du pays récepteur[534]. Dès lors, le sens réel d'un énoncé importé est souvent substantiellement différent de sa signification originelle.

---

532 VILLAR PALASÍ (1968: 7).
533 VELASCO (2015b: 160).
534 CASSESE (2014: 30) ; KISCHEL (2015: § 6).

CHAPITRE VII

RÉFORMES ADMINISTRATIVES ET DROITS ADMINISTRATIFS

I. INTRODUCTION

1. Comme on l'a déjà relevé, l'Administration et le droit administratif sont deux réalités en continuelle interaction (*supra* §§ II.22 y 23). Les chapitres précédents de ce livre se sont concentrés sur le droit administratif, sur la manière dont le droit dirige ou ordonne l'Administration. Implicitement, nous sommes partis d'une compréhension *traditionnelle, standardisée et minimale* de l'Administration entendue comme une organisation publique au service d'un gouvernement politique et régie par le droit (*supra* § I.1). Il s'agit d'une image simple et accessible de l'Administration qui permet d'envisager de nombreuses configurations concrètes dans les différents États. À partir d'une compréhension aussi simplifiée ou élémentaire, il a été possible d'affirmer qu'il existe une Administration publique dans de nombreux États, y compris autocratiques dans lesquels il existe aussi des lois qui régissent l'Administration. Jusqu'à ici, toute notre analyse a été basée sur cette idée aussi rudimentaire qu'universelle d'Administration publique qui est apparue comme une réalité organisationnelle *statique*, objet passif des différents droits administratifs eux aussi relativement stables. À présent, une autre perspective d'analyse sera introduite, se concentrant sur l'Administration vue en tant que réalité dynamique et étudiant le droit administratif comme un facteur exogène qui, dans une plus ou moins grande mesure, est propice à la transformation de l'Administration. Précisément, nous allons désormais évoquer les réformes administratives ainsi que le rôle du droit administratif dans celles-ci.

2. Il est aisé de constater que la réforme de l'Administration est un phénomène universel. Selon les langues, on parle de *Public Administration Reform, Verwaltungsreform*, réforme de l'Administration, 行政改革 ou de الإصلاح الإداري. Lorsque l'on prend connaissance du contenu de ces réformes, on relève une diversité des termes qui la décrivent : rationalisation, professionnalisation, soutenabilité, innovation, modernisation, simplification, ou encore restructuration. Partant de la diversité des phénomènes de réforme, l'objectif de ce chapitre est triple. Premièrement, il prétend proposer une compréhension *phénoménologique* des réformes administratives. Puis, quatre grands *axes hypothétiques* de réforme seront identifiés, induits ou déduits par la science de l'Administration à partir de la

réalité administrative des différents pays. Enfin, ces courants hypothétiques de réforme seront analysés suivant la perspective du droit : c'est-à-dire que l'on vérifiera dans quelle mesure *le droit agit* positivement ou négativement sur chaque axe de réforme administrative.

3. Ainsi envisagée, la réforme de l'Administration requiert une étude *interdisciplinaire* qui met en relation la science de l'Administration et le droit administratif. Les interactions possibles entre ces deux cadres de recherche sont effectivement multiples. En ce sens, on pourrait concentrer notre attention immédiate sur le droit administratif et introduire dans le cadre de son analyse les approches et les connaissances produites par la science de l'Administration. L'inconvénient de cette démarche est qu'elle ne saisit pas les phénomènes de réforme administrative qui manquent d'expression normative et qu'elle analyse les phénomènes de réforme de manière synchronique (c'est-à-dire tels qu'ils sont encadrés par la loi à un moment précis) et non comme un processus complexe d'évolutions et de mutations suivant de multiples variables. Compte tenu des limites d'une analyse initialement juridique de la réforme administrative, un autre schéma d'interaction avec la science de l'Administration a ici été suivi. Dans un premier temps, la science de l'Administration a été analysée au regard des phénomènes de réforme en cours et leurs possibles lignes hypothétiques d'évolution. Puis, nous nous sommes tournés vers le droit public en vue d'analyser dans quelle mesure chaque droit *stimule ou ralentit* les réformes identifiées par la science de l'Administration.

II. PHÉNOMÉNOLOGIE DES RÉFORMES ADMINISTRATIVES

4. Avant d'analyser les transformations possibles et concrètes de l'Administration, il est important de considérer brièvement la réforme administrative *en elle-même* en tant que phénomène de la réalité mais aussi concept politico-juridique. La science politique a déjà relevé que la réforme administrative est autant une *idée politique*, qui ne nécessite pas de réalisation pratique, qu'une *politique publique* concrète, qui doit inévitablement faire l'objet d'une analyse empirique. Derrière cette distinction se cache, il me semble, la perception correcte de la réforme administrative qui est parfois présentée comme une aspiration ou un objectif (politique) et d'autre fois comme une réalité de l'Administration. Cette distinction phénoménologique s'exprime également dans le langage. On parle, d'une part, de "la réforme" de l'Administration (en tant qu'idée et objectif politique fondamental) ; cependant, on mentionne aussi "les réformes" de l'Administration (en tant que politiques concrètes qui ont pour

objet d'attention l'Administration elle-même)[535]. Aussi banal que cela puisse paraître, le singulier ou le pluriel, "réforme" *versus* "réformes", est un signe linguistique déterminant quant à la compréhension du phénomène réformateur.

5. La « réforme » de l'Administration (au singulier) est généralement présentée comme un lieu commun *politique*. Elle apparaît fréquemment dans les programmes électoraux ou dans le discours politique. La réforme est ici un objectif politique qui repose sur une vision globale de l'Administration d'un pays et qui vise une reconfiguration plus ou moins *complète et définitive* de celle-ci. Elle est conçue comme un changement *exogène*, non généré en interne par l'Administration elle-même. Cela signifie que, naturellement, elle s'appuie solidement sur la *loi* en tant que principal instrument opérationnel. Cette réforme, comprise comme un sujet et un objectif politique global, a historiquement connu de nombreuses expressions[536]. Dans les années 1980 - et jusqu'à nos jours - on a parlé dans les États bureaucratiques occidentaux de "réforme" de l'Administration pour faire référence au *New Public Management* ou à l'introduction de procédés privés de gestion d'entreprise dans l'activité administrative. Puis, au début du nouveau millénaire, les propositions de réforme globale de l'Administration se sont orientées vers l'idée de *gouvernance*, un modèle idéal censé dépasser l'Administration impérative ou autoritaire et être plus ouvert à l'interaction avec la société. Plus récemment, avec la crise économique et financière, surtout depuis 2007, la « réforme » globale de l'Administration a été posée en termes de *soutenabilité*. Cependant, la « réforme » globale ou exhaustive paraît plus pertinente dans le discours politique que dans la transformation réelle de l'Administration[537]. Souvent, un discours politique de "réforme" de l'Administration n'est suivi que de quelques "réformes" d'adaptation de second rang.

6. Les "réformes" administratives, au pluriel, ont moins de signification politique. Elles se produisent de *manière continue* et ne se concentrent pas sur un moment ou un processus spécifique. Elles n'affectent pas l'Administration dans son ensemble mais plutôt des structures organisationnelles ou procédurales particulières. Elles peuvent être *expérimentales* et, par conséquent, sans une nécessaire vocation à la permanence. De plus, elles ont souvent une origine *endogène*, elles naissent

---

535 G. BOUCKAERT et S. KUHLMANN (2016), « Introduction: Comparing Local Public Sector Reforms: Institutional Policies in Context », dans G. BOUCKAERT et S. KUHLMANN, *Local Public Sector Reforms in Times of Crisis*, London, Palgrave Macmillan, pp. 1-20, spéc. p. 3.

536 T. POLZER (2019), *Von klassischer Verwaltung zu Public Governance*, Berlin, Springer, pp. 1-8.

537 OCDE, *Panorama des administrations publiques 2017,* Paris, Éditions OCDE, pp. 58 et 59 ; disponible sur : http://dx.doi.org/10.1787/gov_glance-2017-fr. Voir aussi ARENILLA (2011: 55).

dans l'Administration elle-même. Ce n'est donc pas forcément la loi qui est à l'origine d'un processus de réforme et même lorsque le droit en est le moteur, sa fonction consiste davantage à faciliter la réforme qu'à transformer l'Administration. Sur la base de cette description, les "réformes" administratives pourraient également être expliquées comme des transformations ou des mutations de l'Administration. En effet, même si le facteur politique reste pertinent, les changements sont l'expression naturelle de l'adaptation de l'Administration à son environnement[538] : soit parce que ces changements sont objectivement nécessaires, soit parce que, sans changement, la justification des ressources économiques que l'Administration reçoit des citoyens serait affaiblie (l'adaptation continue de l'Administration serait alors principalement une stratégie de survie organisationnelle)[539].

7. En ce qui concerne leur *origine*, et aussi paradoxal que cela puisse paraître, la *conception* des réformes administratives n'émane pas nécessairement des institutions de l'État dans lequel elles sont mises en œuvre. Quatre acteurs de la réforme peuvent être identifiés : les institutions internationales ou supranationales (en particulier l'Union européenne, l'OCDE et la Banque mondiale) ; les pouvoirs politiques de chaque État (gouvernements et parlements) ; l'Administration elle-même ; d'autres États qui servent de modèles de réforme (en particulier, à notre époque, les États qui se sont débureaucratisés depuis la fin du XXe siècle comme les États-Unis et le Royaume-Uni).

8. Une question centrale quant aux réformes administratives est celle de savoir pourquoi et quand elles *réussissent* ou *échouent*. De notre point de vue, trois facteurs sont déterminants quant à l'analyse de leurs résultats : le contexte institutionnel de chaque réforme, la formulation même de la réforme et le système d'incitations qui accompagne chaque réforme spécifique. Pour de simples raisons pratiques, ne seront examinés à présent que les États *démocratiques*. En effet, on peut considérer que les contextes institutionnels *autoritaires* favorisent aussi bien une conception large ou globale de "la" réforme administrative que sa réalisation pratique (parce que les acteurs politiques opposants sont très limités et que le processus de mise en œuvre de la réforme repose sur l'autorité même de celui qui l'impose). L'histoire porte l'exemple de réformes administratives globales, profondes et réussies adoptées par des régimes dictatoriaux[540]. Dans ce cas, les

---

538 S. JUNG (2008), *Die Form der Reform*, Weimar, Metropolis, pp. 28 et 227 ; M. ARENILLA (2018), « La elaboración de un nuevo relato de lo público », dans *Panorama de las Administraciones Públicas 2017*, Madrid, OCDE/INAP, pp. 17-30, spéc. p. 22.

539 N. BRUNSSON et J. P. OLSEN (1993), *The Reforming Organization*, London-New York, Routledge.

540 En ce qui concerne l'Espagne, il convient de se référer audit « État administratif » de la dictature franquiste, édifié au milieu des années 1950. Sur le sujet, voir GARRIDO FALLA

facteurs de succès peuvent être différents et être davantage liés au processus d'élaboration lui-même ainsi qu'à la relation plus ou moins étroite des réformes avec les privilèges des élites politiques, économiques et de la fonction publique de chaque pays. Une autre question, même en acceptant qu'une autocratie peut réaliser des réformes administratives efficaces, est celle de l'objet de la réforme. En effet, tout naturellement, en l'absence de contrôles et d'une surveillance qui sont propres aux systèmes démocratiques, la réforme d'un État autocratique comprendra, dans une plus ou moins grande mesure, outre des objectifs d'intérêt général, une patrimonialisation et une clientélisation de l'Administration. Mais délaissons les dictatures pour revenir aux États démocratiques.

9. Parmi les éléments très divers qui composent le *contexte institutionnel* de chaque réforme dans les pays démocratiques, nous en retiendrons deux : leur système électoral et leur formulation du principe de légalité.

10. Partant du postulat que le pouvoir politique est le protagoniste médiat ou immédiat des réformes administratives, il est important de connaître le *système électoral* qui sélectionne les dirigeants dans les États démocratiques. Les systèmes électoraux *majoritaires*, dans la mesure où ils entraînent généralement de fortes majorités parlementaires, favorisent les réformes administratives étant donné que les décisions politiques sont alors simplifiées (elles requièrent moins d'accords parlementaires). Cependant, pour la même raison, les réformes administratives ne sont pas permanentes[541]. En effet, une nouvelle majorité parlementaire peut facilement modifier une réforme antérieure. Les réformes administratives réalisées au Royaume-Uni en sont un bon exemple : le niveau de transformation expérimenté par l'Administration britannique à chaque nouvelle majorité parlementaire est considérable. Les grandes réformes administratives (telles que les fusions municipales ou l'introduction du managérialisme) ont été entièrement menées sous la tutelle de majorités parlementaires spécifiques[542]. La réalisation pratique des réformes administratives, bien que de caractère provisoire, a donné naissance à un modèle de réforme administrative que l'on peut qualifier d'*expérimental*, c'est-à-dire que le changement ne perdure que dans la mesure où, en raison de ses effets réels, une nouvelle majorité parlementaire ou gouvernementale considère qu'il ne convient pas de revenir dessus[543].

(1952: 11). Au sujet des États autoritaires ou semi-autoritaires d'Extrême-Orient, en particulier la Chine contemporaine, voir : OHNESORGE (2006: 149).

541 BOUCKAERT et KUHLMANN (2016: 9).

542 CRAIG (2016: 82).

543 G. DOMÉNECH PASCUAL (2005), « El seguimiento de normas y actos jurídicos», *Revista de Administración Pública*, n° 167, pp. 97-145, spéc. p. 104 ; J. PONCE SOLÉ (2009), « ¿Mejores normas?: Directiva 2006/123/CE, relativa a los servicios en el mercado interior, calidad

11. En revanche, les systèmes électoraux *proportionnels* compliquent généralement les réformes. En effet, hormis dans de rares cas de majorité absolue, de larges accords parlementaires sont nécessaires. Lorsqu'ils se produisent, ces accords favorisent des réformes relativement stables (en raison de la difficulté même de parvenir à de nouveaux accords de réforme).

12. Le second élément institutionnel déterminant pour la réussite d'une réforme administrative est la forme que prend le principe de *légalité* dans chaque pays. Le respect du droit par l'Administration lorsqu'elle agit est un trait propre aux États modernes, en particulier aux États de droit. Cependant, le principe de légalité ne se traduit pas de la même manière dans tous les pays. Parfois, et le Royaume-Uni comme les États-Unis en sont des exemples, les lois tendent à *autoriser* plutôt qu'à programmer[544] (*supra* § III 47) : elles définissent le cadre et les limites de l'action de l'Administration, en concédant de larges pans à la discrétion administrative. Dans d'autres pays, le principe de légalité est plus développé et l'action administrative est programmée de manière précise (elle peut ainsi être qualifiée de bureaucratique ou de substantiellement réglementée)[545]. La légalité en France ou en Allemagne (et dans une moindre mesure en Espagne) tend à la programmation plus qu'à l'autorisation[546]. On peut considérer que lorsque la loi remplit une fonction d'autorisation, l'Administration peut continuellement - et de manière endogène - modifier ses structures et ses processus (bien que dans les limites et les objectifs posés par la loi). La réforme continue de l'Administration est alors facilitée. En revanche, l'adaptation constante d'une Administration marquée par une culture de légalité programmatique (lorsque les lois déterminent ou programment l'action administrative en détail, généralement au moyen de règles d'application précises et subjectives) est difficile parce que les réformes nécessitent des changements législatifs.

13. En résumé, de manière générale, les réformes administratives sont plus faciles, mais pas nécessairement durables, dans les pays où les systèmes électoraux sont majoritaires et où le principe de légalité est bien établi ; en revanche, les réformes administratives sont plus complexes et difficiles — bien qu'elles tendent à y être plus durables — dans les pays disposant de

---

reglamentaria y control judicial », *Revista de Administración Pública*, n° 180, pp. 201-243, spéc. p. 206 ; RANCHORDAS (2015: 28-45).

544 Pour une étude générale sur ledit « Droit administratif du *Ius commune* », voir U. KISCHEL (2015: 349).

545 E. TURC, M. GUENOUN, M. A. V RODRÍGUES, Y. DEMIRKAYA, J. DUPUIS (2016), « Impacts of NPM-Driven Performance Management Reforms and Ideologies in Napoleonic Local Governments: A Comparative Analysis of France, Portugal and Turkey », dans S. KUHLMANN et G. BOUCKAERT, *Local Public Sector Reforms in Times of Crisis*, London, Palgrave Macmillan, pp. 121 et ss., spéc. pp. 124 et 136.

546 W. HOFFMANN-RIEM (2006: 629 § 8).

systèmes électoraux proportionnels et d'une culture de la légalité positive, c'est-à-dire programmant l'action administrative.

14. L'efficacité réelle des réformes administratives dépend également de leur *formulation.* À cet égard, nous pouvons souligner deux facteurs. Premièrement, l'*aptitude* de la réforme à obtenir un soutien politique et social suffisant pour contrecarrer la résistance naturelle des bénéficiaires d'une situation existante. Un élément décisif à ce sujet est la cohérence de la réforme et son lien avec une idée politique sous-jacente qui recueille un degré élevé d'acceptation[547]. Par exemple, le fait de lier la numérisation et l'automatisation à l'idée de progrès et de modernisation de l'État atténue une certaine résistance naturelle au changement[548].

15. Le second facteur porte sur la capacité de la réforme à se baser sur une analyse prospective du *comportement humain* (des sujets appelés à respecter ou à mettre en œuvre la réforme). Souvent, les réformes administratives ne font que traduire un objectif politique ou économique et partent de la conviction implicite qu'elles seront efficaces et légitimes si elles ont été conçues avec divers sujets (ce qui facilite *a priori* leur application) ; ou parce qu'elles ont été décidées par une personne disposant d'un pouvoir public suffisant pour l'imposer (une chambre parlementaire, un gouvernement, un haut fonctionnaire). Il est cependant relativement rare que la formulation d'une réforme administrative comporte une évaluation prospective de son efficacité prévisible, fondée sur la connaissance et l'analyse de la conduite humaine[549]. Il s'agit donc moins de *regulatory assessments* ou de rapports d'analyse d'impact normatif qui tentent d'anticiper les effets d'une intervention publique que d'une analyse des réformes administratives qui, en raison du comportement humain nécessaire à leur mise en œuvre effective, seront plus efficaces ou efficientes. Il s'agit d'une analyse typique des *sciences comportementales* qui sont actuellement en pleine expansion[550]. Les réformes administratives incompatibles avec les modèles de comportement habituels (des fonctionnaires et des particuliers) seront rarement efficaces ou elles ne le seront qu'au prix d'un coût de mise en œuvre élevé (et, par conséquent, de manière pas si efficace). Sur la base de l'état actuel des sciences du comportement, on peut dire aujourd'hui qu'une réforme administrative réussit ou échoue dans la mesure où elle tient plus ou moins compte de ce que l'on appelle les "heuristiques" et biais

---

[547] FUKUYAMA (2016: 288).

[548] J. P ADAM, M. HAHN, I. HÖLCHSER, H. HÖSCHE, S. JANZEN, L. KÖGEL (2021), « Automatisierung von Routinetätigkeiten im öffentlichen Dienst », *Verwaltung und Management*, n° 27, vol. I, pp. 39-48.

[549] PAREJO (2016a: 174 et 187).

[550] Sur le sujet, voir : SUNSTEIN (2014: 50) ; J. PONCE SOLÉ (2018), « Derecho administrativo, ciencias conductuales y *nudging* en la gestión pública », *Revista Vasca de Gestión de Personas y Organizaciones Públicas*, n° 15, pp. 8-27, spéc. p. 18.

cognitifs humains tels que la tendance naturelle à défendre le *statu quo*, l'aversion pour certains types de changement, l'évaluation positive de situations qui comportent certains éléments favorables même si ce ne sont pas les principaux (*anchoring bias*), ou encore l'évaluation positive de changements dont l'utilité abstraite a déjà été intériorisée par leurs destinataires (*confirmation bias*)[551]. Nous pourrions également considérer aujourd'hui que certaines réformes administratives peuvent être plus efficaces en encourageant l'imitation (c'est-à-dire, en introduisant des modèles fonctionnels faciles à imiter spontanément ou de manière induite) plutôt qu'en s'imposant.

16. Cela renvoie au *système d'incitations* à la conformité qui accompagne toute réforme administrative. Implicitement, il est communément admis que l'existence d'un devoir légitimement imposé (par la loi ou par un organe supérieur dans une organisation administrative hiérarchique) contient en soi une incitation à la conformité, c'est-à-dire la tendance humaine naturelle à se conformer à des devoirs légitimes. Cette incitation connaturelle au droit est sans aucun doute pertinente ; cependant, elle n'est peut-être pas suffisante pour une réforme administrative. En effet, cela assure un cadre de légalité et une conformité formelle (pas forcément matérielle) à la réforme mais pas des résultats optimaux. La situation est encore plus grave lorsque l'objectif de la réforme *n'est pas imposé* mais simplement autorisé ou rendu possible par la loi ou par une autorité gouvernementale supérieure. Dans ce cas, l'efficacité de la réforme dépend entièrement du *système d'incitations* qui l'accompagne. Si les incitations positives sont insuffisantes, l'objectif de la réforme ne pourra être atteint. En général, le respect d'une réforme institutionnelle est encouragé lorsque les sujets les plus fortement touchés par celle-ci restent en marge du changement (c'est-à-dire qu'ils maintiennent leur *statu quo*) grâce à des clauses transitoires ou d'exclusion[552].

III. QUELLE ADMINISTRATION POUR LE FUTUR ?

17. Au cours des quatre dernières décennies, le cliché politique dominant dans les pays développés a été la *dévolution* à la société d'une grande partie des tâches actuellement accomplies par l'Administration. Dans son expression extrême, l'Administration est réduite aux fonctions classiques du *Léviathan* (monopole de la force pour garantir la paix sociale). Cette idéologie politique se traduit par de multiples réalisations

---

551 A. OLIVER (2017), *The Origins of Behavioral Public Policy*, Cambridge, Cambridge University Press, pp. 19, 26.

552 D. KAHNEMAN (2017), *Pensar rápido, pensar despacio*, Debolsillo, Sant Llorenç d'Hortons, p. 398.

pratiques. En effet, elle a déjà notamment conduit à un démantèlement de certaines organisations que l'on appelait autrefois Administrations publiques comme les entités prestataires fournissant certains services publics économiques (transports ferroviaires et aériens, services postaux, télécommunications, etc.) Au regard de ces réalisations concrètes, la disparition de l'Administration publique a pu être envisagée, dans une certaine mesure, comme une hypothèse idéale ou de référence. Aussi peut-on s'interroger : l'Administration va-t-elle disparaître ?

18. Probablement pas, car au fur et à mesure que l'Administration s'est réduite et que certains services et tâches ont été transférés au secteur privé, de nouveaux problèmes ont émergé : d'insécurité, d'équité et même d'efficacité économique[553]. Les menaces à la *sécurité publique* (dans l'espace aérien, sur internet...), ou du moins la perception sociale de l'insécurité, sont en augmentation. Or, il est généralement considéré qu'aucune organisation privée ne peut résoudre ce phénomène. En outre, le transfert de tâches autrefois administratives à des entreprises privées soulève des objections en termes d'*équité* : sur le marché, les prix sont "aveugles", ils sont basés sur la structure des coûts de chaque produit ou service et il n'y a aucun mécanisme pour assurer une certaine justice. Cette situation peut susciter des tensions sur les prix des services de base ou essentiels (telle la fourniture d'électricité). Enfin, il existe suffisamment d'*objections empiriques* au dogme selon lequel tout type de service ou de prestation est en soi plus efficace lorsqu'il est géré par des entités privées plutôt que par l'Administration. Nous savons maintenant qu'en fonction de la structure des coûts de chaque service et de variables telles que l'investissement en capital ou l'amortissement de l'investissement initial, il existe des activités dont la mise en œuvre est assurée de manière plus efficiente par l'Administration[554]. Dès lors, il existe suffisamment de raisons pour considérer que *l'Administration ne disparaîtra pas* ; d'autant plus que *son retrait* manifeste ces dernières décennies a engendré une préoccupation croissante des citoyens quant à la préservation des valeurs intrinsèques des sociétés contemporaines (telles que la sécurité et la justice).

19. Néanmoins, ce sera une Administration partiellement *différente*. Il est toutefois difficile aujourd'hui d'identifier quels seront les traits caractéristiques de cette Administration du futur. La science de l'Administration a déjà défini, sur la base des réformes actuelles et des évolutions prévisibles, quelques lignes fondamentales de changement. Nous examinerons ici les quatre axes de changement qui pourraient s'avérer les

---

[553] C. RAMIÓ (2017: 14, 20 et 137).

[554] Par exemple, voir S. LAMOTHE, M. LAMOTHE, R. C. FEIOCK (2008), « Examining Local Government Service Delivery Arrangements Over Time », *Urban Affairs Review*, vol. 44, pp. 27 et ss.

plus déterminants pour l'Administration de demain. Cela n'empêche pas de reconnaître l'importance d'autres transformations, réelles comme envisageables, telles que la *féminisation,* l'automatisation et la *robotisation.* Il s'agit de phénomènes transversaux de changement qui seront plus ou moins présents dans les quatre principaux axes de changement que nous développerons à présent, à savoir : l'orientation de l'Administration vers les résultats plus que vers l'application des lois (IV) ; l'intégration des diverses Administrations dans des "espaces", "réseaux" ou "systèmes" administratifs (V) ; la prépondérance de l'activité administrative d'ordre et de contrôle sur celle de service (VI) ; enfin, l'ouverture de l'Administration à la société (VII). Il s'agit d'axes *hypothétiques* de transformations envisagées sur la base d'une analyse de la réalité présente et d'un jugement pronostique sur l'avenir. Cependant, rien ne garantit que ces hypothèses deviennent réalité, ni qu'elles produiront les mêmes effets dans tous les pays et dans tous les contextes institutionnels. Il s'agit, en outre, d'éléments qui *interagissent.* Parfois, ils se renforcent mutuellement, parfois ils se neutralisent réciproquement. Ainsi, une administration orientée vers les résultats (et moins programmée par les lois) sera d'autant plus acceptable (et légitime) qu'elle sera ouverte et transparente. Par ailleurs, l'action administrative "en réseau" (un autre des axes hypothétiques de transformation) nécessitera un niveau élevé de densité normative afin d'assurer l'homogénéité des actions des différentes Administrations intégrées dans le réseau, ce qui contredit l'orientation vers les résultats et requiert plutôt le simple respect de la loi.

IV. LA FONCTION DU DROIT DANS LES TRANSFORMATIONS ADMINISTRATIVES

20. Avant d'analyser les quatre axes éventuels de transformation administrative, il est nécessaire d'exposer, de manière abstraite, quelle est la fonction que le *droit* remplit à l'égard de ces mutations hypothétiques. De manière systématique, il est possible de considérer que celui-ci peut : imposer des réformes, les orienter ou les favoriser, simplement les légitimer (sans les imposer) ou les décourager[555].

21. Le droit peut, en premier lieu, *imposer* certaines réformes administratives. Il permet, par exemple, de rationaliser (réduire) la taille de l'Administration simplement en diminuant le nombre d'employés publics ou en imposant la suppression d'agences, de services ou d'autres organes administratifs. Le droit peut également prescrire la *modernisation* de l'Administration, par exemple en mettant en place des procédures décisionnelles dans lesquelles certains rapports techniques ou les avis de citoyens doivent être pris en compte. Il existe un niveau élevé d'impérativité

[555] Dans un sens similaire, voir HOFFMANN-RIEM (2018: 2).

lorsque la réforme est imposée non seulement comme une obligation légale pour l'Administration mais aussi comme un *droit subjectif* des citoyens. Le risque de réformer l'Administration en consacrant des droits subjectifs est de compliquer la possibilité de modification ultérieure de cette réforme.

22. En deuxième lieu, le droit peut *orienter* positivement ou *favoriser* - sans les imposer - des réformes de l'Administration. Dans ce cas, la réforme est *endogène*, provenant de l'Administration elle-même, bien que promue ou encouragée par le droit. La réforme au moyen de principes ou d'objectifs normatifs est certainement possible, du moins dans les États dans lesquels le principe de légalité est fortement ancré. Cependant, rien ne garantit que la réforme soit mise en œuvre de manière efficace. Certains éléments incitatifs complémentaires à la loi sont nécessaires (de formation, procéduraux, techniques, économiques). Si ces *incitations* sont rares, la réforme imposée en tant que simple principe ou objectif normatif sera purement formelle, ou ne sera tout simplement pas mise en œuvre.

23. En troisième lieu, le droit peut seulement *légitimer* (sans imposer ou encourager) certaines réformes administratives. Ce procédé normatif promeut les réformes *endogènes* dans lesquelles c'est l'Administration elle-même qui évalue l'opportunité d'une réforme particulière.

24. Enfin, le droit peut aussi *décourager* ou ouvertement *empêcher* certaines réformes administratives. Tel est le cas, par exemple, du droit de l'emploi public et des éventuelles réformes internes visant à améliorer le rendement et l'innovation dans l'Administration. La réglementation de l'emploi public dans les Administrations occidentales est clairement orientée vers la garantie d'une *bureaucratie* impersonnelle et objective (par opposition aux systèmes publics patrimoniaux ou clientélistes, historiquement répandus). Cela se fait par le biais d'un statut juridique subjectif protecteur des employés publics, peu orienté vers le rendement. Les garanties d'objectivité et d'égalité dans le *recrutement* à travers les principes de mérite et de compétence priment. Cela convient à une Administration essentiellement d'application mais pas à une Administration innovante ou orientée vers les résultats. De plus, la définition du statut fonctionnel et salarial des employés publics par le biais de procédés stables et généraux (tels les *corps de la fonction publique*) fait obstacle aux réformes visant à récompenser les performances individuelles et la capacité d'innover ainsi qu'à améliorer les services publics.

V. ADMINISTRATION DE RÉSULTATS

25. Comme on l'a précédemment relevé, parmi les quatre axes hypothétiques de transformation administrative figure le passage d'une Administration d'application (également appelée « procédurale ») à une

Administration de résultats, c'est-à-dire une Administration dont l'activité n'est pas strictement programmée mais plutôt orientée vers la réalisation d'objectifs spécifiques. Il s'agit de l'un des principaux éléments de transformation proposés par le mouvement du *New Public Management* (NPM)[556]. D'un point de vue juridique, cette évolution a une portée structurelle parce qu'elle remet en question le modèle même de l'Administration bureaucratique en tant que forme caractéristique de l'Administration dans un État de droit. Bien que le biais idéologique libéral ainsi que les insuffisances et les contradictions manifestes du NPM limitent son acceptation au sein de l'Administration (au-delà du secteur des entreprises publiques), son influence est déjà visible dans la mesure où cette théorie a provoqué un certain changement d'orientation en faveur des résultats, de l'efficacité administrative[557] et de la satisfaction des bénéficiaires des services publics[558].

1. Érosion de la légalité en tant que critère de légitimité administrative

26. Depuis le début du XIXe siècle, l'Administration publique des pays occidentaux est *légitimée* par sa soumission à la loi. Cela est la conséquence du fait que lors du passage du principe monarchique au principe démocratique, l'Administration absolutiste a d'abord été placée sous l'autorité du roi (au sein du pouvoir exécutif), avant que le parlement n'affirme sa suprématie sur le « pouvoir exécutif »[559]. Dans ce contexte constitutionnel, on attendait seulement de l'Administration, pour qu'elle soit considérée comme légitime, d'exécuter précisément les mandats de la loi parlementaire. La préoccupation centrale des parlements libéraux du début du XIXe siècle n'était pas de bâtir une Administration efficace mais plutôt de brider son pouvoir tout en affirmant les libertés bourgeoises émergentes. Bien entendu, sous l'influence de la culture des Lumières et de la science de la police qui se sont développées depuis le XVIIe siècle, le bon fonctionnement de l'Administration n'était pas sans importance. Toutefois, il était soumis à la loi : c'était la loi, et non l'Administration elle-même, qui devait décider comment servir au mieux l'intérêt public dans chaque cas. Cette conception légaliste de l'Administration trouvait son pendant dans une *bureaucratie* administrative directement orientée vers l'application objective des mandats légaux[560]. La légitimité légale de l'Administration et la bureaucratie limitée à l'application de la loi étaient les deux faces d'une même réalité. Bien évidemment, la légitimité légale

556 PRATS (2005: 114) ; ARENILLA (2011: 30) ; CRAIG (2016: 82).
557 ARENILLA (2011: 42).
558 ALBRECHT (2021).
559 ESTEVE (2013: 41).
560 WEBER (1993: 174).

de l'Administration n'a jamais été tout à fait réelle. Tous les pays connaissent des phénomènes de pouvoir administratif (notamment réglementaire) en l'absence de loi et diverses délégations de la loi à l'Administration. Toutefois, il ne s'agit en fin de compte que d'exceptions ou de modulations du principe de légitimité légale de l'Administration qui ont toujours fait l'objet d'un examen approfondi de la part des juges et des universitaires.

27. La légitimité légale de l'Administration, bien que toujours pleinement opérationnelle, montre cependant des signes d'*érosion et d'insuffisance* dans les sociétés contemporaines[561]. Premièrement, dans le cadre des États sociaux, on attend de l'Administration autre chose que le simple respect ou la seule application de la loi.

28. Une fois la légitimité monarchique de l'Administration (qui justifiait sa stricte subordination à la loi parlementaire) complètement disparue et compte tenu du fait que de nombreuses constitutions contemporaines établissent des finalités spécifiques pour l'ensemble des pouvoirs étatiques (et, par conséquent, aussi pour l'Administration), il ne suffit plus que l'Administration respecte la loi de manière exemplaire. Il est également nécessaire qu'elle génère certains *résultats*. Souvent, ces résultats sont clairement identifiés dans la Constitution elle-même (comme c'est le cas en Espagne avec les différentes manifestations du principe de l'État social : art. 1.1 de la Constitution espagnole). Si, pendant deux siècles, la légitimité de l'Administration consistait en l'application exacte de la loi, aujourd'hui l'acceptabilité de l'Administration (et des ressources économiques considérables que son existence requiert) dépend également des résultats (*output legitimacy*)[562]. Il ne s'agit pas d'un critère de légitimité alternatif mais complémentaire à celui de la loi.

29. En outre, l'évolution complexe et rapide de la connaissance dans les sociétés contemporaines limite la *capacité directive de la loi*, en particulier dans des contextes parlementaires très fragmentés (reflétant la diversité sociale) où la loi n'est ni précise quant à son origine ni facilement adaptable aux nouvelles réalités. Il en est ainsi, bien entendu, de l'économie dont la conduite effective est impossible à assumer pour les parlements. Tout au plus, l'Administration - et encore avec des difficultés - peut suivre le rythme de l'économie. Parfois, les lois délégalisent expressément des décisions économiques en faveur de l'Administration (en particulier d'une

---

[561] F. VELASCO CABALLERO (2011), « The legitimacy of the Administration in Spain », dans M. RUFFERT (dir.), *Legitimacy in European Administrative Law: Reform and Reconstruction*, Groningen, Europa Law Publishing, pp. 81-114, spéc. p. 89.

[562] J. PONCE SOLÉ (2011), « The History of Legitimate Administration in Europe», dans M. RUFFERT (dir.), *Legitimacy in European Administrative Law: Reform and Reconstruction*, Groningen, Europa Law Publishing, pp. 155-164, spéc. p. 166 ; G. DOMÉNECH PASCUAL (2016: 103) ; M. ARENILLA (2018: 21).

Administration indépendante) et renoncent à une programmation abstraite et *ex ante* de ces décisions administratives[563].

2. Comment se construit une Administration de résultats ?

30. L'orientation de l'Administration vers les résultats ne se réalise pas à travers un simple mandat légal ou constitutionnel ; elle n'est pas non plus la conséquence de la simple volonté des gouvernements ou des dirigeants de l'Administration. La réalité est plus complexe. La production effective de résultats administratifs - et le fait qu'ils ne soient pas détournés - requiert la présence et l'interaction de plusieurs facteurs. À cet égard, les éléments suivants peuvent être identifiés : une législation qui permet à l'Administration d'opter pour les actions et les décisions susceptibles d'offrir les meilleurs résultats dans chaque contexte spécifique, des modes de contrôle de l'Administration qui ne ralentissent pas ou n'entravent pas de manière injustifiée l'action publique, une flexibilité organisationnelle et procédurale, une capacité d'innovation, une aptitude à la direction administrative professionnelle, un niveau suffisant de connaissances actualisées.

2.1. *Une déprogrammation normative de l'action administrative*

31. Une administration orientée vers les résultats nécessite des marges de choix, des compétences discrétionnaires ; c'est-à-dire, le pouvoir et la capacité d'opter à tout moment pour la décision ou la politique publique qui peut offrir les meilleurs résultats matériels[564]. Cela implique de passer d'une logique de programmation, qui exige simplement que l'Administration applique correctement la loi à chaque cas, à une logique de choix selon laquelle l'Administration décide dans chaque cas - et avec des limites juridiques ciblées - de la meilleure solution à un problème ou à un besoin. Dans le cadre de cette évolution, la loi ne programme plus la décision administrative correcte mais propose des *principes et objectifs* qui doivent être pris en considération ou pondérés dans l'action administrative. Elle passe de la régulation de l'action administrative à travers des normes conditionnelles (si le cas A se produit, l'Administration doit faire B) à la régulation au moyen de normes *organisationnelles et procédurales* qui

---

[563] En ce sens, voir CJUE, 3 décembre 2009, *Commission contre Allemagne* (affaire C-424/07) concernant les directives 19, 21 et 22/2001 toutes relatives au marché des télécommunications. Sur le sujet, voir : J. M. BAÑO LEÓN (2011), « Reserva de Administración y Derecho comunitario », *Papeles de Derecho Europeo e Integración Regional*, n° 7, pp. 1-12 ; PLEBUCH et PIELHOFF (2022: 178).

[564] PRATS (2005: 128).

définissent la structure, la composition et les procédures d'action des organes administratifs afin qu'ils prennent naturellement de bonnes décisions.

32. La réalité contemporaine montre déjà que dans certains domaines, en particulier ceux qui sont d'une grande *complexité technique ou scientifique*, l'Administration n'agit pas conformément à des programmes juridiques conditionnels mais décide de ce qui est approprié dans chaque cas ; parfois selon des programmes abstraits *préalables et propres* (règlements ou instructions administratives internes) et d'autres fois sans programme, en décidant avec une grande liberté dans chaque situation concrète. Dans ce dernier cas, les lois ne prédéterminent pas les réponses administratives mais définissent plus précisément les structures organisationnelles et/ou les procédures de prise de décisions administratives. L'objet de la régulation légale cesse alors d'être la décision administrative et devient la création de procédés organiques et procéduraux qui garantissent la qualité de l'action (généralement discrétionnaire) de l'Administration[565].

33. Un exemple de cette situation est le cas des décisions administratives *environnementales* au sein de l'Union européenne qui sont de moins en moins prédéterminées sur le fond (car elles dépendent de contextes scientifiques et technologiques très changeants) et de plus en plus régies par des règles organisationnelles et procédurales. Il en est ainsi, dans le domaine de l'évaluation environnementale stratégique des plans et des programmes, du principe de séparation de l'organe administratif qui doit approuver un plan ou un programme ayant des incidences sur l'environnement (organe substantiel) et de l'organe qui évalue les rapports environnementaux sur les impacts de ces plans et programmes (articles 6 et 8 de la directive 2001/42/CE du Parlement européen et du Conseil du 27 juin 2001).

34. C'est le cas également des *services sociaux* en Espagne où la loi renonce à toute programmation substantielle de la prestation de l'Administration : elle ne dit pas quel type de service est approprié dans chaque situation ; ce choix est laissé à l'Administration qui s'occupe directement de la personne qui en a besoin. D'où le concept de "programme individuel d'attention" (PIA) régi par l'article 29 de la loi 39/2006 du 14 décembre 2006 relative à la promotion de l'autonomie personnelle et à l'attention aux personnes en situation de dépendance[566]. La loi définit le "système" organisationnel et procédural dans le cadre duquel l'Administration sociale est censée prendre la décision optimale dans chaque cas.

35. La déprogrammation normative de l'activité administrative et la substitution corrélative des règles conditionnelles par des règles organisationnelles ou procédurales, ne correspondent pas - ou pas

[565] RODRÍGUEZ DE SANTIAGO (2016: 27).

[566] A. DE PALMA DEL TESO (2012), « El principio de igualdad y el procedimiento para el reconocimiento de la situación de dependencia y el derecho de acceso a las prestaciones del sistema para la autonomía y atención a la dependencia », dans J. M. RODRÍGUEZ DE SANTIAGO et S. DÍEZ SASTRE, *La Administración de la Ley de Dependencia*, Madrid, Marcial Pons, pp. 143-202, spéc. p. 177.

entièrement - à la dérégulation prônée par le managérialisme ou *New Public Management*. Cette position de la science de l'Administration propose une évolution de l'activité administrative sans distinguer entre une déprogrammation *substantielle* et une dérégulation *procédurale*. C'est pourquoi le managérialisme contemporain parle d'un passage d'une "Administration de procédures" à une "Administration de résultats". Suivant cette conception, les "procédures" sont identifiées à la bureaucratie et à la légalité ; elles comprennent à la fois des règles de fond et des règles procédurales *stricto sensu*. Dans cette mesure, la tendance croissante à déprogrammer l'action administrative et, dans le même temps, à la "reprocéduraliser" ne répond pas aux schémas du *New Public Management*. Il s'agirait d'un phénomène davantage lié à la grande complexité technique et scientifique qui caractérise aujourd'hui l'Administration et qui rend difficile une programmation matérielle fiable qu'à la recherche d'espaces de libre choix pour l'Administration indépendamment de la loi.

36. La possible déprogrammation normative de l'action administrative entraîne certaines conséquences structurelles, au-delà de la simple extension du pouvoir discrétionnaire ou de choix de l'Administration. L'une d'entre elles est l'accroissement du pouvoir des *Administrations territoriales* ; une autre conséquence est la redéfinition du *contrôle juridictionnel* de l'Administration.

37. Lorsque la répartition territoriale du pouvoir s'articule autour de l'axe législation-exécution (comme cela est le cas dans le fédéralisme d'exécution allemand mais aussi, dans une large mesure, dans le régime autonome espagnol), une augmentation de la discrétion administrative conduit naturellement à un renforcement du pouvoir territorial dans les matières pour lesquelles la législation revient à l'État et l'exécution administrative aux administrations territoriales. Selon cette approche, le régime constitutionnel étant une variable indépendante, une Administration orientée vers les résultats est également un système administratif *décentralisé*.

38. L'étendue du *contrôle juridictionnel* est dans une large mesure définie par la précision avec laquelle une norme préalable oriente l'action administrative[567]. Par hypothèse, l'absence de programmation matérielle de l'activité administrative devrait conduire au *self-restraint* judiciaire (par exemple, en invoquant le pouvoir discrétionnaire technique de l'Administration). Cependant, comme l'exige le droit à une protection juridictionnelle effective (article 19, alinéa 4 de la Loi fondamentale allemande ; article 23 de la Constitution de la République italienne ; article 24 de la Constitution espagnole ; article 47 de la Charte des droits

---

[567] Sur le sujet, voir M. BACIGALUPO SAGGESE (1997), *La discrecionalidad administrativa*, Madrid, Marcial Pons, p. 221.

fondamentaux de l'Union européenne), ce contrôle ne peut être complètement diffus. Il devrait plutôt être déplacé ailleurs. On constate donc que l'atténuation d'un contrôle juridictionnel substantiel s'accompagne d'un contrôle *procédural* plus important. En d'autres termes, le contrôle est relocalisé : il cesse d'être un contrôle de l'action ou de la décision pour devenir un contrôle de la *manière dont* l'Administration a exercé son pouvoir discrétionnaire[568] qui vérifie si celle-ci a suivi une procédure régulière et a agi conformément au principe général de bonne administration, c'est-à-dire avec la diligence requise et en examinant tous les intérêts en jeu. Ainsi, comme l'indique la Cour de justice de l'Union européenne, en ce qui concerne la classification de certains produits chimiques, le contrôle juridictionnel se concentre sur "la question de nature procédurale consistant à déterminer si la Commission, en procédant à la classification du [produit chimique], a respecté son *obligation de prendre en considération tous les éléments et les circonstances pertinents*"[569].

39. Finalement, la baisse de l'efficacité légitimante de la loi (dans la mesure où la loi renonce à programmer matériellement l'action administrative et se contente d'une régulation organisationnelle et procédurale) requiert que des *éléments complémentaires* légitiment pleinement l'action administrative. Par ailleurs, la légitimité de l'Administration cesse d'être binaire (légitimité *versus* illégitimité) et devient une *échelle graduée de légitimité*. La loi, par le biais d'une programmation matérielle succincte et d'une régulation organisationnelle et procédurale plus étendue, offre un *minimum de* légitimité juridique à l'Administration et non forcément un haut degré d'acceptation. Toutefois, d'autres facteurs juridiquement pertinents tels que la transparence, la participation, la qualité technique ou l'évaluation des performances permettent d'atteindre un degré de légitimité plus élevé. Les agences européennes indépendantes, dont la réglementation matérielle est normalement très limitée, sont un bon exemple de cette recherche de facteurs complémentaires de légitimité juridique, au-delà de leur simple soumission à la loi (directives, règlements et décisions). Dans les agences européennes indépendantes, aussi bien la transparence que la qualité technique des décisions (que l'on prétend assurer à travers des comités d'experts qui influencent de manière décisive la formation des décisions) sont d'une grande importance[570].

---

[568] HOFFMANN-RIEM (2018: 14).

[569] CJUE, 22 novembre 2017, *Commission européenne contre Bilbaína de Alquitranes* (affaire C-691/15 P), paragraphe 58.

[570] VELASCO (2015c: 212).

2.2. *Contrôle administratif des résultats*

40. Lorsque les lois et les règlements contiennent une programmation matérielle dense, le contrôle de l'Administration est, fondamentalement, un contrôle analytique de *légalité* qui porte sur la conformité au droit, à une règle abstraite préalable, des décisions ou des actions concrètes de l'Administration. Cela vaut tant pour le contrôle *externe* (par des organes judiciaires ou d'audit) que pour le contrôle *interne* (au moyen de rapports administratifs obligatoires et/ou contraignants et de recours administratifs internes). Les contrôles ou évaluations de l'efficacité, de l'efficience, de l'économie et de l'effectivité des actions de chaque Administration publique sont moins fréquents. Une éventuelle réduction de la densité de la programmation légale de l'Administration devrait aussi naturellement conduire à une *réduction des contrôles de légalité* de l'action administrative (en particulier des contrôles préalables). D'autres types de contrôle pourraient simultanément se développer, plus orientés vers les résultats. Dans un contexte de plus grande capacité de gestion administrative (et de moindre programmation légale), il est judicieux de prêter attention aux résultats d'une politique publique donnée plutôt qu'à la légalité ou à l'illégalité de chaque action administrative *spécifique*. Les évaluations *ex post* et le suivi de l'efficacité des décisions administratives se justifient[571] davantage que le contrôle analytique et de légalité de chaque action ou décision administrative particulière.

2.3. *Flexibilité organisationnelle et fonctionnelle*

41. L'Administration orientée vers les résultats (plus que l'application de la loi) nécessite d'avoir à sa disposition des techniques organisationnelles, aussi bien de nature fonctionnelle qu'en matière d'emploi public, adaptées à chaque type d'action ou de politique publique spécifique[572]. Ainsi, en fonction des objectifs poursuivis, chaque Administration publique peut recourir à l'une ou l'autre technique ou forme d'action, la plus adaptée à chaque cas.

42. D'une manière générale, le droit espagnol *n'offre pas de flexibilité organisationnelle* répondant aux besoins et aux objectifs de chaque type d'action administrative. Historiquement, le droit administratif espagnol impose le même modèle de département pour chaque Administration publique (*ministerios, consejerías, concejales delegados*). Cette uniformité n'a été rompue - depuis la fin des années 1950 - qu'avec la création (par la loi et non par l'Administration elle-même) de diverses entités spécialisées, certaines relevant d'un régime de droit

---

[571] DOMÉNECH (2005: 103) ; M. SECKELMANN (2019), *Evaluation und Recht*, Tübingen, Mohr Siebeck.

[572] PRATS (2005: 127).

administratif (organismes spécialisés) et d'autres de droit privé (entreprises publiques, fondations, sociétés commerciales publiques). Cette réalité tranche avec celle d'autres pays où l'homogénéité administrative est plus faible et où chaque entité administrative adopte une forme d'organisation plus ou moins singulière en fonction du secteur d'activité dans lequel elle agit[573].

43. Le droit espagnol de l'*emploi public* n'offre pas non plus d'outils diversifiés, adaptés aux besoins de l'Administration publique à un moment donné. La structuration de l'emploi public par le biais de *corps et d'échelons* [article 75 du Statut général du fonctionnaire (*Estatuto básico del empleado público* - EBEP] ainsi que de dispositifs fonctionnels rigides, telles que les descriptions de postes ou les répertoires de postes de travail (article 74 du EBEP), limitent la capacité d'auto-organisation administrative (et donc l'aptitude à rechercher des résultats autres que la simple application de la loi). Par ailleurs, un système efficace d'*incitations* et de *récompenses* est essentiel pour optimiser le rendement professionnel[574]. Le Statut de base du fonctionnaire, en particulier, n'utilise pas ces instruments. Ainsi, les *traitements* des fonctionnaires sont davantage liés à des éléments de caractère *corporatiste* (corps et niveau, ancienneté dans le corps) et aux caractéristiques du *poste de travail* (allocation spécifique) qu'à la qualité de l'activité professionnelle (productivité et performance)[575].

44. En *Allemagne*, les systèmes de rémunération axés sur les résultats n'ont pas non plus réussi à se développer. Traditionnellement, la loi fédérale sur les salaires des fonctionnaires (*Bundesbesoldungsgesetz* de 1957, modifiée à plusieurs reprises) a organisé la rémunération selon deux critères : "l'adéquation de la rémunération à la fonction" (*Funktionsgerechte Besoldung*) et "la suffisance des ressources" (*Alimentationsprinzip*). Ces deux critères donnent lieu à un système de rémunération basé sur l'évaluation de chaque poste de travail en vue de le classer dans un groupe de rémunération (A, B, C, W), sachant qu'à l'intérieur de chaque groupe plusieurs niveaux de rémunération sont reconnus en fonction de l'ancienneté[576]. Ce système de rémunération bureaucratique n'a guère été corrigé par la réforme législative de 2009 (*Leistungsorientierte Bezahlung* - LOB), davantage orientée vers les performances et désormais intégrée dans la législation fédérale (*Gesetz zur Neuordnung und Modernisierung des Bundesdienstrechts. Dienstrechtsneuordnungsgesetz* - DNeuG du 5 février 2009). Bien que cette loi ait formellement marginalisé la rémunération basée sur l'ancienneté (*Senioritätsprinzip*), dans la pratique, la rémunération liée à la performance n'a pas été consolidée. Les causes de cette situation résident à la fois dans la faible intensité des incitations économiques à la performance et l'absence d'une culture de la productivité dans la fonction publique[577].

---

573 CRAIG (2016: 74).

574 ARENILLA (2018: 28).

575 R. JIMÉNEZ ASENSIO (2018), « Repensar la selección de empleados públicos: momento actual y retos de futuro », *Revista Vasca de Gestión de Personas y Organizaciones Públicas*, n° extra 2, pp. 8-29, spéc. p. 16.

576 P. KUNIG (2005), « Das Recht des öffentlichen Dienstes », dans E. SCHMIDT-AẞMANN, *Besonderes Verwaltungsrecht*, 13e éd., Berlin, De Gruyter, pp. 735-836, spéc. p. 819, § 157.

577 S. VERT (2018), « Verwaltungsreformen in der Bundesverwaltung », dans M. W. BAUER et E. GRANDE (dir.), *Perspektiven der Verwaltungswissenschaft*, Baden-Baden, Nomos, pp. 121-152, spéc. p. 128.

45. Dans l'analyse critique du manque d'instruments normatifs visant une amélioration du rendement, nous n'incluons pas la stabilité des employés publics. Dans le cadre du NPM, une différenciation a souvent été suggérée entre les employés publics qui exercent une autorité (et pour lesquels il devrait exister une inamovibilité) et les employés qui fournissent physiquement des services publics ou exécutent des tâches administratives. Ces derniers types d'employés ne devraient pas être inamovibles mais dépendre des besoins administratifs à un moment donné[578]. Comme le montre l'histoire de l'Administration, la précarité ou le *turn-over* dans l'emploi public empêche l'existence d'une Administration efficace et orientée vers l'intérêt général[579]. Pour cette raison, et au-delà de la valeur intrinsèque que la sécurité de l'emploi peut avoir pour la société dans son ensemble, dans la sphère publique celle-ci est une *nécessité* pour l'existence même d'une Administration orientée en permanence vers l'objectivité et l'intérêt général. Historiquement, la mobilité ou le caractère temporaire du personnel administratif a donné lieu à des Administrations fragiles, clientélistes ou patrimonialisées par les partis politiques ou les dirigeants en place. En d'autres termes, ce sont des Administrations qui ne sont pas nécessairement guidées par l'intérêt général mais qui se trouvent au service du pouvoir politique du moment, dans les démocraties comme dans les autocraties. Ce n'est pas un hasard si la grande expansion des États sociaux contemporains s'est réalisée parallèlement à la professionnalisation (fonctionnarisation) de l'emploi public. Par conséquent, les procédés d'emploi public temporaires contredisent ouvertement la viabilité même d'une Administration axée sur les résultats. Une question différente - cela pourrait être l'objet d'une réforme - est l'existence de structures organisationnelles, d'incitations et de récompenses qui garantissent que les employés publics servent les objectifs d'intérêt général de chaque Administration publique de la manière la plus efficace possible dans chaque contexte historique.

46. En ce qui concerne le *droit espagnol*, la législation relative à l'emploi public prévoit manifestement une *stabilité* des employés publics, qu'il s'agisse des fonctionnaires (article 9.1 du EBEP) ou du personnel salarié (article 15 du décret royal législatif 2/2015 du 23 octobre portant approbation du texte consolidé de la loi sur le statut de base du fonctionnaire). Il n'existe pas de distinction structurelle entre les différentes tâches publiques déterminant des niveaux distincts de stabilité dans l'emploi public. Cela est la règle plutôt que l'exception.

47. Par ailleurs, plusieurs droits nationaux que l'on suppose moins exigeants en termes de stabilité (comme aux États-Unis) affichent un degré élevé de protection ou d'inamovibilité pour l'ensemble des employés publics[580]. Dans le cas du Canada,

---

[578] ARENILLA (2018: 65). Voir aussi la proposition de A. BOIX PALOP et A. SORIANO ARNANZ (2020), *El acceso al empleo público en España. Estudio comparado y propuestas de mejora*, Valencia, Universitat de València, p. 104.

[579] RAMIÓ (2017: 131).

[580] COOPER (2007: 478).

bien qu'il existe en principe une différence en termes de stabilité de l'emploi entre les *office holders* et les *employees*, l'évolution concrète du système tend à assurer aux agents contractuels des niveaux de protection et de stabilité comparables à ceux des fonctionnaires[581]. En effet, bien qu'en principe les agents contractuels soient régis par la *common law* des contrats, qui laisse une grande marge de manœuvre pour mettre fin à la relation d'emploi public, le fait est que ce régime contractuel a été presque entièrement remplacé par des lois parlementaires et des conventions de travail qui tendent à rapprocher la stabilité des agents contractuels de celle des fonctionnaires[582].

2.4. *Capacité d'innovation*

48. Les résultats de chaque Administration publique dépendent aussi de sa capacité d'innovation[583]. Il ne s'agit pas seulement de disposer de la flexibilité permettant de poursuivre des objectifs ; il s'agit également de disposer de la *capacité* de modifier ou de corriger des formes d'action existantes en les remplaçant par d'autres. L'innovation se produit difficilement à travers des mandats légaux. Elle résulte de la création de contextes organisationnels (« écosystèmes d'innovation ») qui favorisent de manière stable l'initiative, le leadership et le changement[584]. Lorsqu'il existe des modèles d'action très réglementés, la marge de manœuvre en matière d'innovation est réduite. Cependant, l'innovation requiert également un personnel spécifiquement *formé* (pour l'acquisition de nouvelles connaissances, l'adaptation fonctionnelle et l'expérimentation) et des *incitations* (à la fois subjectives et fonctionnelles et en termes de rémunération) qui stimulent la capacité d'innovation qui existe effectivement au sein d'un organe ou d'une unité administrative spécifique. En principe, et peut-être de manière contre-intuitive, les Administrations publiques sont des organisations ayant une forte capacité d'innovation requise par leur taille importante, leur nature stable, leur forte accumulation de capital humain ainsi que leur proximité et perméabilité par rapport à d'autres organisations[585]. Toutefois, cette aptitude potentielle à l'innovation nécessite également un cadre juridique propice[586].

49. Bien que le droit administratif espagnol n'empêche pas *en soi* l'innovation, il ne l'encourage pas non plus. À mon avis, les récentes lois [loi sur la

---

[581] MULLAN (2001: 9).

[582] Supreme Court of Canada, *Wells v. Newfoundland* [1999] 3 S.C.R. 199.

[583] OCDE (2018: 71).

[584] M. SERRANO CANON (2018), « Un decálogo aprendido sobre innovación pública », dans «Innovación: una obligación de la Administración del siglo XXI », *El Consultor de los Ayuntamientos y de los Juzgados*, numéro monographique, pp. 1-18, spéc. p. 5.

[585] M. MAZZUCATO (2014), *The Entrepreneurial State*, London-New York-New Delhi, Anthem Press, pp. 21 et 37 ; RAMIÓ (2017: 170).

[586] PAREJO (2016a: 171 et 199).

procédure administrative commune (LPAC) de 2015, loi sur le régime juridique du secteur public (LRJSP) de 2015, loi sur les contrats du secteur public (LCSP) de 2017 et loi sur la transparence, l'accès à l'information publique et le bon gouvernement (LTBG) de 2013], dans la mesure où elles augmentent la rigidité juridique de l'organisation et des formes d'action de l'Administration (*supra* §§ VII.32-36), *découragent* clairement l'innovation[587]. Il en va de même pour la régulation légale de l'emploi public. D'une part, la *sélection* actuelle des employés publics par le biais de concours est davantage axée sur les connaissances existantes que sur la capacité d'apprentissage continu et l'innovation. La situation est d'autant plus frappante lorsque l'accès à l'emploi public ne se fait pas par le biais de concours basés sur les connaissances mais à travers des procédures sélectives « souples » (comme c'est souvent le cas en Espagne des concours dans les Administrations régionales autonomes et les entités autonomes[588] ou par des processus de "stabilisation" (il n'y a alors pas de sélection concurrentielle proprement dite) prévus dans la TD 4.ª du EBEP et dont l'« Accord II pour l'amélioration de l'emploi public et des conditions de travail » (paragraphe 3) est un exemple. D'autre part, le système de *rémunération* des employés publics donne la priorité à l'exécution correcte des fonctions correspondant à chaque poste de travail (défini, dans le cas des fonctionnaires, sur la base des qualifications académiques requises pour l'entrée dans chaque corps, échelon ou poste spécialisé de la fonction publique). Néanmoins, il ne propose pas d'incitations claires pour améliorer la capacité d'innovation.

2.5. *Direction professionnelle*

50. Une administration orientée vers les résultats nécessite une direction professionnelle ; c'est-à-dire un personnel qualifié doté d'un statut juridique approprié pour diriger l'organisation administrative vers des objectifs spécifiques. La direction professionnelle ne consiste alors pas à superviser la stricte application des lois mais à adopter les décisions ainsi qu'à prendre les initiatives organisationnelles, procédurales et fonctionnelles qui permettent d'obtenir les meilleurs résultats possibles dans le cadre de la loi.

51. Le fait est que la fonction de direction professionnelle est ouvertement *empêchée* par le droit administratif espagnol. Formellement, l'article 13 de l'EBEP prévoit l'existence de directeurs publics professionnels. Toutefois, il s'agit

[587] Pour une opinion plus positive, voir notamment C. CAMPOS ACUÑA (2018), « Acercándonos a la innovación », dans « Innovación: una obligación de la Administración del siglo XXI », *El Consultor de los Ayuntamientos y de los Juzgados*, numéro monographique, pp. 1-11, spéc. p. 4.

[588] J. A. FUENTETAJA PASTOR (2017), « El empleo público en tiempos de crisis », dans M. LÓPEZ BENÍTEZ, J. A. FUENTETAJA PASTOR et S. RODRÍGUEZ-CAMPOS GONZÁLEZ (dir.), *Las reformas administrativas de la crisis*, Cizur Menor, Thomson-Reuters Aranzadi, pp. 239-284, spéc. p. 266 ; JIMÉNEZ ASENSIO (2018: 15) ; J. FONDEVILA ANTOLÍN (2018), *Problemas y soluciones al empleo público actual. Una valoración a los 10 años de la aprobación del EBEP*, Granada, CEMCI, p. 51.

simplement d'une disposition juridique de base nécessitant un développement juridique qui n'a pratiquement pas eu lieu. Ce manque de précision juridique a conduit à une utilisation abusive des postes d'agents temporaires (qui, conformément à l'article 12 de l'EBEP, sont dont l'emploi est à la discrétion du pouvoir politique[589] et non du personnel professionnel). Cette lacune est due à l'absence de définition juridique d'un *champ propre* à la direction professionnelle publique[590]. Une partie de cet espace est occupée par le personnel politique (pas nécessairement professionnel) et une autre par la haute fonction publique (recrutée et formée pour la stricte application de la loi, non pour la direction professionnelle des services, et dont la rémunération n'est pas liée aux résultats). Ainsi, l'Administration est dirigée, d'une part, selon des critères politiques et, d'autres part, suivant des critères bureaucratiques.

2.6. *Connaissances*

52. La production de résultats requiert que le personnel de l'Administration dispose des connaissances nécessaires à cette fin. Une administration façonnée par le principe de légalité favorise l'acquisition des connaissances appropriées à la correcte *application* de la loi. Elle promeut des qualifications éminemment juridiques et la faculté de réduire la réalité à des hypothèses factuelles normatives[591]. Une administration axée sur les résultats, et non sur la simple application de la loi, exige un autre type de connaissances. Et, surtout, la capacité d'en acquérir de nouvelles qui, à un moment donné ou dans un contexte particulier, sont nécessaires à la réalisation d'un certain type de résultats. De manière prospective, on peut prévoir que les progrès informatiques et l'intelligence artificielle prendront en charge certains éléments de performance de l'Administration (la gestion et l'application de règles simples à des cas concrets). Dès lors, la formation juridique perdra de la place dans l'Administration tandis que la qualification technologique et, plus généralement, la formation à l'acquisition de nouvelles connaissances en gagneront[592].

---

[589] En droit espagnol, il existe, aux côtés du personnel contractuel (ayant un contrat de travail à durée indéterminée ou déterminée) et du personnel fonctionnaire (titulaire ou provisoire), une catégorie très particulière d'agent public, en raison de son lien direct avec les responsables politiques : le personnel temporaire. Conformément à l'article 12 de l'EBEP, ces agents temporaires sont nommés librement par les responsables politiques et cessent automatiquement leurs fonctions lorsque les responsables politiques qui les ont nommés quittent leurs fonctions.

[590] R. JIMÉNEZ ASENSIO (2009), « La dirección pública profesional: perspectiva comparada y diagnóstico de la situación en España », dans R. JIMÉNEZ ASENSIO, M. VILLORIA, A. PALOMAR OLMEDA, *La dirección pública profesional en España*, Madrid-Barcelona-Buenos Aires, Marcial Pons-IVAP, pp. 16-64, spéc. p. 60.

[591] CASSESE (2014), *Derecho administrativo: historia y futuro*, Sevilla, INAP-Global Law Press, p. 72.

[592] JIMÉNEZ ASENSIO (2018: 25).

53. De fait, le droit de l'emploi public en Espagne *complique* considérablement l'orientation de l'Administration vers les résultats. D'une part, l'*accès* aux corps de la fonction publique, par le biais de concours (article 61.2 EBEP), est davantage basé sur les connaissances que sur les compétences, aptitudes ou habiletés. Or, s'il est évident que les *connaissances* sont utiles, elles deviennent rapidement obsolètes après l'entrée dans le poste. De plus, il n'y a aucune garantie objective que ceux qui ont été recrutés sur la base de connaissances auront également la capacité d'en acquérir de nouvelles (en particulier dans des domaines différents de ceux qui sont pris en compte dans les examens d'entrée).

54. D'autre part, il convient de prendre en compte le fait que l'accès à la fonction publique (aux corps, échelons, postes spécialisés et catégories spécifiques) est déterminé par l'existence de *postes spécifiques au sein du personnel* (article 70.1 EBEP). Cela signifie que ce sont les postes spécifiques vacants à un moment donné qui déterminent le recrutement des fonctionnaires. En d'autres termes, bien que les Administrations publiques sélectionnent des fonctionnaires permanents (inamovibles), elles ne le font pas pour les différentes tâches qui peuvent être nécessaires à un moment et dans un contexte particulier mais pour pourvoir des postes spécifiques à un moment donné. Par conséquent, conformément à l'article 61.2 EBEP, les connaissances exigées des nouveaux fonctionnaires sont celles qui conviennent à un poste spécifique à un moment donné et pas nécessairement celles qui conviennent à une Administration dont les tâches sont changeantes et axées sur la production de résultats.

55. Par ailleurs, tout en admettant qu'un processus de sélection ciblée pour certains postes n'empêche pas le reclassement ultérieur du personnel, il est vrai que la *structure des rémunérations* de la fonction publique n'incite pas à la formation continue. Actuellement, les articles 23 et 24 EBEP fondent la rémunération des fonctionnaires sur des éléments statiques tels que le groupe de chaque corps, échelon ou poste spécialisé (en ce qui concerne les rémunérations de base) et le poste de travail spécifique (pour l'allocation spécifique). Ainsi, le système de rémunération n'incite pas à la formation continue du personnel mais plutôt à l'exécution réitérée des tâches correspondant à chaque poste de travail.

56. De même, en *Allemagne*, on peut constater que la législation relative à la fonction publique n'encourage pas la formation continue (en particulier aux plus hauts niveaux de l'Administration). La formation initiale des employés publics - orientée vers l'application correcte de la loi et le bon fonctionnement bureaucratique[593] - suppose que toute innovation et amélioration de l'Administration requiert des modifications législatives qui sont censées être appliquées avec diligence par les employés publics.

---

[593] E. SCHRÖTER et M. RÖBER (2015), « Verwaltungsausbildung zwischen Tradition und Moderne: Ein dreidimensionales Portrait », *Verwaltung und Management*, vol. 21, n° 3, pp. 125-137.

VI. ESPACES, RÉSEAUX ET SYSTÈMES ADMINISTRATIFS

57. L'image iconique de l'Administration dans les États libéraux contemporains est celle d'une organisation unitaire, hiérarchique, soumise à la loi parlementaire et en tension continue avec les particuliers (qu'elle sert en même temps qu'elle soumet). Ce qui a été décrit est un *type idéal* d'Administration plus qu'une catégorie empirique au sens strict[594] ; il a servi de schéma explicatif durant deux siècles (*supra* § II.11). À titre d'hypothèse, nous pouvons envisager que l'Administration future s'éloignera progressivement de ce type d'Administration idéale ; tant au regard de sa conception unitaire que de sa structure verticale. L'Administration du futur sera probablement moins une organisation unitaire et davantage un réseau ou un système organisationnel intégrant diverses Administrations publiques et les citoyens eux-mêmes. Cet axe de transformation de l'Administration a été formulée dans la théorie politique, au début du millénaire, à travers l'idée imprécise de *gouvernance*[595].

58. La réalité actuelle montre déjà des signes de cette transformation. La *diversité* des Administrations publiques en position d'égalité formelle (par le biais de la catégorie juridique de la compétence) est une réalité à la fois *ad intra* des États décentralisés ou fédéraux et *ad extra* en raison d'un processus d'intégration dans des entités politiques internationales ou supranationales (en particulier l'Union européenne). Cette diversité d'Administrations publiques, qui agissent souvent dans le même domaine ou secteur (comme les services sociaux), à différents niveaux territoriaux pour un même domaine (comme la surveillance de la concurrence sur les marchés), ou dans des domaines de compétence concurrents (comme l'environnement et le développement économique) donne naissance à des *espaces, réseaux ou systèmes administratifs.* Dans ces réseaux, espaces ou systèmes, les techniques de coopération horizontale et les techniques de coordination verticale se combinent. Le droit administratif ne se contente pas de tolérer ces formes d'organisation réticulaires mais les crée ou les encadre *directement* dans divers secteurs de l'activité publique.

59. Parfois, *la coopération* et la *coordination* administratives s'effectuent à travers des structures organiques plus ou moins stables ; dans d'autres cas, l'interaction administrative ne se fait que de manière procédurale ou fonctionnelle. Au niveau européen, l'expérience de ce que l'on appelle « l'union administrative européenne » montre que les techniques de coopération ou de coordination sont parfois canalisées par de nouveaux *organes ou organisations* au sein desquels les Administrations nationales et les institutions européennes elles-mêmes sont représentées ; c'est le cas, par exemple, de l'ACER (Agence de coopération des

---

[594] Dans le sens propre aux sciences sociales, voir K. LARENZ (1991), *Methodenlehre der Rechtswissenschaft*, 6e éd., Berlin, Springer, p. 462.
[595] PRATS (2005: 130).

régulateurs de l'énergie)[596] ou de l'ORECE (Organe des régulateurs européens des communications électroniques)[597]. Dans d'autres situations, l'"union administrative européenne" n'est que *fonctionnelle et procédurale* comme l'Espace européen de la recherche (article 179 du TFUE) ou la simple articulation procédurale des différentes autorités de concurrence ou de protection des consommateurs existant au sein de l'Union européenne[598].

60. Parfois, ces *espaces, réseaux ou systèmes* comprennent non seulement les Administrations concernées mais aussi des *sujets privés* directement intéressés, des entreprises qui collaborent avec ces Administrations et, en général, des représentants des citoyens. Ainsi, il est fréquent que les agences de coopération européenne intègrent, à travers différents comités, des représentants du secteur économique concerné. Une fois acceptée la participation d'entités privées à des espaces, réseaux ou systèmes administratifs, leur position fonctionnelle en leur sein est une question centrale. Il est habituel que la direction et l'orientation stratégique du réseau correspondent à une ou plusieurs Administrations publiques[599]. Cela n'empêche toutefois pas les particuliers de disposer d'une position fonctionnelle qualifiée (à travers la fourniture d'informations ou la possibilité de formuler des objections et des recommandations). De plus, afin d'éviter tout biais idéologique, politique ou social, la *diversité* des entités privées ou sociales dans le réseau administratif est également déterminante. Ainsi, outre les agents économiques propres au secteur, des entités citoyennes ou sociales (d'usagers, de prestataires de services) spécifiques à chaque domaine sont également présentes.

61. L'Administration en réseau pose cependant un certain nombre de *difficultés juridiques* qui n'ont pas encore été résolues de manière durable. En premier lieu, l'interaction des Administrations publiques soulève des questions fondamentales de *légitimité*. Si chaque Administration publique agit dans le cadre des compétences que lui attribue la loi, l'interaction avec d'autres Administrations signifie un partage de compétences : des Administrations publiques participent (par le biais de procédés de coopération ou de coordination) à l'exercice des compétences d'une ou de plusieurs autres Administrations publiques[600]. Cela exige que les lois

---

[596] Règlement (CE) n° 713/2009 du Parlement européen et du Conseil du 13 juillet 2009 instituant une agence de coopération des régulateurs de l'énergie.

[597] Règlement (UE) n° 2018/1971 du Parlement européen et du Conseil du 11 décembre 2018 établissant l'Organe des régulateurs européens des communications électroniques (ORECE) et l'Agence de soutien à l'ORECE (Office de l'ORECE), modifiant le règlement (CE) n° 1211/2009.

[598] Règlement (UE) n° 2017/2394 du Parlement européen et du Conseil du 12 décembre 2017 sur la coopération entre les autorités nationales chargées de veiller à l'application de la législation en matière de protection des consommateurs et abrogeant le règlement (CE) n° 2006/2004.

[599] ARENILLA (2018: 18).

[600] SIMANTRAS (2016: 44).

définissent les espaces, les réseaux et les systèmes administratifs ainsi que la manière dont les compétences sont partagées en leur sein. Les accords administratifs, qui sont sans doute efficaces pour une coopération, sont cependant insuffisants pour redéfinir les compétences de chaque Administration publique ou bien prévoir leur exercice partagé ou conjoint. Par conséquent, les futurs espaces, réseaux ou systèmes administratifs ne peuvent être créés en marge de la loi mais précisément en définissant les compétences visées par la loi. Il s'agit de la réalité du droit européen.

62. En second lieu, les espaces, réseaux ou systèmes administratifs présentent des difficultés dans le cadre de l'*État de droit* ; en particulier s'agissant de la participation des individus aux procédures administratives, la protection judiciaire effective à l'égard de l'Administration publique en réseau et la responsabilité patrimoniale en cas de dommages. Le droit de l'Union européenne fournit cependant plusieurs critères pragmatiques pour traiter les problèmes propres aux Administrations publiques qui agissent en dehors de leur État.

63. La première question se réfère à la dimension administrative du principe de *procès équitable*, aujourd'hui identifié comme essentiel et commun à tous les États de droit[601]. Lorsque plusieurs Administrations sont impliquées dans une même procédure, parfois même de manière contraignante ou déterminante, la question se pose de savoir devant quelle autorité doivent être entendue les parties intéressées. En principe, le meilleur choix serait que l'audition ait lieu devant l'autorité administrative qui *statue* finalement sur la procédure (même si d'autres autorités administratives ont été impliquées de manière décisive dans celle-ci)[602]. Ce critère est sans aucun doute raisonnable mais il peut être défaillant lorsque l'Administration qui doit statuer est éloignée des parties intéressées (ce qui empêche l'exercice effectif du droit d'audition) ou lorsque la décision administrative finale est conditionnée par des décisions ou des rapports préalables contraignants (d'une autre Administration publique). Dans ce cas, l'audition n'est efficace que si elle est prise en considération pour l'élaboration d'un rapport final et, par conséquent, avant l'adoption d'une décision définitive.

64. S'agissant de la deuxième question problématique mentionnée, celle de la *protection judiciaire*, ici encore, on peut considérer comme

---

[601] DELLA CANANEA (2016: 189).

[602] C'est ce critère qui, s'agissant du cadre administratif européen, ressort de l'arrêt CJUE, 21 novembre 1991, *Technische Universität München* (affaire C-269/90). Voir dans le droit positif européen, en matière de contrôle bancaire : articles 31 et 87 du Règlement (UE) n° 468/2014 de la Banque centrale européenne du 16 avril 2014 établissant le cadre de la coopération au sein du mécanisme de surveillance unique entre la Banque centrale européenne, les autorités compétentes nationales et les autorités désignées nationales ("règlement-cadre MSU").

critère fondamental le fait que ce contrôle doit se faire devant les tribunaux qui d'ordinaire surveillent l'autorité administrative *de décision ou de dernière instance.* De plus, dans le cadre du contrôle de légalité de la décision finale, les éventuels effets invalidants (de la décision finale) résultant de possibles vices dans les actes de procédure adoptés par d'autres Administrations publiques doivent également être jugés[603]. Cependant, outre cette solution de contrôle judiciaire unique et portant seulement sur la décision finale, il existe également des cas dans lesquels il est judicieux que certains actes de procédure, émis par une Administration dans le cadre d'une procédure complexe finalisée par une autre Administration, puissent être contestés devant les juridictions qui contrôlent habituellement la légalité de cette Administration. En effet, il convient de tenir compte du fait que certaines décisions et actions administratives sont rigoureusement *liées* à un rapport ou à une décision interlocutoire d'une autre Administration publique. Dans ces cas, la validité incontestable du droit à une protection judiciaire effective exige que le rapport ou la décision administrative intermédiaire soit jugés par les juridictions qui contrôlent ordinairement l'Administration émettant l'avis. La qualification de ces avis contraignants d'« actes de procédure » ne justifie pas en soi d'écarter un contrôle judiciaire direct[604] ; du moins lorsque l'autorité administrative qui décide n'est pas l'Administration naturelle (proche, ordinaire) du citoyen concerné.

65. Enfin, l'administration de réseau soulève également des difficultés en matière de *responsabilité patrimoniale* en cas de dommages. En effet, lorsque plusieurs Administrations sont impliquées dans un fait dommageable, il est nécessaire d'identifier qui doit répondre des dommages occasionnés et dans quelle mesure. Ici, en l'absence de critères normatifs ou jurisprudentiels clairs, on peut proposer la *solidarité* des autorités administratives à l'origine du dommage en tant que critère optimal en termes d'État de droit[605]. En d'autres termes, la personne lésée peut s'adresser indistinctement à n'importe quelle Administration publique impliquée dans le fait dommageable pour demander le montant total de la réparation[606].

---

603 STJ du 19 décembre 2018, *Berlusconi*, affaire C-219/17.

604 CJUE, 2 décembre 1992, *Oleificio Borelli*, affaire C-97/91 ; CJUE, 17 septembre 2014, *Liivimaa Lihaveis*, affaire C-562/12.

605 J. HOFMANN (2005), « Rechtschutz und Haftung im Europäischen Verwaltungsverbund », dans B. SCHÖNDORF-HAUBOLD, *Der Europäische Verwaltungsverbund*, Tübingen, Mohr Siebeck, pp. 354 et ss., spéc. p. 377.

606 Il existe apparemment un autre critère (exigence de responsabilité de l'autorité directement impliquée dans le dommage), voir : Tribunal de première instance de l'Union européenne, 10 mars 2004, *Malagutti-Vezinhet*, affaire T-177/02.

VII. ADMINISTRATION DE DIRECTION, D'ORDRE ET DE CONTRÔLE

66. Au milieu du XXe siècle, de nombreux États, en particulier les États européens après-guerre, ont étendu les fonctions de leurs Administrations publiques à la production de biens et à la fourniture de *services publics*. Puis, durant les deux dernières décennies du XXe siècle, un retrait fonctionnel de l'Administration s'est amorcé laissant aux mains des entreprises privées non seulement la production de biens et de services d'intérêt individuel mais aussi la production et la fourniture de certains services d'intérêt général (fourniture d'énergie électrique, services téléphoniques, etc.). L'Administration est ainsi passée du statut de producteur ou prestataire à celui de *garant* que les biens et les services d'intérêt individuel soient fournis dans des conditions concurrentielles et que la prestation des services économiques d'intérêt général soit assurée dans des conditions permettant un accès universel[607]. Au regard de cette évolution, on peut poser l'hypothèse que l'Administration future réduira encore davantage son activité de prestation et se concentrera sur des tâches de direction stratégique, d'ordre et de contrôle[608]. Bien entendu, il est impossible de prédire si effectivement et de quelle manière l'Administration future se concentrera sur les tâches de direction, d'ordre et de contrôle ; ni dans quelle mesure les services publics actuels fournis directement par l'Administration deviendront des services *privés d'intérêt général* (par conséquent, sous le contrôle et la garantie d'une prestation universelle de l'Administration), des services publics sous la *gestion indirecte* d'entreprises (par le biais de contrats et de concessions de services ou au moyen de concertations), ou seront *directement* gérés par l'Administration (par l'intermédiaire de ses propres employés, fonctionnaires ou salariés).

67. Le droit espagnol, historiquement et actuellement, *encourage* ouvertement l'intervention du privé dans la prestation des services publics. De plus, dans la mesure où d'autres facteurs économiques, politiques et sociaux favorisent la privatisation des services publics ou de leur gestion, on peut s'attendre à ce que le droit *facilite* encore davantage cette évolution. D'une part, le *droit des subventions* offre à l'Administration un large éventail de possibilités pour soutenir financièrement la mise en œuvre effective d'activités privées d'intérêt général. L'existence d'un « intérêt général » [art. 2. 1.*c)* de la loi 38/2003 générale sur les subventions du 17 novembre 2003 (LGS)] suffit pour que l'Administration puisse subventionner une activité ou un projet spécifique[609]. De fait, nombre de services sociaux actuels ont été, dans le passé, des activités privées menées par des organisations à but non-lucratif avec une certaine forme de soutien ou de

---

[607] ESTEVE PARDO (2013: 169).

[608] J. MICKLETHWAIT y A. WOOLDRIDGE (2015: 217) ; RAMIÓ (2017: 137 et 195).

[609] G. FERNÁNDEZ FARRERES (2005), « El concepto de subvención y los ámbitos objetivo y subjetivo de aplicación de la ley », dans G. FERNÁNDEZ FARRERES (coord.), *Comentarios a la Ley General de Subvenciones*, Madrid, Thomson-Civitas, pp. 29 et ss., spéc. p. 47.

subvention publics. Ainsi, comme cela s'est produit, par exemple, aux États-Unis à la fin du XXe siècle, une perspective politique s'est développée en faveur du remplacement des services publics sociaux par des activités menées par des organisations religieuses ou sans but lucratif[610]. Une telle orientation politique trouverait un cadre juridique favorable dans le droit des subventions. En outre, le droit espagnol prévoit la possibilité que certaines activités de service public (comme les soins aux personnes âgées ou l'enseignement supérieur) puissent également être des *activités privées sous contrôle administratif* (soumises à une autorisation ou une accréditation préalable et à une inspection administrative régulière). Ainsi, dans le cas des services d'assistance, les lois des régions autonomes sur les services sociaux autorisent la prestation exclusivement privée de services (sans financement public) ; elles encadrent toutefois l'activité de prestation et la soumettent à des contrôles administratifs (par exemple, l'article 57.1 de la loi madrilène 12/2022 du 21 décembre sur les services sociaux). Dans le même sens, les lois autorisent l'existence de prestations éducatives dispensées par des universités privées sans financement public. Cependant, celles-ci sont soumises à des standards de fonctionnement et à des contrôles permanents établis par l'Administration de l'éducation (art. 4.2 de la loi organique 2/2023 du 22 mars 2023 relative au système universitaire). Dès lors, lorsqu'il n'existe pas d'activité ou de service réservé à l'Administration (et ils sont aujourd'hui très peu nombreux)[611], la même activité ou le même service peut être fourni par des entités privées et avec un financement purement privé. Par conséquent, il suffit que le parti politique dominant réduise quantitativement le financement des services publics en concurrence avec les services privés pour augmenter *de facto* l'activité privée correspondante. La limite à cette possibilité n'est pas actuellement prévue par le droit administratif mais par les lois de finances annuelles dans la mesure où la quantité et la qualité des services publics (et, par conséquent, l'existence d'un marché alternatif ou subsidiaire pour des services privés similaires) en dépendent. Le droit espagnol des *contrats administratifs* a historiquement facilité la *gestion indirecte* des services publics. Chaque type de contrat signé pour la gestion de services publics a généralement été adapté aux besoins et aux particularités des différents secteurs d'activité. Le contrat de concession de service public a garanti une rentabilité privée du contrat au moyen d'un monopole et le procédé du partenariat a permis de confier la gestion de services publics à des entités privées qui exerçaient déjà la même activité dans le cadre d'un régime de libre marché. À l'heure actuelle, les contrats de services et de concession de services [articles 15.2 et 17 de la loi sur les contrats du secteur public (LCSP)] continuent de faciliter la gestion indirecte de services publics. Il en va de même pour les partenariats (aujourd'hui formellement à l'extérieur de la LCSP) lorsqu'ils font l'objet d'une régulation spécifique comme en matière d'éducation (article 116 de la loi organique 2/2006 du 3 mai 2006 sur l'éducation) ou de services sociaux (par exemple, l'article 87 de la loi valencienne 3/2019 du 18 février 2019 sur les services sociaux inclusifs). De plus, si le droit espagnol a traditionnellement facilité la gestion

---

[610] Voir notamment R. M. HABERKERN (2002), « Implementing Charitable Choice at the State and Local Levels », *Welfare Information Network*, vol. 6, n° 5, pp. 3-14.

[611] Sur les services public locaux, voir J. ORTEGA BERNARDO (2017), *Tratado de Derecho económico local*, Madrid-Barcelona-Buenos Aires-São Paulo, Marcial Pons, pp. 73-104, spéc. pp. 77, § 9.

indirecte des services publics (par le biais de sociétés sous-traitantes), les réformes législatives de 2015 ont encore davantage *encouragé* cette gestion externe : d'une part, en imposant une préférence pour la gestion contractuelle des services par des entités privées face à une possible gestion par le biais d'accords ou de conventions entre Administrations publiques [articles 11 et 47.1.3 de la loi sur le régime politique du secteur public (LRJSP)] ; d'autre part, en préférant la gestion par contrats à la gestion directe par des entreprises publiques [86.2.*a)* LRJSP].

VIII. ADMINISTRATION OUVERTE

68. Une dernière hypothèse de transformation est que l'Administration du futur sera ouverte. Actuellement, l'expression « gouvernement ouvert » fait référence à des réalités diverses, notamment la transparence, l'accessibilité, la capacité de réponse à de nouvelles demandes et la participation citoyenne[612]. Bien qu'il s'agisse d'éléments très différents, ils ont en commun d'apporter de la légitimité à l'Administration[613] (*supra* § 1.43) dans un contexte historique où le simple respect de la loi est une source nécessaire - mais insuffisante - de légitimité[614]. En outre, l'hypothèse d'une "Administration de résultats" (*supra* § VII.25) dans laquelle les dirigeants et les employés publics disposent de plus de liberté pour faire un choix ou prendre une décision, qui n'est alors pas préalablement programmés par la loi, exige naturellement plus d'ouverture de la part de l'Administration[615].

69. En général, les différentes expressions de l'Administration ouverte peuvent être encouragées *directement* par l'Administration. Par exemple, promouvoir l'éducation citoyenne nécessaire à une connaissance de celle-ci est un facteur essentiel à sa réalisation concrète[616]. Toutefois, l'impulsion administrative ne suffit pas. La loi est également nécessaire. Premièrement, parce que dans les Administrations publiques de tradition légaliste ou napoléonienne, une véritable ouverture est difficile à obtenir en marge de la loi. Deuxièmement, parce que tant en matière de transparence-accessibilité que de participation citoyenne, se présentent souvent diverses *réserves de loi* ou la nécessité d'*autorisations parlementaires.*

---

612 *Informe ejecutivo de la Comisión para la Reforma de las Administraciones Públicas*, s/f., p. 35.

613 D. CANALS AMETLLER (2016), « El acceso público a datos en un contexto de transparencia y de buena regulación », dans D. CANALS AMETLLER (dir.), *Datos. Protección, transparencia y buena regulación*, Girona, Documenta Universitaria, pp. 11-52, spéc. p. 19.

614 M. VILLORIA (2014), « La transparencia como política pública en España: algunas reflexiones », *Eunomía: Revista en Cultura de la Legalidad*, n° 7, pp. 85-103, spéc. p. 94.

615 RAMIÓ (2017: 149).

616 S. SCHNELL et S. JO (2019), « Which Countries Have More Open Governments? Assessing Structural Determinants of Openness », *The American Review of Public Administration*, vol. 49, n° 8, pp. 944-956.

70. Dans le cas de l'Espagne, l'exigence d'une loi pour réguler l'Administration ouverte résulte de l'article 105 *a)* et *b)* de la Constitution espagnole (STC 55/2018, FJ 7) et de divers droits fondamentaux (droit à la vie privée et à l'autodétermination informationnelle, article 18.1 et 4 de la Constitution espagnole ; droit à la participation aux affaires publiques, article 23.1 de la Constitution espagnole). Récemment, conformément au programme de réformes CORA, le droit espagnol a *imposé* diverses mesures en matière de transparence et de participation citoyenne. Néanmoins, comme il ressort de la jurisprudence constitutionnelle, il ne s'agit que de standards minimaux d'ouverture de l'Administration qui, par conséquent, peuvent être outrepassés par les lois des régions autonomes (STC 55/2018, FJ 7). La *transparence* est aujourd'hui une exigence légale à travers la loi 19/2013 du 9 décembre 2013 sur la transparence, l'accès à l'information publique et la bonne gouvernance (LTBG) ainsi que les lois régionales qui la développent. Le devoir de transparence administrative a été configuré avec le droit subjectif connexe d'*accès à* l'information conçu comme un droit de *demander* et d'obtenir des informations spécifiques (art. 12 LTBG) et, par conséquent, non comme un droit d'*accès direct et libre* à l'information en soi ouverte et disponible.

71. La *participation citoyenne*, en tant que procédé d'une Administration ouverte, peut également être directement promue par l'Administration. De fait, sous le couvert du thème politique de la gouvernance, surtout dans la sphère locale, les procédés participatifs ont proliféré ces dernières années. Bien que les lois puissent imposer à l'Administration de rechercher la participation, il existe des preuves empiriques que sans initiative résolue de celle-ci, ces mandats législatifs sont inefficaces[617].

72. En *Espagne*, sous l'égide du principe général posé à l'article 105 *a)* de la Constitution espagnole, les lois ont formellement *encouragé la* participation citoyenne [notamment l'article 70 *bis* 1 de la loi espagnole réglementant les bases du régime local (LBRL)], bien qu'elles aient limité l'utilisation des procédés de participation les plus poussés tels que les *consultations de quartier* (article 71 LBRL) ou les *référendums* (conformément à la loi organique 2/1980 du 18 janvier 1980 sur la régulation des différentes modalités de référendum et son interprétation stricte par le Tribunal constitutionnel : STC 31/2015)[618]. Plus récemment, dans le cadre du programme de réformes CORA - et davantage pour améliorer la régulation économique que la participation des citoyens[619] -, une procédure de *consultation publique préalable* a été introduite pour toutes les initiatives normatives de l'Administration [article 133.1 de la loi sur la procédure administrative commune des Administrations publiques espagnoles (LPAC)] ainsi qu'une nouvelle réglementation de la procédure traditionnelle d'*audience et d'information publique* dans le cadre de la préparation administrative des projets normatifs (article 133.2

---

[617] OLSEN, J., FEENEY, M.K. (2022), "The Influence of Legal Mandates on Public Participation", *The American Review of Public Administration*, n° 52-7, pp. 486-497.

[618] F. VELASCO CABALLERO, C. NAVARRO (2020), "The New Urban Agenda and local citizen participation", dans N. DAVIDSON et G. TEWARI, *Law and the New Urban Agenda*, London, Routledge, pp. 74-86, spéc. p. 76.

[619] CANALS AMETLLER (2016: 30).

LPAC), une réglementation qui n'est toutefois directement applicable qu'à l'Administration générale de l'État (conformément à la STC 55/2018, FJ 7). Tout en reconnaissant l'importance de la participation citoyenne au service d'une Administration ouverte, orientée vers les résultats et en réseau, il est certain qu'il existe divers *risques de captation* (des secteurs économiques ayant une plus grande capacité technique et économique pour une participation structurée)[620] et de *sur-représentation* de certaines organisations sociales[621] comme les organisations de quartier ou de consommateurs qui reçoivent souvent un soutien financier des Administrations publiques elles-mêmes. Ainsi, le droit actuel ne permet pas certains développements de la participation citoyenne. En outre, l'article 23.1 de la Constitution espagnole, dans la mesure où il garantit le droit fondamental des citoyens de participer aux affaires publiques "par l'intermédiaire de représentants", empêche le développement d'une démocratie participative alternative à la démocratie représentative (STC 31/2015, FJ 3).

620 O. MIR PUIGPELAT (2017), « *¿Better regulation* o *marketing*? La nueva regulación básica del procedimiento de elaboración de reglamentos y normas con rango de ley », dans C. VELASCO Rico (dir.), *Reflexiones sobre la reforma administrativa de 2015*, Madrid - Barcelona - Buenos-Aires - São Paulo, Marcial Pons, pp. 209-244, spéc. p. 232 ; J. LÓPEZ PAGÁN (2018), *La ventana de oportunidad del gobierno abierto en España: un análisis desde el ámbito local*, Granada, CEMCI, p. 99.
621 ARENILLA (2011: 76).

BIBLIOGRAPHIE

ACKERMANN, S. R. (2017), *Comparative Administrative Law*, 2e éd., Cheltenham, Edward Elgar Publishing.

ADAM, J.P, HAHN, M., HÖLCHSER, I., HÖSCHE, H., JANZEN, S., KÖGEL, L. (2021), "Automatisierung von Routinetätigkeiten im öffentlichen Dienst", *Verwaltung und Management*, n° 27, vol. I, pp. 39-48.

AGUDO, J. (2014), «El método en el "Administrative Law" inglés: entre el discurso jurídico y el discurso político», *Revista Española de Derecho Administrativo,* n° 165, pp. 411-454.

ALBI, F. (1960), *Tratado de los modos de gestión de las corporaciones locales,* Madrid, Aguilar.

ALBRECHT, R.T. (2021), "Nutzerorientierung als Bestandteil der Public Sector Innovation in den Programmen der rhein-pfälzischen Landesregierung", en *Verwaltungsreform-Innovation-Implementation: Strategien erfolgreichen Verwaltungsmodernisierung in Vergleich,* Speyer Arbeitshefte, n° 251, pp. 1-42.

ALDER, J. (2009), *Constitutional and Administrative Law,* New York, Palgrave -Macmillan.

ALLARS, M. (2013), «The Nature of Merits Review: A Bold Revision Realised in the Administrative Appeals Tribunal», *Federal Law Review,* vol. 41, n° 2, pp. 197 et ss.

ALONSO DE LEÓN, S. (2017), *Composite Administrative Procedures in the European Union*, Iustel, Madrid.

AMAN Jr., A. C., y MAYTON, W. T. (1993), *Administrative Law,* Saint Paul, West-Publishing.

ARENILLA SÁEZ, M. (2011), «Marco teórico actual de la Administración Pública», dans M. ARENILLA SÁEZ (coord.), *Crisis y reforma de la Administración pública,* A Coruña, Netbiblo, pp. 1-138.

— (2018), «La elaboración de un nuevo relato de lo público», en *Panorama de las Administraciones Públicas 2017,* Madrid, Organización para la Cooperación y el Desarrollo Económico-Instituto Nacional de Administración Pública, pp. 17-30.

AROSO DE ALMEIDA, M. (2022), *Teoria Geral do Direito Administrativo,* 10e éd., Almedina, Coimbra.

ARSUAGA, J.L. (2019), *Vida, la gran historia*, Destino, Barcelona.

ASIMOW, M. (2015), «Five Models of Administrative Adjudication», *The American Journal of Comparative Law,* vol. 63, n° 1, pp. 3-31.

AUBY, J.-B. (2010), «Le droit administratif en Europe, 20 ans après», *European Review of Public Law/Revue Européenne de Droit Public,* vol. 22, n° 1, pp. 19-63.

AUBY, J.-B. (2020), “Observaciones teóricas, históricas y comparadas sobre la incerteza del Derecho”, *Revista de Derecho Público: Teoría y Método*, n° 1, pp. 207-222.

BACA ONETO, V. S. (2012), «La discrecionalidad administrativa y la jurisprudencia del Tribunal Constitucional peruano», *Revista de Derecho Administrativo,* n° 11, pp. 181-202.

BACIGALUPO SAGGESE, M. (1997), *La discrecionalidad administrativa (estructura normativa, control judicial y límites constitucionales de su atribución),* Madrid, Marcial Pons.

BACIGALUPO SAGGESE, M., VELASCO CABALLERO, F. (2003), «Wirkungen der deutschen Verwaltungsrechtslehre nach Aussen – Am Beispiel Spaniens», *Die Verwaltung,* n° 3, pp. 333-359.

BÄCKER, C. (2019), «Subsuntion und Ponderation als Grundformen der Juristischen Methodenlehre», *Jus: Juristische Schulung,* n° 4, pp. 321-326.

BAHL, R. BIRD, R. (2018), “Fiscal decentralization”, dans R. BAHL, R. BIRD, *Fiscal Decentralization and Local Finance in Developing Countries: Development from Below*. Cheltenham, Edward Elgar Publishing, 2028, pp. 3-35.

BAÑO LEÓN, J. M. (2011), «Reserva de Administración y Derecho comunitario», *Papeles de Derecho Europeo e Integración Regional,* n° 7, pp. 1-12.

BARNÉS VÁZQUEZ, J. (1993), «El proyecto de ley sobre el procedimiento administrativo en Japón», dans J. BARNÉS VÁZQUEZ (coord.), *El procedimiento administrativo en el Derecho comparado,* Madrid, Civitas, pp. 395-404.

— (2006), «Sobre el procedimiento administrativo: evolución y perspectivas», dans J. BARNÉS VÁZQUEZ (coord.), *Innovación y reforma en el Derecho administrativo,* Sevilla, Global Law Press, pp. 263-341.

BELADIEZ ROJO, M. (2000), «La vinculación de la Administración al Derecho», *Revista de Administración Pública,* n° 153, pp. 315-350.

BENZ, A. (2018), «Zur Legitimation administrativer Entscheidungen», en M. W. BAUER et E. GRANDE (eds.), *Perspektiven der Verwaltungswissenschaft,* Baden-Baden, Nomos, pp. 73-100.

BERMEJO VERA, J. (2009), *Derecho administrativo. Parte especial,* 7e ed, Madrid, Civitas.

BERMÚDEZ SOTO, J. (2010), *Derecho Administrativo General,* Santiago de Chile, Abeledo Perrot.

BIRD, R.M (2011), Are there trends in local finance? *IMFG Papers on Municipal Finance and Governance*, Institute on Municipal Finance and Governance. Munk School of Global Affairs, University of Toronto, n° 1.

BOGGERO, G. (2017), *Constitutional Principles of Local Self-Government in Europe*, Brill.

BOIX PALOP, A., SORIANO ARNANZ, A. (2020), *El acceso al empleo público en España. Estudio comparado y propuestas de mejora,* Valencia, Universitat de València

BOMMES, M. (2009), «Die Rolle der Kommunen in der bundesdeutschen Migrations- und Integrationspolitik», dans F. GESEMANN, R. ROTH (eds.), *Lokale Integrationspolitik in der Einwanderungsgesellschaft: Migration und Integration als Herausforderung von Kommunen,* Wiesbaden, VS, pp. 89 et ss.

BORNEMANN, B. y SMEDDINK, U. (2016), "Anstößiges Anstoßen? – Kritische Beobachtungen zur "Nudging"-Diskussion im deutschen Kontext", *Zeitschrift für Parlamentsfragen*, n° 2, pp. 437-459.

BOUCKAERT, G., KUHLMANN, S. (2016), «Introduction : Comparing Local Public Sector Reforms: Institutional Policies in Context», dans G. BOUCKAERT, S. KUHLMANN (eds.), *Local Public Sector Reforms in Times of Crisis,* New York, Palgrave-Macmillan, pp. 1-20.

BRADLEY, A., EWING, K. (1993), *Constitutional and Administrative Law,* 11e éd., London-New York, Longman.

J.L. BRUDNEY, N. YOON (2021), "Don´t you want my help? Volunteer Involvement and Management in Local Government, *The American Review of Public Administration*, vol. 51-5, pp. 331-344.

BULLINGER, M. (1972), *Derecho público y Derecho privado,* traduction de E. Drake, Madrid, Civitas.

BUMKE, C. (2008), «Verwaltungsakte», dans W. HOFFMANN-RIEM, E. SCHMIDT-ASSMANN, A. VOSSKUHLE (eds.), *Grundlagen des Verwaltungsrechts,* vol. II, München, C. H. Beck, pp. 1031-1153.

BURGI, M. (2010), *Kommunalrecht,* 3e éd., München, C. H. Beck.

— (2014), «Regulierung: Inhalt und Grenzen eines Handlungskonzepts der Verwaltung», dans P. F. BULTMANN, K. J. GRIGOLEIT, C. GUSY, J. KERSTEN, C.-W. OTTO, C. PRESCHEL (eds.), *Allgemeines Verwaltungsrecht. Institute, Kontexte, System. Festschrift für Ulrich Battis zum 70. Geburtstag,* München, C. H. Beck, pp. 329-345.

— (2022) "Privatisierung", dans D. EHLERS, H. PÜNDER (eds), *Allgemeines Verwaltungsrechts*, 16e éd., C.F. Müller, pp. 421-441.

CABALLERO, R, (2021), "La extensión del Derecho administrativo y su proyección contencioso-administrativa", *Revista de Derecho Público: Teoría y Método*, n° 4, pp. 7-65.

CAILLOSSE, J. (2011), «Les "principes généraux" de l'organisation administrative», dans P. GONOD, F. MELLERAY, P. YOLKA (dir.), *Traité de droit administratif,* vol. I, Paris, Dalloz, pp. 149-206.

CAMPOS ACUÑA, C. (2018), «Acercándonos a la innovación», dans *Innovación : una obligación de la Administración del siglo XXI, El Consultor de los Ayuntamientos y de los Juzgados,* numéro extra 1.

CANALS AMETLLER, D. (2011), «El ejercicio de funciones públicas por entidades privadas colaboradoras de la Administración», dans A. GALÁN

GALÁN, C. PRIETO ROMERO (coords.), *El ejercicio de funciones públicas por entidades privadas colaboradoras de la Administración,* Barcelona, Huygens, pp. 21-52.
— (2016), «El acceso público a datos en un contexto de transparencia y de buena regulación», dans D. CANALS AMETLLER (ed.), *Datos. Protección, transparencia y buena regulación,* Girona, Documenta Universitaria, pp. 11-52.
CARNWATH, R. (2009), «Tribunal Justice. A New Start», *Public Law,* n° 1, pp. 48-69.
CASSESE, S. (2005), «Administrative Law without the State?: The Challenge of Global Regulation», *New York University Journal of International Law and Policy,* vol. 37, n° 4, pp. 663-694.
— (2014), *Derecho administrativo: historia y futuro,* Sevilla, Instituto Nacional de Administración Pública-Global Law Press (traduction de l'original italien de 2010).
CERRILLO I MARTÍNEZ, A. (2015), «Sobre la interdisciplinariedad en el derecho administrativo. Las utilidades de la ciencia política y de la administración para el derecho administrativo», *Revista Española de Derecho Administrativo,* n° 168, pp. 39-66.
CHAPUS, R. (2001), *Droit administratif général,* vol I, 15e éd., Paris, Montchrestien.
CHEVALLIER, J. (2017), *L'État postmoderne*, Paris, LGDJ.
CHEN, W. (2018), «Twins of Opposites: Why China Will Not Follow Taiwan's Model of Rule of Law Transition Toward Democracy», *American Journal of Comparative Law,* vol. 66, n° 3, pp. 481-535.
CHRÉTIEN, P. (2011), «La science du droit administratif», dans P. GONOD, F. MELLERAY, P. YOLKA (dir.), *Traité de droit administratif,* vol. I, Paris, Dalloz, pp. 59-100.
CLAVERO ARÉVALO, M. (1952), «La doctrina de los principios generales del derecho y las lagunas del ordenamiento administrativo», *Revista de Administración Pública,* n° 7, pp. 51-104.
COLMEIRO, M. (1850), *Derecho administrativo español,* Santiago de Compostela, Xunta de Galicia (reimp., 1995).
COOPER, P. J. (2007), *Public Law and Public Administration,* 4e éd., Belmont, Thomson-Wadsworth.
CRAIG, P., (2016a), *Administrative Law,* 8e éd., London, Sweet and Maxwell.
— (2016b), «Unilateral Single Case Decisions: A UK Perspective», dans M. RUFFERT (ed.), *The Model Rules on EU Administrative Procedures: Adjudication,* Groningen, Europa Law Publishing, pp. 31 et ss.
DARNACULLETA I GARDELLA, M. (2005), *Autorregulación y Derecho público: la autorregulación regulada,* Madrid-Barcelona, Marcial Pons.
DE FALCO, V. (2018), *Administrative Action and Procedures in Comparative Law,* The Hague, Eleven International Publishing.

DE LA CANANEA, G. (2016), *Due Process of Law beyond the State,* Oxford, Oxford University Press.

DE OTTO Y PARDO, I. (1987), *Derecho constitucional. Sistema de fuentes,* Barcelona, Ariel.

DE PALMA DEL TESO, Á. (2012), «El principio de igualdad y el procedimiento para el reconocimiento de la situación de dependencia y el derecho de acceso a las prestaciones del sistema para la autonomía y atención a la dependencia», dans J. M. RODRÍGUEZ DE SANTIAGO y S. DÍEZ SASTRE (coords.), *La Administración de la Ley de Dependencia,* Madrid, Marcial Pons, pp. 143-202.

DI FABIO, U. (1993), «Grundrechte im präzeptoralen Staat am Beispiel hoheitlicher Informationstätigkeit», *Juristen Zeitung,* n° 14, pp. 689-697.

DI MAGGIO, P. J., POWELL, W. W. (1983), «The Iron Cage Revisited: Institutional Isomorphism and Collective Rationality in Organizational Fields», *American Sociological Review,* vol. 48, n° 2, pp. 147-160.

DÍEZ-PICAZO JIMÉNEZ, L. M. (1990), *La derogación de las leyes,* Madrid, Civitas.

DÍEZ SASTRE, S. (2015), «La formación de conceptos dogmáticos en el Derecho público», *Revista Jurídica de la Universidad Autónoma de Madrid,* n° 31, pp. 105-135.

— (2016), «Potestad y procedimientos sancionadores», dans F. VELASCO CABALLERO (coord.), *Régimen jurídico y procedimiento administrativo de los gobiernos locales,* Madrid, Instituto de Derecho Local, pp. 173-209.

— (2018), *La formación de conceptos en el Derecho público,* Madrid, Marcial Pons.

DOMAT, J. (1985), *Derecho público,* Madrid, Instituto de Estudios de Administración Local (réédition de la traduction, en 1778, de l'original français de 1697 par J. A. Trespalacios pour le conte de Campomanes).

DOMÉNECH PASCUAL, G. (2005), «El seguimiento de normas y actos jurídicos», *Revista de Administración Pública,* n° 167, pp. 97-145.

— (2014), «Por qué y cómo hacer análisis económico del Derecho», *Revista de Administración Pública,* n° 195, pp. 99-133.

— (2019), «Sobre el poder explicativo del análisis económico del Derecho», *Indret, Revista para el Análisis del Derecho,* n° 2, pp. 1-39.

DOU Y DE BASSOLS, R. L. de (1975), *Instituciones del Derecho público general de España con noticia particular del de Cataluña,* vol. I, Madrid (réédition de l'original de 1800, Barcelona, Oficina de Benito García y Compañía).

DUGUIT, L. (1915), *Las transformaciones del Derecho público,* Madrid, Francisco-Beltrán.

EHLERS, D. (2010), «Verwaltung und Verwaltungsrecht im demokratischen und sozialen Rechtstaat», dans H.-U. ERICHSEN y D. EHLERS (dirs.), *Allgemeines Verwaltungsrecht,* 14e éd., Berlin, De Gruyter, pp. 1-252.

— (2016), «Verwaltung und Verwaltungsrecht im demokratischen und sozialen Rechtsstaat», dans D. EHLERS, H. PÜNDER (eds.), *Allgemeines Verwaltungsrecht,* 15e éd., Berlin, De Gruyter, pp. 7-255.

ENDICOTT, T. (2018), *Administrative Law,* 4e éd., Oxford, Oxford University Press.

ENGER, M. (2002), *Die historische Entwicklung des Rechtsinstituts Verwaltungsakt,* Frankfurt am Main, Lang.

ESCOLANO DE ARRIETA, P. (1796), *Práctica del Consejo Real en el despacho de los negocios consultivos, instructivos y contenciosos: con distinción de los que pertenecen al Consejo Pleno, o a cada Sala en particular: y las formas de las cédulas, provisiones, y certificaciones respectivas,* Madrid, Imprenta de la viuda e hijo de Marín (oeuvre posthume).

ESCRICHE, J. (1838), *Diccionario razonado de legislación y jurisprudencia,* vol. I, 2e éd., Madrid, Imprenta del Colegio Nacional de Sordo-Mudos.

ESTEVE PARDO, J. (2009), «El encuadre de la regulación de la economía en la sistemática del Derecho público», dans S. MUÑOZ MACHADO, J. ESTEVE PARDO (dirs.), *Derecho de la regulación económica,* vol. I, *Fundamentos e instituciones de la regulación,* Madrid, Iustel, pp. 387-405.

— (2010), «La recepción en la Europa continental del Derecho de la regulación de la economía», *Revista de Administración Pública,* n° 183, pp. 295-307.

— (2012), «La extensión del Derecho público. Una reacción necesaria», *Revista de Administración Pública,* n° 189, pp. 11-40.

— (2013), *La nueva relación entre el Estado y la sociedad. Aproximación al trasfondo de la crisis,* Madrid-Barcelona-Buenos Aires-Sao Paulo, Marcial Pons.

FERNÁNDEZ DE VELASCO, R. (1929), *El acto administrativo,* Madrid, Revista de Derecho Privado.

FERNÁNDEZ FARRERES, G. (2005), «El concepto de subvención y los ámbitos objetivo y subjetivo de aplicación de la ley», dans G. FERNÁNDEZ FARRERES (dir.), *Comentarios a la Ley General de Subvenciones,* Madrid, Thomson-Civitas, pp. 29-63.

— (2016), *Sistema de Derecho administrativo,* vols. I et II, 3e éd., Madrid, Iustel.

FERNÁNDEZ SCAGLIUSI, M. A. (2015), *El dominio público funcionalizado: la corriente de valorización,* Madrid, Instituto Nacional de Administración Pública.

FLEINER, F. (1928), *Institutionen des Deutschen Verwaltungsrechts,* Tübingen, Mohr Siebeck.

FONDEVILA ANTOLÍN, J. (2018), *Problemas y soluciones al empleo público actual. Una valoración a los 10 años de la aprobación del EBEP,* Granada, Centro de Estudios Municipales y de Cooperación Internacional.

FROMONT, M. (2010), «Typen staatlichen Verwaltungsrechts in Europa», dans A. VON BOG-DANDY, S. CASSESE, P. M. HUBER (eds.), *Handbuch Ius Publicum Europaeum,* vol. III, Heidelberg, C. F. Müller, pp. 551-575.

FUENTETAJA PASTOR, J. Á. (2017), «El empleo público en tiempos de crisis», dans M. LÓPEZ BENÍTEZ, J. Á. FUENTETAJA PASTOR, S. RODRÍGUEZ-CAMPOS GONZÁLEZ (coords.), *Las reformas administrativas de la crisis,* Cizur Menor, Thomson-Reuters -Aranzadi, pp. 239-284.

FUKUYAMA, F. (2016a), *Los orígenes del orden político,* Barcelona, Deusto.

— (2016b), *Orden y decadencia de la política,* Barcelona, Deusto.

— (2018), *Identity. Cotemporary Identity Politics and the Struggle for Recognition,* London, Profile Books.

GADAMER, H. G. (2003), *Elogio de la teoría,* Barcelona, RBA (traduction de l'original allemand de 1983).

GAGELER, S. (2014), «The Constitutional Dimension of Judicial Review», dans M. GROVES (ed.), *Modern Administrative Law in Australia. Concepts and context,* New York, Cambridge University Press, pp. 165-179.

GALLEGO ANABITARTE, A. (1971a), *Gubernativo y Contencioso,* Madrid, Instituto de Estudios Administrativos.

— (1971b), *Derecho general de organización,* Madrid, Instituto de Estudios Administrativos.

— (1971c), *Ley y Reglamento en el Derecho público occidental,* Madrid, Instituto de Estudios Administrativos.

— (1983), «Las asignaturas de Derecho político y Derecho administrativo: el destino del Derecho público español», *Revista de Administración Pública,* n° 100-102, pp. 705-804.

— (1987), «De los establecimientos públicos y otras personas jurídico-públicas en España», dans F. J. JIMÉNEZ DE CISNEROS CID, *Los organismos autónomos en el Derecho público español: tipología y régimen jurídico,* Madrid, Instituto Nacional de Administración Pública, pp. 9-62.

— (1992), *Constitución y personalidad jurídica del Estado,* Madrid, Tecnos

— (1999), «La influencia extranjera en el Derecho administrativo español desde 1950 a hoy», *Revista de Administración Pública,* n° 150, pp. 75-114.

— (2002), *Formación y enseñanza del Derecho público en España (1769-2000),* Madrid-Barcelona, Marcial Pons.

GALLEGO ANABITARTE, A., MENÉNDEZ REXACH, A. *et al.* (2001), *Acto administrativo y procedimiento,* Madrid-Barcelona, Marcial Pons.

GAMERO, E. (2013), «La simplificación del procedimiento administrativo : "better regulation", "better administration"», *Revista Española de Derecho Administrativo,* n° 160, pp. 79-126.

GARCÍA DE ENTERRÍA, E. (1981), *Revolución Francesa y Administración contemporánea,* 2e éd., Madrid, Taurus.

GARCÍA DE ENTERRÍA, E., BORRAJO INIESTA, I. (2013), «Estado, Administración y Derecho administrativo en España», dans A. VON BOGDANDY, O. MIR PUIGPELAT (coords.), *El Derecho administrativo en el espacio jurídico europeo,* Valencia, Tirant lo Blanch, pp. 127-194.

GARRIDO FALLA, F. (1952), «El Derecho administrativo, sus ideas cardinales», *Revista de Administración Pública,* n° 7, pp. 11-50.

GONOD, P. (2015), «Über den Rechtsexport des deutschen Verwaltungsrechts auf französischer Sicht», *Die Verwaltung,* vol. 48, n° 3, pp. 337-364.

— (2016), «The Heritage of Otto Mayer: Actes administratifs Unilatéraux and Verwaltungsakte in Franco-German Comparison», dans M. RUFFERT (ed.), *The Model Rules on EU Administrative Procedures: Adjudication,* Groningen, Europa Law Publishing, pp. 17 et ss.

GONZÁLEZ-VARAS IBÁÑEZ, S. (1996), *Derecho administrativo privado,* Madrid, Montecorvo.

— (1998), «El Derecho comparado», *Revista Vasca de Administración Pública,* n° 50, pp. 129-173.

GOODNOW, F. J. (1890), *Derecho administrativo comparado. Análisis de los sistemas administrativos de Estados Unidos, Inglaterra, Francia y Alemania,* vol. II, *Relaciones jurídicas,* Madrid, La España Moderna.

GROSS, T. (1999), «Die Beziehungen zwischen dem Allgemeinen und dem Besonderen Verwaltungsrechts», *Die Verwaltung,* n° 2, pp. 57-88.

— (2012), «Die Verwaltungsorganisation als Teil organisierter Staatlichkeit», dans W. HOFFMANN-RIEM, E. SCHMIDT-ASSMANN, A. VOSSKUHLE (eds.), *Grundlagen des Verwaltungsrechts,* vol. I, München, C. H. Beck, pp. 905-952.

GRUNDSTEIN, N. D. (2010), «Administrative Law and the Behavioral and Management Sciences», dans M. AFZAL WANI y S. K. VERMA (eds.), *Legal Research and Methodology,* 2e éd., Ernakulam, Indian Law Institute Publisher, pp. 349-564.

GUGLIELMI, G. (2015), «Open data y servicio público. Los datos públicos abiertos son un servicio público», *Revista Española de Derecho Administrativo,* n° 174, pp. 387-400.

HABERKERN, R. M. (2002), «Implementing Charitable Choice at the State and Local Levels», *Welfare Information Network,* vol. 6, n° 5, pp. 3-14.

HAURIOU, M. (1933), *Précis de droit administratif et de droit public,* 12e éd., Paris, -Dalloz.

HERMES, G. (1987), *Das Grundrecht auf Schutz von Leben und Gesundheit - Schutzpflicht und Schutzanspruch aus Art. 2 Abs. 2 Satz 1 GG,* Heidelberg, Müller.

HILBERT, P., (2015), *Systemdenken in Verwaltungsrechtswissenschaft,* Tübingen, Mohr Siebeck.

HOFFMANN-RIEM, W. (1994), «Reform des Allgemeinen Verwaltungsrechts - Vorüberlegungen», *Deutsches Verwaltungsblatt,* pp. 1381-1390.

— (2006), «Eigenständigkeit der Verwaltung», dans W. HOFFMANN-RIEM, E. SCHMIDT-ASSMANN, A. VOSSKUHLE (eds.), *Grundlagen des Verwaltungsrechts,* München, C. H. Beck, pp. 623-714.

— (2018), «Innovation im Recht», dans B. BLÄTTEL-MINK, I. SCHULZ-SCHAEFFER, A. WINDELER (eds.), *Handbuch der Innovationsforschung. Sozialwissenschaftliche Perspektiven,* Wiesbaden, Springer, pp. 1-22.

HOFMANN, J. (2005), «Rechtschutz und Haftung im Europäischen Verwaltungsverbund», dans B. SCHÖNDORF-HAUBOLD, E. SCHMIDT-ASSMANN (eds.), *Der Europäische Verwaltungsverbund,* Tübingen, Mohr Siebeck, pp. 354 et ss.

IVONCHYK, M. (2019), «The Costs and Benefits of Volunteering Programs in the Public Sector. A Longitudinal Study of Municipal Governments», *The American Review of Public Administration,* vol. 49, n° 6, pp. 689-703.

JAAG, T., RÜSSLI, M. (2022), *Staats- und Verwaltungsrechts des Kantons Zürich,* 5e éd., Basel, Schulthess.

JESCH, D. (1978), *Ley y Administración. Estudio de la evolución del principio de legalidad,* Madrid, Instituto de Estudios Administrativos (traduction de l'original allemand, Tübingen, 1960).

JÈZE, G. (1930), *Principes généraux du droit administratif,* 3e éd., Paris, Dalloz.

JIMÉNEZ ASENSIO, R. (2009), «La dirección pública profesional: perspectiva comparada y diagnóstico de la situación en España», dans R. JIMÉNEZ ASENSIO, M. VILLORIA, A. PALOMAR OLMEDA, *La dirección pública profesional en España,* Madrid-Barcelona-Buenos Aires, Marcial Pons-Instituto Vasco de Administración Pública, pp. 16-64.

— (2018), «Repensar la selección de empleados públicos: momento actual y retos de futuro», *Revista Vasca de Gestión de Personas y Organizaciones Públicas,* extra 2, pp. 8-29.

JORDANA CASAJUANA, J., TRIVIÑO SALAZAR, J. C. (2019), «European Union Agencies: A Global Governance Perspective», *Revista de Estudios Políticos,* n° 185, pp. 169-189.

JORDANA DE POZAS, L. (1949), «Ensayo de una teoría del fomento en el Derecho administrativo», *Revista de Estudios Políticos,* n° 48, pp. 41-54.

JUSTEN FIHLO, M. (2010), *Curso de Direito Administrativo,* 5e éd., Sao Paulo, Saraiva.

KAHNEMAN, D. (2017), *Pensar rápido, pensar despacio*, Debolsillo, Sant Llorenç d´Hortons,

KATABARO, J. (2014), *The Summation of Lectures on Administrative Law,* Tanzania, Saut-School of Law.

KELLY, J. B. (2017), «A Basis for Governing: Legitimacy, Accountability and the Value of Uniform Principles for Global Administrative Law», *SSRN,* disponible sur : https://ssrn.com/abstract=2894692.

KINGSBURY, B., KRISCH, N., STEWART, R. B., WIENER, J. B. (2005), «Foreword: Global Governance as Administration - National and Transnational Approaches to Global Administrative Law», *Law and Contemporary Problems,* vol. 68, n° 3-4, pp. 2-13.

KISCHEL, U. (2015), *Rechtsvergleichung,* München, C. H. Beck.

KOCHER, E. (2018), "Verhaltenslenkung durch sanfte Überredung – die Kunst des interdisziplinären Gesprächs", *Zeitschrift für Rechtswissenschaftlichen Forschung*, n° 3, pp. 356-359. KOPP, F. O., SCHENKE, W. R. (2012), *Verwaltungsgerichtsordnung Kommentar,* 18e éd., München, C. H. Beck.

KORMANN, K. (1962), *System der rechtsgeschäftlichen Staatsakte,* Aalen, Scientia (réimpression de l'original de 1910).

KÜHNREICH, M. (1997), *Das Selbstorganisationsrecht des Deutschen Bundestages unter besonderer Berücksichtigung des Hauptstadtbeschlusses,* Berlin, Duncker & Humblot.

KUNIG, P. (2003), «Das Recht des öffentlichen Dienst», dans P. BADURA *et al., Besonderes Verwaltungsrecht,* 12e éd., Berlin, De Gruyter, pp. 679-777.

LABAND, P., (1878), *Das Staatsrecht des Deutschen Reiches,* vol. II, 1re éd., Tübingen, Laupp, pp. 209 et ss.

LACHAUME, J.-F. (2011), «Définition du droit administratif», dans P. GONOD, F. MELLERAY, P. YOLKA (dir.), *Traité de droit administratif,* vol. I, Paris, Dalloz, pp. 101-148.

LAFERRIÈRE, É. (1877), *Traité de Droit Administratif,* vol. I, 1re éd., Paris, Berger-Levrault.

LAMOTHE, S., LAMOTHE, M., FEIOCK, R. C. (2008), «Examining Local Government Service Delivery Arrangements Over Time», *Urban Affairs Review,* vol. 44, n° 1, pp. 27-56.

LARENZ, K. (1991), *Methodenlehre der Rechtswissenschaft,* 6e éd., Berlin, Springer.

LAUBADÈRE, A. de, VENEZIA, J. C., GAUDEMET, Y. (1999), *Traité de droit administratif,* vol. I, 15e éd., Paris, Librairie Générale de Droit et de Jurisprudence.

LEÑERO, R. (2014), «El Comité de Basilea como poder público global para la armonización normativa bancaria. Implicaciones para el Derecho público», dans M. A. SALVADOR ARMENDÁRIZ (coord.), *Regulación bancaria: transformaciones y Estado de Derecho,* Cizur Menor, Thomson Reuters Aranzadi, pp. 183-249.

LETELIER, R. (2019), «Principios o funciones en las sanciones administrativas», dans A. MONTAÑA PLATA, J. I. RINCÓN CÓRDOBA (eds.), *El poder sancionador de la Administración Pública: discusión,*

expansión y construcción, Bogotá, Universidad Externado de Colombia, pp. 919-950.
LEWANS, M. (2018), *Administrative Law and Judicial Deference,* Oxford-Portland, Hart Publishing.
LINDE PANIAGUA, E. (2009), *Fundamentos de Derecho administrativo,* Madrid, Colex.
LÓPEZ DÍAZ, A. (2017), «Una propuesta de nuevo régimen presupuestario de la Administración y su control», dans D. MARÍN-BARNUEVO FABO y M. J. MONZÓN MAYO (coords.), *El control interno en las entidades locales: el control financiero,* Madrid, Instituto de Derecho Local, pp. 13-48.
LÓPEZ-JURADO, F. (2020), «Los criterios doctrinales de clasificación de las organizaciones administrativas», *Revista de Derecho Público: Teoría y Método,* n° 1, pp. 101-146.
LÓPEZ PAGÁN, J. (2018), *La ventana de oportunidad del gobierno abierto en España: un análisis desde el ámbito local,* Granada, Centro de Estudios Municipales y de Cooperación Internacional.
LORENTE, M. (2010), *La nación y las Españas. Representación y territorio en el constitucionalismo gaditano,* Madrid, Universidad Autónoma de Madrid.
MALARET, E. (2004), «Requeriments constitucionals i comunitaris en la creació y gestió del serveis públics locals», en *La pluralitat i diversitat en la gestió dels serveis públics locals,* Barcelona, Fundació Carles Pi i Sunyer d'Estudis Autonòmics i Locals», pp. 15-29.
— (2008), «Un ensayo de caracterización jurídica de una nueva tarea pública: la regulación económica», *Diritto pubblico,* vol. 14, n° 2, pp. 535-586.
— (2016), «Dualismes, convergences et divergences dans l'ordre juridique espagnol des relations de travail», dans J. P. DUNAND, P. MAHON, S. PERRENOUD (dir.), *Le droit de la relation de travail à la croisée des chemins : Convergences et divergences entre le droit privé du travail et le droit de la fonction publique. Droit suisse et droit comparé,* Genève, Schulthess, pp. 349-378.
MARTÍN-RETORTILLO BAQUER, S. (1996), *El Derecho civil en la génesis del Derecho administrativo y de sus instituciones,* 2e éd., Madrid, Civitas.
MARTÍNEZ LÓPEZ-MUÑIZ, J. L. (1986), *Introducción al Derecho administrativo,* Madrid, Tecnos.
MASHAW, J. L. (1985), «Prodelegation: Why Administrators Should Make Political Decisions», *Journal of Law, Economics and Organization,* vol. 1, n° 1, pp. 81-100.
MAURER, H. (1999), *Staatsrecht,* München, C. H. Beck
— (2002), *Allgemeines Verwaltungsrecht,* 14e éd., München, C. H. Beck.
MAYER, F. Von (1857), *Grundzüge des Verwaltungsrechts und des Rechtsverfahrens,* Tübingen, Laupp.

MAYER, O. (1924), *Deutsches Verwaltungsrecht,* vol. I, 3e éd., München, Duncker und Humblot (réimp., 2004).

MAZZUCATO, M. (2014), *The Entrepreneurial State,* London-New Yok-New Delhi, Anthem Press.

MEDINA ALCOZ, L. (2016), *Libertad y autoridad en el Derecho administrativo,* Madrid-Barcelona-Buenos Aires-Sao Paulo, Marcial Pons.

MEDINA ALCOZ, L. (2022). *Historia del Derecho administrativo español,* Marcial Pons, Madrid-Barcelona-Buenos Aires-Sao Paulo.

MERCADO PACHECO, P. (1994), *El análisis económico del Derecho. Una reconstrucción teórica,* Madrid, Centro de Estudios Políticos y Constitucionales.

MERKL, A. (1927), *Allgemeines Verwaltungsrecht,* Wien-Berlin, Springer.

MESTRE, J. L. (1985), *Introduction historique au droit administratif français,* Paris, Presses Universitaires de France.

— (2011), «L'histoire du droit administratif», dans P. GONOD, F. MELLERAY, P. YOLKA (dir.), *Traité de droit administratif,* vol. I, Paris, Dalloz, pp. 3-58.

MICKLETHWAIT, J., WOOLDRIDGE A. (2015), *La cuarta revolución. La carrera global para reinventar el Estado,* Barcelona, Galaxia Gutenberg.

MINZER, C. F. (2006), «Xingfang: An Alternative to Formal Chinese Legal Institutions», *Stanford Journal of International Law,* vol. 42, n° 1, pp. 103 et ss.

MIR PUIGPELAT, O. (2013), «El Derecho administrativo español en el actual espacio jurídico europeo», dans A. VON BOGDANDY, O. MIR PUIGPELAT (coords.), *El Derecho administrativo en el espacio jurídico europeo,* Valencia, Tirant lo Blanch, pp. 195 et ss.

— (2017) «¿Better regulation o marketing? La nueva regulación básica del procedimiento de elaboración de reglamentos y normas con rango de ley», dans C. VELASCO RICO (dir.), *Reflexiones sobre la reforma administrativa de 2015,* Madrid-Barcelona-Buenos Aires-Sao Paulo, Marcial Pons, pp. 209-244.

MONTOYA MARTÍN, E. (2012), «Reflexiones sobre el sector público instrumental en un contexto de crisis económica: la inaplazable hora de la racionalización», en *Actas del VII Congreso de la Asociación Española de Profesores de Derecho Administrativo,* Madrid, Instituto Nacional de Administración Pública, pp. 15-116.

— (2016), «Las sociedades estatales en la Ley 40/2015, de 1 de octubre, de Régimen Jurídico del Sector Público», dans F. LÓPEZ MENUDO (coord.), *Innovaciones en el procedimiento administrativo común y en el régimen jurídico del sector público,* Sevilla, Universidad de Sevilla, pp. 199-234.

MUÑOZ MACHADO, S. (2004), *Tratado de Derecho administrativo y Derecho público general,* Madrid, Thomson Civitas.

NIETO, A. (1986), *Estudios históricos sobre administración y Derecho administrativo,* Madrid, Instituto Nacional de Administración Pública.

— (2002), *El pensamiento burocrático,* 2e éd., Granada, Instituto Nacional de Administración Pública.

OCDE (2018), *Panorama de las Administraciones públicas 2017,* Madrid, Instituto Nacional de Administración Pública.

OHNESORGE, J. (2006), «Chinese Administrative Law in the Northeast Asian Mirror», *Transnational Law and Contemporary Problems,* vol. 16, pp. 103-166.

OLEJARSKI, A. (2018), «Irrelevance of "Public Use" in State Eminent Domain Reforms», *The American Review of Public Administration,* vol. 48, n° 7, pp. 631-643.

OLIVÁN, A. (1843), *De la Administración Pública con relación a España,* Madrid, Boix (réimp., Madrid, Instituto de Estudios Políticos, 1954).

OLIVER, A. (2017), *The Origins of Behavioral Public Policy,* Cambridge, Cambridge University Press.

OLSEN, J., FEENEY, M.K. (2022), "The Influence of Legal Mandates on Public Participation", *The American Review of Public Administration*, n° 52-7, pp. 486-497.

ORTEGA BERNARDO, J. (2017), «Servicios públicos e iniciativa económica local», dans F. VELASCO CABALLERO (dir.), *Derecho económico local,* Madrid, Marcial Pons, pp. 73-104.

ORTIZ DE ZÚÑIGA, M. (1842), *Elementos de Derecho administrativo,* Granada, Imprenta y Librería de Sanz.

OSSENBÜHL, F. (1968), *Verwaltungsvorschriften und Grundgesetz,* Bad Homburg v.d.H., Gehlen.

PARADA VÁZQUEZ, R. (1999), «Arbitraje y Derecho administrativo. La actividad arbitral de la Administración», *Revista Galega de Administración Pública,* n° 23, pp. 13-43.

PAREJO ALFONSO, L. (1991), *Crisis y renovación en el Derecho público,* Madrid, Centro de Estudios Políticos y Constitucionales.

— (1996), *Eficacia y Administración,* Madrid, Boletín Oficial del Estado.

— (2009), *Organización y poder de organización,* Madrid, Iustel.

— (2016a), *Estado y Derecho en proceso de cambios,* Valencia, Tirant lo Blanch.

— (2016b), *Lecciones de Derecho administrativo,* 8e éd., Valencia, Tirant lo Blanch.

PICARD, E. (2009), «The Public-Private Divide in French Law Trough the History and Destiny of French Administrative Law», dans M. RUFFERT (coord.), *The Public-Private Law Divide: Potential for Transformation?,* London, British Institute of International and Comparative Law, pp. 17-84.

PIERCE, R. J. (2012), *Administrative Law,* New York, Foundation Press.

PIERCE Jr., R. J. (2013), *Administrative Law Treatise,* vol. II, 5e éd., New York, Wolters Kluwer.

PIPERATA, G. (2006), «Servizi pubblici local», dans S. CASSESE (dir.), *Dizionario di diritto pubblico,* vol. VI, Milano, Giuffrè, pp. 5527-5536.

PLEBUCH, J., PIELHOFF, S. (2022), Verwaltungsstaat als Demokratieideal – Administrative State als Demokratiegefahr ?, *Der Staat*, n° 61, pp. 167–203.

POLZER, T. (2019), *Von klassischer Verwaltung zu Public Governance,* Wiesbaden, Springer.

PONCE SOLÉ, J. (2007), *Segregación escolar e inmigración. Contra los guetos escolares: Derecho y políticas públicas urbanas,* Madrid, Centro de Estudios Políticos y Constitucionales.

— (2009), «¿Mejores normas?: Directiva 2006/123/CE, relativa a los servicios en el mercado interior, calidad reglamentaria y control judicial», *Revista de Administración Pública,* n° 180, pp. 201-243.

— (2011), «The History of Legitimate Administration in Europe», dans M. RUFFERT (dir.), *Legitimacy in European Administrative Law: Reform and Reconstruction,* Groningen, Europa Law Publishing, pp. 155-173.

— (2018), «Derecho administrativo, ciencias conductuales y *nudging* en la gestión pública», *Revista Vasca de Gestión de Personas y Organizaciones Públicas,* n° 15, pp. 8-27.

PRATS, J. (2005), *De la burocracia al management, del management a la burocracia,* Madrid, Instituto Nacional de Administración Pública.

QUEZADA RODRÍGUEZ, F. (2020), «Una aproximación crítica a la comparación de Derechos administrativos», *Revista de Derecho Público: Teoría y Método,* n° 2, pp. 7-28.

QUEZADA RODRÍGUEZ, F (2022), "Espacios jurídicos transnacionales en la formación del Derecho administrativo: Adolfo Posada y Valentín Letelier", *Revista de Derecho Público: Teoría y Método*, n° 5, pp. 143-176.

RABIN, R. (1986), «Federal Regulations in Historical Perspective», *Stanford Law Review,* vol. 38, n° 5, pp. 1189-1326.

RAMIÓ, C. (2017), *La Administración pública del futuro (Horizonte 2050). Instituciones, política, mercado y sociedad de la innovación,* Madrid, Tecnos.

RANCHORDAS, S. (2015), «Sunset Clauses and Experimental Regulations: Blessings or Curse for Legal Certainty», *Statute Law Review,* vol. 36, n° 1, pp. 28-45.

REBOLLO PUIG, M., VERA JURADO, D. (2017), *Derecho administrativo,* vol. I, 3e éd., Madrid, Tecnos.

REQUEJO PAGÉS, J. L. (2010), «El triunfo de la constitucionalidad y la crisis de la normatividad», *Fundamentos,* n° 6, pp. 179 et ss.

REYNOLDS, L., BRIFFAULT, R. (2009), *Cases and Materials on State and Local Government Law,* 7e éd., St. Paul, West.

REYNOLDS Jr., O. M. (2001), *Local Goverment Law,* 2e éd., St. Paul, West.
RIVERO ORTEGA, R. (2005), *Introducción al Derecho administrativo económico,* Salamanca, Ratio Iuris.
ROBLEDO SILVA, P. (2010), *La autonomía municipal en Colombia,* Bogotá, Universidad Externado de Colombia.
RODRÍGUEZ PALENZUELA, P. (2022), *¿Cómo entender a los humanos?*, Pamplona, Next-Door Publisher.
RODRÍGUEZ DE SANTIAGO, J. M. (2007), *La Administración del Estado social,* Madrid-Barcelona, Marcial Pons.
— (2011), «Igualar por abajo. La doctrina del Tribunal Supremo sobre la responsabilidad del Estado derivada de la ley contraria al Derecho comunitario y de la ley inconstitucional», *Revista Española de Derecho Europeo,* n° 38, pp. 141-171.
— (2016), *Metodología del Derecho administrativo. Reglas de racionalidad para la adopción y control de la decisión administrativa,* Madrid-Barcelona-Buenos Aires-Sao Paulo, Marcial Pons.
RODRÍGUEZ DE SANTIAGO, J.M. (2021), "Sistema de fuentes del Derecho administrativo", dans J.M. RODRÍGUEZ DE SANTIAGO, G. DOMÉNECH PASCUAL, L. ARROYO JIMÉNEZ, *Tratado de Derecho administrativo*, vol. 1, pp. 777-860.
ROSE-ACKERMAN, S. (1988), «Progressive Law and Economics and New Administrative Law», *Yale Journal,* vol. 98, n° 2, pp. 341-368 [reproduit dans S. ROSE-ACKERMAN (ed.), *Economics of Administrative Law,* Cheltenham, Edward Edgar, 2007, pp. 396-422].
— (1994), «American Administrative Law under Siege: Is Germany a Model?», *Harvard Law Review,* vol. 107, pp. 1279-1302.
— (2010), «Comparative Administrative Law : an Introduction», dans S. ROSE ACKERMANN, P. L. LINDSETH (eds.), *Comparative Administrative Law,* Cheltenham, Edward Elgar, pp. 1 et ss.
ROUAULT, M. C. (2017), *Droit administratif,* 3e éd., Issy-les-Moulineaux, Gualino.
RUBIN, R. L. (1986), «Federal Regulation in Historical Perspective», *Stanford Law Review,* vol. 38, pp. 1189 et ss.
RUFFERT, M. (2006), «Rechtsquellen und Rechtsschichten des Verwaltungsrechts», dans W. HOFFMANN-RIEM, E. SCHMIDT-ASSMANN, A. VOSSKUHLE (eds.), *Grundlagen des Verwaltungsrechts,* vol. I, München, C. H. Beck, pp. 1085-1176.
— (2008), «De la europeización del Derecho administrativo a la Unión Administrativa Europea», dans F. VELASCO CABALLERO, J.-P. SCHNEIDER (coords.), *La Unión Administrativa Europea,* Madrid-Barcelona-Buenos Aires, Marcial Pons, pp. 87-108.
RUIZ MIGUEL, A. (2003), «La dogmática jurídica, ¿ciencia o técnica?», dans A. CABANILLAS SÁNCHEZ (coord.), *Estudios jurídicos en homenaje al*

profesor Luis Díez-Picazo, vol. IV, Cizur Menor, Thomson-Civitas, pp. 5649-5680.

SALOMON, L. M. (2003), *Resilient Sector : The State of Nonprofit America,* Washington DC, Brookings Institution Press.

SANTAMARÍA DE PAREDES, V. (1885), *Curso de Derecho administrativo según sus principios generales y la legislación actual de España,* 1re éd., Madrid, Establecimiento Tipográfico de Ricardo Fé.

SANTAMARÍA PASTOR, J. A. (1991), *Fundamentos de Derecho administrativo,* Madrid, Centro de Estudios Universitarios Ramón Areces.

— (2013), «La ciencia del Derecho administrativo en España: una perspectiva histórica», dans A. VON BOGDANDY, O. MIR PUIGPELAT (coords.), *El Derecho administrativo en el espacio jurídico europeo,* Valencia, Tirant lo Blanch, pp. 339-383.

SANTOFIMIO GAMBOA, J. O. (2017), *Compendio de Derecho administrativo,* Bogotá, Universidad Externado de Colombia.

SCHAUER, F. (1990), "A Brief Note on the Logic of Rules, with Special Reference to Bowen v. Georgetown University Hospital, *Administrative Law Review*, n° 447, pp. 454 et ss.

SCHLAICH, K., KORIOTH, S. (2015), *Das Bundesverfassungsgericht,* 10e éd., München, C. H. Beck.

SCHMIDT-ASSMANN, E. (1998), *Das allgemeine Verwaltungsrecht als Ordnungsidee,* Berlin, Springer.

— (2006), «Verwaltung-Recht-Verfassung», dans W. HOFFMANN-RIEM, E. SCHMIDT-ASSMANN, A. VOSSKUHLE (eds.), *Grundlagen des Verwaltungsrechts,* vol. I, München, C. H. Beck, pp. 241-306.

— (2013), *Verwaltungsrechtliche Dogmatik: Eine Zwischenbilanz zu Entwicklung, Reform und künftigen Aufgaben,* Tübingen, Mohr Siebeck.

— (2018), «Zum Standort der Rechtsvergleichung im Verwaltungsrecht«, *Zeitschrift für ausländisches öffentliches Recht und Völkerrecht (ZaöRV),* vol. 78, pp. 807-862.

SCHNEIDER, J.-P. (2009) «Strukturen des Europäischen Verwaltungsverbunds. Einleitende Bemerkungen», *Die Verwaltung,* vol. 8, pp. 9-28.

SCHWARTZ, B. (1991), *Administrative Law,* 3e éd., Boston, Little Brown.

SECKELMANN, M. (2019), *Evaluation und Recht,* Tübingen, Mohr Siebeck.

SERRANO CANON, M. (2018), «Un decálogo aprendido sobre innovación pública», dans *Innovación: una obligación de la Administración del siglo XXI,* numéro monographique de *El Consultor de los Ayuntamientos y de los Juzgados,* numéro extra, pp. 39-54.

SEVERO GIANNINI, M. (1989), *Premisas sociológicas, jurídicas e históricas del Derecho administrativo,* Madrid, Instituto Nacional de Administración Pública.

SHAPIRO, M. (1997), «The Problems of Independent Agencies in the United States and the European Union», *Journal of European Public Policy,* vol. 4, n° 2, pp. 276-291.

SIMANTRAS, N. I. (2016), *Netzwerke im europäischen Verwaltungsverbund,* Tübingen, Mohr Siebeck.

SMITH, D. (2010), *Federalism and the Constitution of Canada,* Toronto, University of Toronto Press.

STARCK, C. (1997) «Rechtsvergleichung im öffentlichen Recht», *Juristen Zeitung,* año 52, n° 21, pp. 1021-1030.

STIRN, B. (2008), *Les sources constitutionnelles du droit administratif,* Paris, Librairie Générale de Droit et de Jurisprudence.

STOBER, R., GONZÁLEZ-VARAS IBÁÑEZ, S. (1995), «Las actuaciones materiales o técnicas», *Revista de Estudios de la Administración Local y Autonómica,* n° 267, pp. 573-590.

STOLLEIS, M. (1985), *Geschichte des öffentlichen Rechts In Deutschland,* vol. IV, München, C. H. Beck.

— (1992), *Geschichte des öffentlichen Rechts In Deutschland,* vol. II, München, C. H. Beck.

SUNSTEIN, C. (2014), *(más) Simple. El futuro del Gobierno,* Madrid-Barcelona-Buenos Aires-Sao Paulo, Marcial Pons.

SUNSTEIN. C.R. VERMEULE, A. (2020), *Law & Leviathan*, Harvard University Press.

SUTHERLAND, S. (2015), *Irracionalidad : el enemigo interior*, 2e éd., Alianza Editorial, Madrid.

TANG, A. (2018), «Rethinking Political Power in Judicial Review», *California Law Review,* vol. 106, n° 6, pp. 1755-1826.

TETTINGER, P. J. (1993), *Besonderes Verwaltungsrecht,* 3e éd., Berlin, C. F. Müller.

TSCHANNEN, P., MÜLLER, M., KERN, M. (2022), *Allgemeines Verwaltungsrechts*, 5e éd., Bern, Stämpfi Verlag,

TURC, E., GUENOUN, M., RODRÍGUES, M. A., DEMIRKAYA, Y., DUPUIS, J. (2016), «Impacts o NPM-Driven Perfomance Management Reforms and Ideologies in Napoleonic Local Governments: A Comparative Analysis of France, Portugal and Turkey», dans S. KUHLMANN, G. BOUCKAERT (eds.), *Local Public Sector Reforms in Times of Crisis,* London, Palgrave Macmillan, pp. 121-137.

VARELA SUANZES-CARPEGNA, J. (2020). *Historia constitucional de España*, Madrid-Barcelona-Buenos Aires-Sao Paulo, Marcial Pons.

VELASCO CABALLERO, F. (1996), *Las cláusulas accesorias del acto administrativo,* Madrid, Tecnos.

— (1998), *La información administrativa al público,* Madrid, Montecorvo.

— (2009), *Derecho local. Sistema de fuentes,* Madrid-Barcelona-Buenos Aires-Sao Paulo, Marcial Pons.

— (2011), «The Legitimacy of the Administration in Spain», dans M. RUFFERT (ed.), *Legitimacy in European Administrative Law: Reform and Reconstruction,* Groningen, Europa Law Publishing, pp. 81-114.
— (2014), *Derecho público más Derecho privado,* Madrid-Barcelona-Buenos Aires, Marcial Pons.
— (2015a), «Die Rezeption des deutschen Verwaltungsrechts in der spanischen Rechtsordnung: Zugleich eine theoretische Darstellung der Gründe, Etappen und Probleme des unidirektionalen Rechtsvergleichs», *Die Verwaltung: Zeitschrift für Verwaltungsrecht und Verwaltungswissenschaften,* vol. 48, n° 3, pp. 383-404.
— (2015b), «Los "Administrative Law Judges" norteamericanos: imparcialidad administrativa y control judicial», *Revista Vasca de Administración Pública,* n° 101, pp. 129-162.
— (2015c), «The "Union of Independent Regulatory Authorities" of the European Internal Market», dans F. VELASCO CABALLERO, F. PASTOR MERCHANTE (eds.), *The Public Administration of the Internal Market,* Groningen, Europa Law, pp. 194-216.
— (2017), «El acto administrativo: concepto, clases y contenido», dans S. FERNÁNDEZ RAMOS, E. GAMERO CASADO, J. VALERO TORRIJOS (dir.), *Tratado de procedimiento administrativo común y régimen jurídico básico del sector público,* vol. 1, tome 2, Valencia, Tirant lo Blanch, pp. 1757-1799.
VELASCO CABALLERO, F., NAVARRO, C. (2020), «The New Urban Agenda and local citizen participation», dans N. DAVIDSON, G. TEWARI, *Law and the New Urban Agenda,* London, Routledge, pp. 74-86.
VERGARA BLANCO, A. (2018), *Derecho administrativo: identidad y transformaciones,* Santiago, Ediciones Universidad Católica de Chile.
VERMEULE, A. (2016), *Law's Abnegation : From Law's Empire to the Administrative State,* Cambrige, Harvard University Press.
VILLAR PALASÍ, J. L. (1950), «La actividad industrial del Estado en el Derecho administrativo», *Revista de Administración Pública,* n° 3, pp. 53-130.
VILLORIA, M. (2014), «La transparencia como política pública en España: algunas reflexiones», *Eunomía: Revista en Cultura de la Legalidad,* n° 7, pp. 85-103.
— (2018), «La transparencia, la imparcialidad y la calidad de la democracia», *Dilemata,* n° 27, pp. 1-16.
VOGIATZIS, N. (2022), "The Administrative Functions of the Court of Justice of the European Union", *European Law Review*, n° 2, pp. 222-246.
VON STEIN, L. (1975), *Die Verwaltungslehre. Teil 3 : Gesundheitswesen,* Aalen, Scientia (réédition de l'original de 1882).
— (2016), *Tratado de teoría de la administración y Derecho administrativo,* México, Fondo de Cultura Económica (traduction de l'original allemand de 1870 par Omar Guerrero).

VOSSKUHLE, A. (2012), «Was leistet Rechtsdogmatik? Zusammenführung und Ausblick in 12 Thesen», dans G. KIRCHHOF, S. MAGEN, K. SCHNEIDER (eds.), *Was weiß Dogmatik?,* Tübingen, Mohr Siebeck, pp. 111-116.

WAHL, R. (2006), *Herausforderungen und Antworte: Das öffentliche Recht der letzten fünf Jahrzehnte,* Berlin, De Gruyter.

WEBER, M. (1993), *Economía y sociedad,* 2e éd., México, Fondo de Cultura Económica.

— (2017), *La objetividad del conocimiento en la ciencia social y en la política social,* 2e éd., Madrid, Alianza Editorial (traduction de l'original allemand publié dans la revue *Archiv für Sozialwissenschaft und Sozialpolitik,* vol. 19, 1904).

WEYAND, K. (2008), *Verwaltungskontrolle in Spanien,* Göttingen, V & R Unipress.

WOLFF, H. J., BACHOF, O., STOBER, R. (1994), *Verwaltungsrecht I,* 10e éd., München, C. H. Beck.

WOLLENSCHLÄGER, F. (2016) «Verfassung im Allgemeinen Verwaltungsrecht: Bedeutungsverlust durch Europäisierung und Emanzipation?», *Veröffentlichungen der Vereinigung der Deutschen Staatsrechtslehrer,* vol. 75, pp. 187-258.

WOOD, G. (2006), *Revolutionary Characters : What Made the Founders Different,* New York, Penguin Press.

YOUNG, M. K. (1984), «Judicial Review of Administrative Guidance: Governmentally Encouraged Consensual Dispute Resolution in Japan», *Columbia Law Review,* vol. 84, n° 4, pp. 923-983.

ZHUANG LIU, J., KLÖHN, L., SPAMANN, H. (2021), «Precedents and Chinese Judges: An Experiment», *American Journal of Comparative Law*, vol. 1-2021, pp. 93-135.

Structures éditoriales du groupe L'Harmattan

L'Harmattan Italie
Via degli Artisti, 15
10124 Torino
harmattan.italia@gmail.com

L'Harmattan Hongrie
Kossuth l. u. 14-16.
1053 Budapest
harmattan@harmattan.hu

L'Harmattan Sénégal
10 VDN SICAP AMITIE 3
BP 45034 Dakar-Fann
direction@senharmattan.com

L'Harmattan Cameroun
Tsinga/Derrière polyclinique FECAFOOT
BP 11486 Yaoundé
Jacques.koukam@harmattan.fr

L'Harmattan Burkina Faso
Villa 281, secteur 23 623, rue 14.32
Ouagadougou
zagbie@outlook.fr

L'Harmattan Guinée
Almamya, rue KA 028 OKB Agency
BP 3470 Conakry
harmattanguinee@yahoo.fr

L'Harmattan RDC
185, avenue Nyangwe
Commune de Lingwala – Kinshasa
matangilamusadila@yahoo.fr

L'Harmattan Congo
219, avenue Nelson Mandela
BP 2874 Brazzaville
deunovmikhael@gmail.com

L'Harmattan Mali
Immeuble Mgr Jean Marie Cissé
Aci Hamadallaye
BP 145 Bamako
syllaka@yahoo.fr

L'Harmattan Togo
Djidjole – Maison Amela
face EPP BATOME
02 BP 20680 Lomé
didieramela11@gmail.com

L'Harmattan Côte d'Ivoire
Résidence Karl – Cité des Arts
Abidjan-Cocody
03 BP 1588 Abidjan
harmattan.ivoire@gmail.com

L'Harmattan Bénin
Rue 604, (Immeuble à l'entrée
de la rue UCAO- Cite de Saint-Jean)
Cotonou
stepcorpus@gmail.com

Nos librairies en France

Librairie internationale
16, rue des Écoles
75005 Paris
librairie.internationale@harmattan.fr
01 40 46 79 11
www.librairieharmattan.com

Librairie des savoirs
21, rue des Écoles
75005 Paris
librairie.sh@harmattan.fr
01 46 34 13 71
www.librairieharmattansh.com

www.ingramcontent.com/pod-product-compliance
Lightning Source LLC
LaVergne TN
LVHW011016061026
849535LV00006B/1914
9782336583914